老师教我当校长

李镇西／著

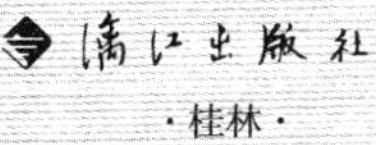
漓江出版社
·桂林·

图书在版编目（CIP）数据

老师教我当校长 / 李镇西著 . -- 桂林：漓江出版社，2014.9（2022.2 重印）
ISBN 978-7-5407-7264-2

Ⅰ . ①老… Ⅱ . ①李… Ⅲ . ①中学—校长—学校管理 Ⅳ . ① G637.1

中国版本图书馆 CIP 数据核字（2014）第 197566 号

老师教我当校长

作　　者　李镇西
策划组稿　文龙玉
责任编辑　章勤璐
封面设计　石绍康
责任监印　黄菲菲

出 版 人　刘迪才
出版发行　漓江出版社有限公司
社　　址　广西桂林市南环路 22 号
邮　　编　541002
发行电话　010-65699511　0773-2583322
传　　真　010-85891290　0773-2582200
邮购热线　0773-2582200
网　　址　www.lijiangbooks.com
微信公众号　lijiangpress

印　　制　三河市嵩川印刷有限公司
开　　本　710 mm × 960 mm　1/16
印　　张　18
字　　数　270 千字
版　　次　2014 年 9 月第 1 版
印　　次　2022 年 2 月第 2 次印刷
书　　号　ISBN 978-7-5407-7264-2
定　　价　59.80 元

美好的瞬间，会成为很多人永远的记忆

——李镇西作品序

吴 非

李镇西老师把近年的文章汇集出版，希望我能写个序。认识镇西老师十多年了，他一直勤奋地工作和写作，令我钦佩。镇西老师热爱教育，富有激情，他的工作负担比我重，社会活动头绪多，但他精力过人，每日一文，有时清早到学校，车停在校门口，先写一阵；也常“高空作业”，在飞机上写。这类经历，我是不会有的。我不知道他何以不感到累，也许个中有乐，不以为苦吧。我患病，镇西几次到南京来看我，用句套话——我们就共同感兴趣的问题作了坦率认真的对话，广泛深入地交换了意见。之所以在许多问题上能有共鸣，是我们都为基础教育的状态感到忧虑，同时，我们都敬重常识。

很多教师有了一段教育教学经历后，可能会发现，教师的教学水平，往往在于他对常识的态度，在于他个人思考的深度和广度；不管遇到什么复杂的情况，遵守教育常识，至少不会犯错误。然而当下的教育，往往是“反常识”的处于强势，常识需要“坚守”，而且要付出代价。守护常识，也需要胆识。在《我想办一所没有“特色”的学校》一文中，镇西老师质疑“校校有特色”，认为违背了教育常识。他批评假科研，“我们现在的确有的学校是为科研而科研，有一种‘课题崇拜’情结，喜欢申请国家级、省级、市级的各种课题，似乎课题越多学校就越有档次”。确如其言，在很多学校，都有老师揭露这种“伪特色”和“假科研”造成的危害。——“特色”是上级领导要求的，故而没有也得硬造一个；“科研”则只是制造垃圾：

开题兴师动众，结题公关宣传，过程是最弱的，报告七拼八凑。这样的“特色”和“科研”把学校和教师都害了。然而这个体制逼着你，驱赶着你加入，这是很多坚守常识的校长教师最痛心的事。

镇西老师对教育界的浮躁也一直忧心忡忡，他在《名师是“打造”出来的吗》一文中所谈的，也全是常识。我们都曾质疑“打造名师”的提法。所谓名师，一定是在长期的教学实践中自然出现的，不但名师无法“打造”，“名校”也不可能“打造”，“教育模式”也不可能“设计”……推而广之，一名真正的“师”，也不可能“培养”、“培训”出来。看那些合格的教师，无一不是自己学出来的，无一不是在长期的实践中一步一步摸索出来的。现在一些教育行政部门在统计学校政绩时，会提及“培养”了多少多少“特高级教师”，这些提法，过些年有可能成为笑话。

同样，镇西老师也经常地反思教学观学生观，比如，《何必一定要有“教育意义”》一文，批评陈旧的教育观，反对动辄对学生讲“教育意义”。诚如其言，“意义”讲多了，学生不堪重负。教育是美好的生活，而不是

教育专家王栋生（笔名“吴非”）先生在武侯实验中学演讲

接受清规的忍耐。镇西老师说：“如果一定要说‘教育’，那我们也完全可以把教育的内涵理解得丰富一些广义一些。学生是否受到了‘教育’的标志，不仅仅是提高了什么什么认识，或获得了什么什么启发，还应包括心灵更加宁静，胸襟更加旷达，眼睛更加清澈，耳朵更加灵敏，触觉更加细腻，体格更加健壮，感情更加丰富，幻想更加奇特，思绪更加飘逸，情怀更加浪漫……”也就是说，教育，面对的是活生生的人，人之所以成为人，“我”之所以成为“我”，需要的是教育开启心智和感官，而不是把人“训练”为机器。

李镇西老师能在全国有这样的影响，除了他的胆识和工作的激情，还在于他一直生活在校园里。我这样说，是想到一些教育名人的理论研究脱离了校园，脱离了课堂，脱离了学生的心灵；他们不知道课堂上发生了什么，不知道老师们在想什么，不知道学生在想些什么。而这些对镇西显然不是问题，从他的文章可以看到，他的情感和思维一刻也没有离开学校，离开老师和学生。

多年来，镇西老师以苏霍姆林斯基为榜样，从最基础的工作做起，他的每日“五个一”（上好一堂课，找一个孩子谈心，思考一个教育问题，阅读一万字的书，写一则教育随笔），看起来不难，可是多年如一日，就是难事；当了校长，更是难上加难。但李镇西做到了，这是他践行苏霍姆林斯基教育思想走出的一条路。镇西老师影响了一大批教师，正是有他们在基层学校的实践，苏霍姆林斯基教育思想的核心——教育的人道精神，在教师成长过程中有了更加积极的意义，无数的学生得到比较正常的教育。苏霍姆林斯基能记得一千七百多位学生姓名，我看镇西老师的博客，他能记得那么多学生的故事，保存学生的作文、各种照片，他长期和学生保持友情，实在很难得。这就是“把人当人”的教育。按世俗标准，镇西老师的学校称不上名校，他说：“我和我年轻的同事们，面对的是好多学校不喜欢的孩子——当地失地农民和进城务工人员的子弟。”可是，我去武侯实验学校，所到之处，所有的学生都面带笑容地对我说“您好”，这是我在很多名校没有的待遇。陪同的老师说，孩子们进学校时，有些顽劣，不懂事；经过三年初中教育，他们能习惯地对人说“您好”、“谢谢”和“对不起”了。我当时就非常感慨，在当下中国，这已经是很好的教育了。

我印象很深的，还有《做一个孩子不怕的校长》，曾有位女生给他提意见，批评校长没看完各班的体操比赛就中途离场（虽然镇西的退场是因为赶去开会，但他仍然感到内疚）。学生能直言不讳，这说明学生爱学校，说明学生敬重教育。教育要培养学生的公民意识，而不是驱赶他们做唯唯诺诺的奴才。镇西有很多文章介绍学校的老师，通过他的文章，武侯实验学校很多老师的工作和创新为社会所知。《让普通老师成为学校的名片》一文中，镇西介绍了他的管理观念——“教师的成长，是我当校长成功的唯一标准”。教师应当比学生更善于学习，他们理应在教育教学中有很多发现的愉快，同样，他们可能比一般人更能体验教育的艰难。唯其如此，教师才真正地具备职业素养。一所学校有一批把教育教学当作使命的教师，比成就一名校长更有价值。

在镇西老师的博客上，经常看到教师和学生的笑脸，看到学校里的欢乐场面，我想，这些美好的瞬间，会成为很多人永远的记忆。

是为序。

2013 年 9 月　南京

目 录
CONTENTS

关于教师的职业幸福 / 065

你很重要 / 149

我们一起创造历史

善良心与创造力

今天上午，我校中学部老师到校参加本期第一次全校教工大会。

昨天我就在想，寒假结束的新学期第一次教工大会给老师们讲什么。想来想去，我决定给老师们放两段视频，作为给大家的新学期礼物。更重要的是，我想以此给老师们以思想的冲撞力。

九点钟，老师们齐坐在阶梯教室，我首先讲了前几天李心芳老师给我打的那个“举报”电话，并点开了博客上《一个温馨的电话》一文。我特别读了这段话——

“你今天这个电话，就让我感动。你给我打电话，要我表扬赵春丽表扬张潇，这种对同事的欣赏，就让我感动。我希望我能接到越来越多这样的‘举报’电话。我经常说，一个单位，最可贵的就是同事之间互相欣赏，而不是互相看不起，更不是互相诋毁。谁没缺点呢？但如果我们都能以欣赏的眼光看周围的同事，我们的身边便明亮起来，心情也舒畅起来。大家都互相欣赏，搬弄是非的人便没有了市场。学校的风气就会越来越好！所以，你今天给我的这个电话，本身就让我感动，值得表扬！”

然后我开始给大家播放第一个视频:《爱心与教育》。这是 1998 年 9 月我的《爱心与教育》出版后一个月的时候，中央电视台给我做的一个访谈节目。15 年过去了，今天看这个节目，我当时明显有些紧张，眼睛一直不敢看镜头和主持人，我的表情用现在一个词说，叫作“青涩”。和现在比，我当时还比较瘦，挺有精神的，言谈之间俨然是一个大小伙子。我讲的“教育的第一个条件是爱心”“如何对待后进生”“如何引导‘优生’”等内容，至今还是有现实意义的。我的讲述都不是简单讲道理，而是讲故事。配合这些故事，节目播出我和学生的画面：课堂上的笑声、竹林深处的摔跤，还有当年学生的回忆等。这些画面把我带回了15年前。

视频放完了，我补充了一些细节：“画面中那个和我摔跤的孩子，当时在班上相当调皮，不，说调皮还轻了一些。他的一些作为已经不仅仅是调皮，有些行为已经相当出格了。我曾经去派出所领他，因为他拿着钢钎纠集一伙男生去成都十九中打群架。就这么个孩子，和我感情很深，后来转变也很大。几年后他高考落榜，当时我已经在盐道街中学外语学校工作，他给我打电话，说要到我班上来补习。我说你别来，我现在教高一，就算你来了我也不能教你。他说：‘李老师，只要我每天能在校园里看到你，我就很满足了。’这样，他真的转到了盐道街中学外语学校。几年后的一个寒假期间，突然有人敲门，打开一看，原来是他，我请他进屋，他说不了，因为出租车还在下面等他。原来他当兵回成都，一下火车便上了出租车，对师傅说先绕一下去看看中学的班主任。我还是要他进屋，他一边退着离开一边说：‘不了，我先来看看您，过几天我再约同学一起来看您！’”

第二段视频是我在网上下载的：《静观英伦——柴静专访剑桥大学校长》。这段视频是柴静做的一个系列节目中的一段，展示了剑桥大学的自由与宽容。任何人都可以挑战校长的权威，而这正是校长所追求的；一辆小车居然被搬到了学校房顶，学生不但没有被罚，还被奖励了一瓶香槟；一座雕像的权杖被学生恶作剧地换成了桌腿，可几百年过去了，桌腿还在雕像上；剑桥大学的各个学院都可以不听校长的指令；学生的考试没有选择题，都是论述，答案可以不统[illegible]……[illegible]个又[illegible]个的细节震撼着我和每一个老师。

视频结束后，我说：“不知道老师们能不能理解我今天放这两段视频的用意。我想表达的意思是，用爱心培育善良，以自由引领创造。这都是我们这个学校所需要的。特别是剑桥大学校长这个专访，让人感慨。当然，中国不是英国，欧洲的文化传统和中国显然也不一样，而且大学和中学也不一样，所以不能简单照搬，但是，对人的尊重，对自由精神的张扬，对学生的宽容，则是人类教育的灵魂！比如，那个小车出现在房顶，学校居然没有做出任何处分。我想到20年前我写过一篇文章，将学生的错误分了类，善意的错误、智慧的错误，等等。小车上房顶就属于智慧的错误。这件事当然做得不对，但这个犯错误的过程充满智慧，以当时的技术条件，是无法用机械把小车起吊上去的，那么学生是如何创造这个奇迹的？这不

是智慧吗？这当然充满创造力！所以校长宽容了学生，也保护了创造力。还有剑桥大学对独立精神的尊重，也让我感动。我们中国，现在缺乏的正是自由精神和独立精神。长官意志盛行，大家习惯于看领导怎么说，官本位依然大有市场。真是可笑！美国飓风肆虐时，奥巴马去某个州视察，被州长婉拒，在中国人看来这不可思议；美国总统去某大学演讲也被拒绝，这简直就是匪夷所思，但这就是独立精神！说回我们的学校。我们不可能改变根本的教育制度，但是我们在课堂上，在批改作业的时候，在面对孩子的错误的时候，能不能尽可能多一些宽容，多一些理解，多一些尊重，给他们多一些自由？这是完全可以的，因为这是我们能够做主的。善良心与创造力，就是我们学校应该追求的。这也是我今天播放这两个视频的意义。”

课间休息的时候，老师们议论很热烈。有老师直呼这两个视频看得很过瘾，徐书记说老师们反响强烈，她说：“虽然你没有多说，更多的是让老师们看视频，但老师们受到的震撼是强烈的。”在接着开会时，我给老师们说：“看来大家对这种方式很欢迎。以前我也利用教工大会给大家放电影。我作为校长，早已超越了只处理具体的事务，我的作用就是思想引领。怎么引领呢？我要说的话，早就说过了。再讲也是那些，没有新意。所以我想好了，以后每次开学第一次教工大会，我都不多讲，就给大家放一部电影或几段视频，好不好？”老师们说：“好！”

最重要的还是人格

前几天，我在开学第一次行政干部会上有一段关于人生和事业的发言，自己觉得还不错。后来我在小学的全体教师大会上也讲给老师们听，反应也还行。

我根据发言提纲整理如下——

人生在世就几十年，我们每一个人都有自己的职业，如何把自己所从事的职业尽可能做好？或者说，决定人生高度与事业境界的究竟是什么呢？

第一个是“技术”。各行各业都强调“技”，因为这是一个人的饭碗，所谓“一技走天下”。一个工人，如果他的技术比别人精湛，他就会引人注目，受到奖励，赢得荣誉；一个农民，如果他农活比别人熟练，他就会多打粮食，被人尊敬。同样的道理，在学校，你的教学技能强，教学水平高，那质量自然就胜人一筹。再说通俗些，技术的比拼，就是分数的竞争，谁有本事把分数提上去，谁就是强者。如何围绕提高分数而各显神通，这就是本事，就是“技术”。在这里，我说“技术”和“分数”，没有贬义。无论做什么，技术非常重要。因为技术里面包含着能力。通过技术提高业绩，从学校的角度说，通过技术提高分数，理所当然。如果一个老师连基本的教育技能都缺乏，连学生的成绩都提不高，那就是失职，或者说不合格，再说严重一些，就是对不起孩子！因此，无论外界怎样抨击“应试教育”，对我们来说，应试训练本身不但无可厚非，而且是必须做的！一个上课精彩而应试成绩也很突出的老师，理应扬眉吐气，扬扬得意。

第二个是“人文”。刚才说了，无论做什么，技术很重要，但如果仅仅停留于技术，其发展也是有限的。比如我和一位老师同教一个年级，我俩的课都上得好，也就是说我俩的教学技艺难分高下，同时我俩各自教的学生都考得不错，在这种情况下，我们还比什么呢？那就比“人文”，也就是说，比技术的人文含量。从教育来说，如果不仅仅是抓分数，而是在抓分数的过程中，还有情感，还有智慧，还有素质，这就是“人文”。以课堂为例，两位老师的教学思路都很严谨，知识讲解都很清晰，但一位老师仅此而已，其教学效果也就是高分数而已；而另一位老师则还有旁征博引，妙趣横生，学生在课堂上不仅学到了知识，锻炼了能力，还陶冶了情操，拓宽了视野，激发了想象，萌生了理想，体验了快乐——用新课改比较时髦的话语来说，就是还给了学生以“情感、态度和价值观”，这就是素质教育。而素质教育，就是充满人文精神的教育。当然，课堂的人文气息源于教师自身的人文素养。大家的分数都不错，但你的分数里面蕴含素质；大家带班都不错，但你的班主任工作充满人性，那你就比单纯有技术的同行更优秀。

第三个是“思想”。应试教学也好，素质教育也好，如果不是出自自己的思考，而仅仅是听命于校长的指挥，听命于专家的理论，那不过是在实践别人的想法。应该看到，相当多的一线教师每天都是在机械地重复“昨天的故事”，更多的是体力劳动。其工作缺乏思想的含量。我们常常赞美一位教师：“这是一个有思想的教育者！”在我看来，这是很高的评价。所谓“思想”并不抽象，也不高深，说白了，就是我们在做每一天的工作时，在做每一件事的时候，有没有想想：我为什么要这样做、这样做对不对、我将把学生引向怎样的未来、我的教育人生究竟追求什么、我的终极目标是什么等等。自由的灵魂、批判的精神、质疑的眼光、创新的勇气，就是我所说的作为一名基层教师的“思想”的标志。我们每天都在匆匆赶路，有没有暂时停下来对自己每一天的工作乃至教育细节反思，同时也尽可能思考下一些“形而上”的问题？一个人的思想当然源于实践，但也和他的视野有关，这里的“视野”主要包括阅读——读书，读报，读网，读脑（与人交流）。国内思潮，国际风云，都在自己的关注之内。如果给自己的教育注入了思想，也就提升了教育品质，你的教育自然就比别人有更高的境界。

第四个是“信仰”。所谓“信仰”解决的是这样一个问题：每天从事的工作是为别人做，还是为自己做？是别人对自己的要求，还是自己内在的需要？最近看电视剧《身份的证明》和《悬崖》，从瞿皓明和周乙身上感到了信仰的力量。“富贵不能淫，贫贱不能移，威武不能屈”，这就是信仰。我们对教育有没有这样的信仰？所谓“信仰”，我们还可以换一个词，叫“理想”。现在这个词已经快成贬义词了，如果有谁说他有理想，多半会被认为“有病”而且“病得不轻”，或者是“假得很”“装得挺像”。但是，有理想的人做教育会有一种内在的坚韧与执着，他不会因任何外在的干扰而懈怠，也不会在乎别人的褒贬和一些功利的评价。苏霍姆林斯基长期在远离喧嚣的乡村实践着自己的教育理想，即使在面对各种恶意非议的时候，他也没有动摇自己的意志，因为他有教育信仰！教育技巧、教育素养、教育思想，都比不上教育信仰更能让人持久地坚守自己的教育阵地，只有教育信仰能够使人保持教育良知，守住教育阵地，能让教育之旅无限地延伸。

第五个是“人格”。这个世界上不乏聪明绝顶的人，但有的人聪明却不善良，他把聪明用于算计，用于钻营，用于投机，甚至整人害人等等，而且能够获得小成功——也就是“小成功”而已。其实，人与人竞争到最后，什么“聪明”呀，什么“技巧”呀，什么“智慧”呀，统统算不了什么！返璞归真，洗尽铅华，最后剩下的是朴素人格的较量——善良、宽容、豁达、坚毅、淡泊……随时想着别人，随时成全别人，“让人们因我的存在而感到幸福”，“己所不欲，勿施于人”，“己欲立而立人，己欲达而达人”，“以其不争，故天下莫能与之争”……这些都成为自然而然毫不做作也毫无功利的生活状态。不以任何人为敌，便天下无敌。说到这里，我脑海里呈现出了很多我尊敬的人——朱永新、朱小蔓、杨东平、于漪、钱梦龙、李吉林等，他们之所以能够成为中国教育的大家，当然和他们的智商、能力、学养有关，但最后决定他们成为大家的，是他们纯真而纯粹的人品。我也可以反过来说，如果没有一种高尚的人格，无论怎么聪明，也无论暂时有什么“名气”，最后也是绝对走不远的。

我还想强调的是，上面说了人生和事业应该具备五个要素，尽管我用了“第一”“第二”这样的序数，还用了“层次”这个词，但这并不意味着这五个要素有先后之分次第之别。不是的！我只是从重要性的角度排列了第一第二，但绝不是说先追求技术次追求人文再追求思想后追求信仰终追求人格。这五点对于我们来说，应该是同时追求，最好是同时具备。如果一定要说什么是首要的，那还是人格。傅雷当年给傅聪的信中这样写道：“先为人，次为艺术家，再为音乐家，终为钢琴家。”

今天给大家说这些，绝不是意味着我在这些方面做得非常好了，不是的。比如，在教育信仰方面，我还不敢说自己有多么坚定，也有彷徨的时候；在人格品质方面，我也还有很多需要继续修炼的地方，我当然善良，但有时候在疾恶如仇的同时，又有失宽容宽厚。所以，我在给大家说这些的时候，也是对自己的提醒。

我是来帮你们的

今天，成都市武侯实验中学附属小学的全体老师第一次聚集于美丽的新校园，在明亮宽敞的阶梯教室开会。我给老师们做了一个报告，题目是“只要行动，就有收获”。

因为还不认识老师们，所以我特意点了点名。每叫到一个老师的名字，这个老师就答应一声，或举手示意。听着一位位老师清脆的应答声，我感到小学的老师们真年轻！

我先给老师们说：“我当校长的时间不长，没有经验，不会当校长，是中学的老师们一步步教我当校长；现在你们也在教我当校长。我对小学教育更是一窍不通，在座的每一个老师都是我的老师！这不是谦虚。还有，在我之前，小学的校长都是女的，我可能不如女校长那么细腻，那么温柔，可能工作中比较粗糙，希望大家能够谅解我。”

老师们都认真听着。

然后我说：“我先给自己定位，这个学校的具体事务是何书记和谢华副校长处理，我做什么呢？第一，导向。这个学校朝什么方向发展，由我负责。第二，谈心。我会找每一个老师一对一面对面谈心，了解大家的想法，尽量给大家提供帮助。第三，上课。我会到孩子们的课堂中去，给他们上课，感受孩子们的活力。第四，形象。我对外就代表学校的形象。当然，我希望以后有更多的老师能够成为我们学校的代表。以后别人一提起武侯实验中学附属小学，不是或者不只是想到李镇西，而是想到更多老师的名字。”

我谈到学校的发展：“这个学校是我请求教育局划给武侯实验中学的，因为我希望搞新教育实验。我来了，学校肯定应该有变化，没变化我来干什么？但是，我不希望一来就轰轰烈烈地搞运动，更不是推倒过去的重新搞一套。我提出一个理念：继承性发展。就是在继承过去我们学校好的传统的基础上，以浸润的方式，慢慢地注入新的理念，推动学校发展。”

我开始给大家讲新教育实验。我说：“题目来自新教育实验的理念——只要行动，就有收获；只要坚持，就有奇迹；只要上路，就有庆典。我还加上一句：只要改革，就有希望！”我从新教育实验的缘起谈起，通过一幅幅我和朱老师的照片，回忆我在朱老师身边读博的日子，回忆我和朱老师一起探讨教育问题的日子，从“理想教育”到“新教育”，从《我的教育理想》到席卷大地的新教育实验……我谈到了新教育实验的五大理念、六大行动、四大改变，还有新教育生活方式、新教育专业成长模式、每月一事、晨诵午读暮省，等等。谈了新教育种子教师快乐小荷、小风习习、桃花仙子等人的故事。我说：“新教育实验就是要点燃普通老师的梦想与激情！”

老师们听着，许多人都被打动了。

我说：“我当然要在我们学校搞新教育，但是我不会强迫大家的。比如阅读，我只会提倡，而不会给大家发书，然后要求大家写读后感。不会的！本来读书是一件快乐的事，弄得成了大家被迫做的事情，没意思。还有写作，我希望大家写自己的故事，但不会强迫，你不写，我不会批评更不会扣你一分钱，写了也不会奖励你一分钱，但我会给你提供发表平台。在中学，我就没有强迫大家写，但今年寒假我搞了一个征文，建议大家写自己的课堂故事，结果许多老师都写了自己的故事。这几天我正在修改这些故事。我坚信，尽管我不强迫任何人，但我们小学肯定有老师愿意做新教育志愿者。我会帮助大家的。”

我说：“我到这个学校来，就是来帮大家回到你参加工作的第一天，让你重新感受那份纯真，那份浪漫，那份憧憬，那份激情……我们是公办学校，我不可能给你们多发钱，我又没带印钞机。我能够做的，就是帮你体验到职业幸福。生命只有两种形态——腐烂，或者燃烧！”

讲完了新教育实验，我又谈胸襟和心态：“幸福是一种心态。谁没有委屈呢？但心态好了，什么委屈都没有了。刘翔被对手拉手而失去可能的金牌，却没有抱怨对手，而是说体育就是游戏，我们应该享受体育的快乐。这就是胸襟！刘翔这种胸襟，让他幸福！不要老觉得自己最不幸，不要老觉得自己遇到的最不公平。放眼这个社会，这个国家，更多的人比我们更苦更累。这样一想，我们真的应该知足。另外，我们学校的所有老师都是

利益共同体，彼此休戚相关，一定要互相欣赏。谁没缺点呢？你多看别人的优点就行了嘛！比如我写老师们的故事，就只突出他的优点。不是说他没有缺点，但我就是要引导老师们看他的优点。我写老师们的原则是‘抓住一点，不及其余；蜻蜓点水，浮光掠影’，就是说，我只写某个方面的优点，不面面俱到，也不展开写，就写几个侧面，甚至一个侧面。我希望在我们学校，不要突出我，而要充分突出普通老师在学校的作用，还有我们孩子的作用。比如，后天就开学了，但武侯实验中学附属小学的校门口到现在还没有写校名。有人说请名人写校名，这个我完全做得到，比如我可以请流沙河写，但我不希望借名人为学校增光。有人说，让李校长写。我不写。我有个主意，开学后，让全校老师和学生都写这几个字，成都市武侯实验中学附属小学，然后选出写得好的，镌刻在校门口，让普通老师或普通孩子的字，流传下去，载入学校的史册！以后，我还希望在我们学校为普通老师塑像，让普通老师成为我们学校的丰碑！最后，我要说，学校的利益高于一切。对老师的人文关怀是应该的，但没有学校的发展，人文关怀落不到实处。把学校办好了，参观的人多了，经费自然就多了，好多人文关怀就可以实现了。比如，我还想给老师们做校服，现在就做不到。但我想以后会实现的。我们一起来把学校办好！”

最后我说：“今天我给大家说了这么多，我希望大家也跟我谈谈心。这里我有四个问题，请大家书面回答。可以通过电子信件给我，也可以用笔写了之后给我。1. 学校有什么优势需要保持？ 2. 学校有什么不足需要改进？3. 你有什么专业优势？还需要我提供什么帮助？ 4. 你对学校发展还有什么建议？我今天给老师们捧出了一颗真诚的心，也希望老师们同样给我以真诚的心。还是那句话，我会帮大家的！”

我又问大家对那四个问题的书面回答什么时候能够交。有老师说五天以后，有老师说一周以后。我笑了：“其实呀，我说明天早晨交，和要大家一个月之后交，对你们来说，效果都是一样的，因为无论什么时候交，你们都是临到要交的前一天晚上写，是不是？”大家笑了。我说：“大家挑战一下自己，就明天交！”大家同意了。

今天，虽然还不认识小学的老师，但是我能够感到小学老师的纯真。有的老师显得很小，就像是中学生，的确很纯真的。会后，有不少老师要我的 PPT 课件。

学校阶梯教室暑假里重新进行了装修。今天，办公室唐燕老师希望我写一副对联，贴在主席台两边的柱子上。我想了想，这样写道：“朴素最美关注人性做真教育，幸福至上享受童心当好老师。”上联隐含陶行知做“真教育”的思想，下联暗扣苏霍姆林斯基“好教师的标准就是享受孩子”的观点。下午，我把这两句话发给了小学教科室主任唐斌，请他在小学开学典礼时将这两句话挂在小学校园里，作为对老师们的激励。

晚上，我已经从电子信箱中收到了一些老师的来信，老师们非常认真地回答我的提问。还有老师在 QQ 上加我为好友，和我聊天。他们向我表达了听了我的讲话后的共同感受，说很激动，很有感触，说我点燃了他们的激情，让他们想到了刚参加工作时的热情。还有老师表示愿意在自己班上做新教育实验。

我很感动，我重复了我白天在大会上说的话：“我会帮你的！我来这个学校，就是来帮助老师们成长并体验职业幸福的。老师们的成长，就是我的成功！”

班主任培训

昨天，我们学校举行了班主任培训活动，所有班主任都参加了。按学校德育处的安排，我对班主任做了半个小时的培训发言。

我先说：“在座的每一位班主任老师都是我的骄傲！不仅仅因为你们是学校的精英，还因为你们为了当班主任所克服的困难，代表了我们学校所有老师的困难。比如，如果有人说我的孩子还小，不能当班主任，可我们这里有班主任的孩子仅仅两个多月；如果有人说他家里有病人，我们这里也有班主任家里有病人；如果有人说他年纪大了不适合做班主任，可我们这里有的班主任已经五十左右；如果有人说他还年轻没有经验，可我们这

里有班主任也是第一次做班主任。总之，大家都克服了困难做班主任，的确让我感动。”

我们学校班主任的确定，是先由老师们自己报名，然后学校根据需要最后任命。每次报名的人数都超过实际需要的班主任人数，可由于种种原因，并不是每一位报名的老师都能如愿，同时，也有学校认为少数适合做班主任的老师却没报名，那就由学校与这位老师沟通交流，最后学校统一安排。

发言之前，我先让老师们听了一段音乐，是我刚刚制作的《唱着歌儿向未来》的合唱。这首歌唱了三十年，可一直都是我和孩子们清唱。这个假期，我让音乐老师训练了小学几个孩子唱，然后找专业人员对这首歌进行专业伴奏，专业录制，效果非常好。与音乐相随，我播放了一组照片，从黑白到彩色，从三十年前到今天，全是我和历届孩子们在一起的场面。

可以说，音乐配图片，短短两分钟，所有老师都被感染了。

我说：“一个‘日子’，一个‘孩子’，这就是教育。善待每一个日子，呵护每一个孩子，这就是教育的全部。”说着，我又打出两张照片，一张黑白照，是 1983 年我和我学生的集体照；一张彩色照，是 2008 年我又带一个新班时，和孩子们的集体照。我接着说：“三十年中的每一个日子，就构成了我的教育。每接手一个班，老师们就要想想，怎么才能让自己的教育充满诗意。”

接下来，我给老师们说了五点——

第一，注重谈心，开展活动。班主任工作最基本的方法，其实就两点：谈心与活动。“谈心”针对的是个人，“活动”面对的是班级；前者是个别引导，后者是集体教育。一定要把与学生谈心当作班主任工作的“常规武器”。不要只跟犯了错误的学生谈心，而要轮流和每一个学生谈心，倾听他们的心声，走进他们的心灵。活动不但能够培养学生的能力，还能让班级对学生有一种吸引力，一种魅力和凝聚力，为学生的未来留下难以磨灭的温馨记忆。我刚才给唐校长说了，希望从学校的层面，要尽可能给班主任更多的自由空间，让你们有时间自主地对学生进行各种教育活动。我再次强调，我们要提倡和鼓励学生自主管理，要把班主任解放出来。只要学生能够自己管理班级事务，班主任不去班上，这样班主任不但不应该批评，还应该表扬。

第二，创作传奇，导演大片。这里的传奇，就是老师们的故事，也是班级故事。一个班主任一定要让班级有故事，这故事中有学生的成长，也有教师的智慧。每一件平凡的小事，都可能成为教育的契机，也能够成为教育的奇迹。很遗憾，我们现在一些老师做班主任，班上没故事，只有事故。不过，对于一个智慧的班主任，哪怕面对事故，他也能将其变成故事，所谓“变坏事为好事”。我们的教育生活其实都很平凡，很普通，我这里说的故事，不是要你去编造，而是忠实于教育本身的复杂性曲折性。每个孩子都是悬念，每一天都包含着不确定性。只要我们用心用情，我们总会留下许多凝聚着我们情感、思想与智慧的教育故事的。三年过去了，五年过去了，十年过去了，无数故事便构成我们导演的“青春大片”，或者说，属于我们自己的教育史诗！

第三，记录故事，积累资料。班主任要养成记录和积累的习惯。我每次出去讲学，为什么受老师们欢迎，那是因为我有故事。我一不讲理论，二不讲智慧，我就讲故事，却感动了许多老师。其实，这些故事哪里只有我才有呢？每一个用心用情做教育的老师，都有感人肺腑的故事，但是，他们平时没有像我一样记录，也没有积累相关资料。时间一长，所有故事便消失了，没有积淀为自己珍贵的记忆。这是一笔损失啊！今天看来很普通很寻常的东西，都可能成为属于你自己的“教育文物”：照片、文字，现在还有视频……这些都应该细心地保留下来。尤其是初一的班主任，你们刚接新生，从现在就要有意识地记录与积累。这也是你们的教育矿藏，以后你们可以从中提炼出你们的教育思想和教育智慧。这就是一个教师真正的专业成长。

第四，收获快乐，享受教育。说到底，无论从事什么职业，也就图个快乐。我们要让自己每一天的工作充满快乐。那么快乐从何而来？从“痛苦”中来！这话怎么讲？我的意思是，当我们攻克了教育难关，战胜了工作困难，特别是转化了一个让我们头疼的后进生，快乐就到来了。我经常说，要把难题当课题。前几年，唐燕老师遇到一个后进生后来我这里诉苦，我恭喜她得到一个研究对象。老师们，因为我们的生源差，所以我们面对的教育难题实在太多，这正是我们源源不断的教育科研课题。认真对待每一个难题，用心研究，实际上就是认真对待每一个孩子，我们就将收获快

乐。这真不是忽悠你们。我想到我的教育经历，我曾遇到过太多的让我头疼的学生，但这些学生最后都成了我的教育成果，给了我教育的快乐。所谓“享受教育”就是这个意思。

第五，为你服务，提供平台。我这个校长，现在把事务性的工作都交给书记和各位副校长，那我做什么呢？我在这里重申一下我说过的话，我在学校的定位有四：一管方向，就是学校的走向；二入心灵，就是找老师们谈心，听老师们的倾诉；三进课堂，就是到各个班去，听课和上课；四树形象，就是我对外代表学校的形象。那么这里，我要郑重地说，各位班主任有什么困难，或需要我帮什么忙，都可以找我。我多次说过，我愿意做老师们的110。我今天还是这个态度。我这个校长还有一个独特的资源，就是如果你们有了成果，我可以给你们提供机会展示，或发表文章，或外出讲学，或出版著作，都是没问题的。已经有好多班主任被我推荐到全国各地讲学，或随我一起讲学。我今天还给《河南教育》打了电话，说好给潘玉婷老师开个专栏。我希望这样的老师越来越多。

讲了上面五点，我又给老师们讲了昨天在乐山讲学的事。我问老师们看过我这两天的博文没有，有老师说看过，是《会见“初恋情人”》和《中年小姑娘》。于是，我给他们展示我和我学生的照片，并简单讲了讲许艳的故事。老师们都被感染了。

我说：“你们也会有这样的故事的！我愿意随时帮助大家！”

要搞真科研

真诚欢迎武侯区教育局继续教育中心的领导前来我校进行教育科研督导。作为校长，我在这里给各位汇报一下我有关教育科研的想法，欢迎指正。

说实话，对于教育科研，我的心情很复杂，也可以说很矛盾。一方面，三十年来，我一直热心教育研究，每个班每节课都是我的研究对象。比如我刚参加工作时搞“未来班”，谁叫我搞的？谁也没叫我搞，但我自己觉得应该这样做，因为这样做对学生有好处。于是我就可以和学生商量，我们要建一个怎样的班、如何实现这个目标，等等。这不就是教育科研吗？只是这不是任何一个级别的“课题”。然而现在看来，这是真正的教育科研。可以说，是教育科研成就了我，因此我没有理由拒绝教育科研。但另一方面，我对现在盛行的种种假科研深恶痛绝。十年前，我在成都市交科所工作时，就写下了《教育科研:警惕“伪科学”》，列数了教育科研中的十大“伪科研”现象。

我们现在的确有的学校是为科研而科研，有一种“课题崇拜”情结，学校门口挂个什么什么国家级科研课题实验基地的牌子，似乎就是一种荣耀，而并不认真做科研。挂牌子本身就是目的。喜欢申请国家级、省级、市级的各种课题，似乎课题越多学校就越有档次。课题申请下来之后，也不怎么做，只是到了快结题的时候便编造文章，找专家来“结题”。这就是我说的“假科研”。

什么叫教育科研？我经常是这样给老师们说的:“带着一颗思考的大脑从事每一天平凡的工作，就是教育科研。”我还说:“把难题当课题，是最真实也最有价值的教育科研！”教育科研不是做给谁看的，而是我们教育本身的需要，或者它就是教育本身。

课题从何而来？我认为，教育科研应该目光向下，对准课堂，对准心灵。“目光向下”，就是不要从文件中找课题，不要从领导人的讲话中找课题，而应该从我们的教育实践中找课题。教育科研需要理论指导，但千万不要追逐理论时髦，不要追逐时尚。有一个真实的笑话，二十多年前，中央提出要重视德育，于是便有人研究“学科教学与德育”的课题，我看到其中有一个子课题是“生物教学与德育”，还编了一本书，标题有“生殖系统与德育”，当时就把我笑翻了。前些年，有一段时间“建构主义”被炒作，于是有人便研究“建构主义与课堂教学”;过段时间“多元智能”又吃香了，有人便转而研究“多元智能与素质教育”；领导人说“成都市要搞城乡统筹”，于是便纷纷研究“素质教育与城乡统筹”。如此等等，就是“眼睛向上”。我说教育科研要“对准课堂，对准心灵”，就是要把每一天的教育实

践都当作教育科研。

教育科研的目的是什么？是为了得奖吗？是为了提升学校的档次吗？是为了学校的知名度美誉度吗？都不是。我认为，教育科研得不得奖不是最重要的，重要的是改变学生，提升教师，发展学校。在改变学生的过程中，提升教师，而学生改变了，教师提升了，学校自然发展了。学生的改变，教师的提升，学校的发展，就是我们的教育科研成果。

前天我校举行青年教师沙龙活动，我说了一句话，我说："六年来，学校的各种事务都是书记和副校长们做的，我只做了一件事。什么事呢？就是帮助每一个老师成长。而且这件事我自认为做得不错，很有成就感，因为的确有一大批老师在我的帮助下成长起来了！"我今天还是要说这话。对我来说，从事教育科研的人，需要一定的素质，同时教师的素质又通过教育科研来提升。也就是说，教育科研与教师提升是互为条件互为因果的。

在我们学校，我提升教师主要是倡导"五个一"，这点大家已经比较熟悉了，我就不展开谈了。不过我要强调的是，我是"倡导"，而不是"强求"，更不是"强迫"。比如写教育随笔，我只是提倡，没有要求每一个老师非写不可。因为如果我强迫，很可能就有人应付，甚至还有可能弄虚作假。那我多难受啊！同时，我认为，全校老师也没有必要搞一刀切。有的老师因为种种原因，只要能够把课上好，就很不错了，他不写文章不读书不要紧的。但是，尽管我只是倡导而没强迫，可总有一些老师追随着我坚持写教育随笔。几年来，我校老师写的教育随笔达到了一万三千多篇。我敢说，一个学校的老师不过四五年间就写这么多，这是全国之最！我不强迫老师们写，但是我通过点评，通过推荐，通过发表，通过出书等方式，鼓励老师们写作。这比简单地用什么"每个月写一篇奖励五十元，否则扣五十元"有效得多！

读书也是如此。我不要求老师们非写读书笔记不可。如果逼着老师们写，读书就成了一件痛苦的事，而且他一样可以到网上下载各种各样的读书笔记，有什么意思呢？所以我给老师们说，你读了就可以了。我怎么检查呢？我就看你这本书有没有读过的痕迹，勾勾画画呀，批注呀，甚至什么都没有，但我看得出这本书是被翻过的读过的，就可以了。我的书柜向老师们开放，任何老师都可以到我这里来借书，我还允许甚至提倡老师们在我的书上勾画批注，在最后一页写上自己的名字和阅读时间。学校图书室的书也向老师们开放，也可以勾画批注并写上自己的名字和阅读时间。我给老师们说：“一百年以后，武侯实验中学的老师捧着这些书，看着上面不同年代不同笔记的勾画批注，将是怎样地感慨？这就是我们给后人留下的一笔真正的文化财富！”

我们学校的读书也分层次。比如这学期，全校老师统一阅读我新近出版的《每个老师都是故事》。让老师们在阅读中互相学习，看看身边老师怎样在点点滴滴的平凡工作中体现出优秀的。由自愿报名组成的读书会的老师，统一读《教学机智——教育智慧的意蕴》。青年教师沙龙的老师们还要阅读一本《教师人文读本》。此外，每个老师都到学校图书馆去至少借两本书，一本是学科专业的著作，一本是非教育的书，历史的，时政的，经济的，文学的，包括人物传记等等。

我们的教育科研，是每一天具体的行动。从大的方面说，是“新教育实验”，而我校的“新教育实验”有我们自己的特点，比如课程改革，还有课堂改革，还有我们学校的民主管理，还有缔造完美教室，等等。不过，我还是要说，我们搞这些科研，注重的是搞没搞，而不是“名分”，因为虽然我是全国新教育实验课题组的负责人之一，但我校至今没有挂任何关于新教育实验课题的牌子。我给老师们说：“这重要吗？不重要。重要的是我们在真做。”

对普通老师来说，我特别强调就是我刚才已经说过的，要把难题当课题。我们不少老师真的是这样在做教育科研，而且颇有成效。昨天，我还和潘玉婷老师谈心，鼓励她总结一下最近几年来教育转化特殊孩子的体会。几年前，潘老师对我说，她班上有一个同性恋的男生，她感到非常恶心！但我对她说，恭喜你有了研究对象！我说，你遇到了以前从没遇到过的难题，这正是你的科研课题！后来潘老师真的开始研究了，并取得了很多成果。她还遇到过患抑郁症的女生，还有其他种种特殊的学生。几年来，她所遇到令人头疼的学生，不是传统意义上的“差生”。传统意义上的“差生”主要是思想问题或道德问题，而这些学生比如同性恋比如抑郁症，和道德没关系，主要是生理原因，甚至基因的原因。而几年来潘老师的研究很有成就，这些研究就是每一天对孩子的陪伴、倾听和引导。我对潘老师

说:“你的研究并不是申请一个什么级别的‘关于特殊儿童教育’的课题，而是你在自己的实践中遇到的难题。几年下来，你不但有成就，而且还有体会，比如对这样的孩子，首先不要想到去改变他——同性恋怎么能够改变呢？这里面要改变的首先是我们的观念——理解、信任，然后走进心灵，把阳光洒进他们的内心。对这样的孩子，需要等待，需要从容，需要宽容……这都是你的体会。这不就是教育科研成果吗？而且更重要的是，在和这些特殊孩子打交道的过程中，你也提升了。比如，增加了你的教育智慧，拓展了你的教育领域，甚至丰富了你的许多知识，比如你研究同性恋，便要读相应的书，等等。”潘老师的研究，就是典型的“把难题当课题”，就是典型的真科研！

至于我们学校教育科研成果的呈现，当然出了几本著作，我把老师们的教育故事编了几本书:《把心灵献给孩子》《每个孩子都是故事》《民主教育在课堂》等等。但在我看来，最最重要的教育科研成果，是教师的成长。我把受我影响的老师分为三类，一类是过去让我头疼的老师，比如李青青，比如赵敏敏等老师，在我的引领下现在都很优秀；还有一类是有敬业精神，有工作干劲，但缺乏教育智慧的老师，比如唐燕，还有刘朝升等等，我的作用就是给他们以指导，让他们在教育科研中丰富教育智慧；最后还有一类老师，比如潘玉婷，比如郭继红，比如邹显慧，等等，他们从来就很优秀，我没来做校长时他们就很优秀，他们的优秀和我没有关系，那我对他们的意义何在呢？我的作用就是把他们的优秀扩大到全国，把他们推出去，带领他们去讲学，帮助他们著书立说，我为潘老师在一家杂志申请了明年的一个专栏，让潘老师发表她的教育故事。

我多次在全校教工大会上说过，我做校长成功的唯一标准，也是我最大的愿望，就是让我们学校的普通老师成为学校的名片。以后别人一想到武侯实验中学，不会说，哦，那是李镇西的学校，而是说，那是潘玉婷的学校，邹显慧的学校，胡成的学校，冉光辉的学校……他们就是我最大的教育科研成果。

把新教育实验当作自己的生活方式和成长方式

听课，和老师谈心，到班上去和孩子谈心，开会……忙了整整一天。下午，我校小学部召开了“新教育实验”阶段性交流会。各年级从事新教育的老师展示了几个月来的成果和下一步的打算。最后我做了一个发言。晚上回到家里，根据记忆整理成如下文字——

本来今天坐在我这个位置的应该是朱永新老师。因为我原本打算在他这次来成都期间请他到我校来看望大家并听取汇报的，但他在成都的行程实在太紧张，所以无法前来我校。不过，下次一定还有机会让朱老师来我们学校的。

听了大家的交流，我很高兴，我想如果朱老师在场，他也会很欣慰的。我用“四有”来概括我对老师们几个月来搞新教育的印象。

第一是有行动。虽然我们从上学期才开始做，但大家毕竟实实在在行动起来了。新教育有一句话，只要行动，就有收获。短短几个月，我们也印证了这句话。我们的收获还不能说很大，但确实是有的。我相信，如果继续下去，我们还会有收获。第二是有创新。我注意到，刚才老师们在交流时所谈到的具体做法，既有学习别人的现成经验，也有不少自己的创新。我们的学校有自己的特点，我们的学生也有一定的特殊性，根据这些情况创造性地实践新教育，这是需要的，甚至是必须做的。这就是为“石头汤”贡献出我们的美味。第三是有成果。从大家展示的读写绘、晨诵诗、读后感，还有手抄报等等，以及各种实物中，我们都能感到新教育初步的成果。尽管还微不足道，但和几个月前相比，也可称得上“累累”了。第四是有理想。有行动，有创新，有成果，就充分证明了老师们有理想有追求。没有理想，老师们不可能做这一切。在我们这里，理想不是空想，而是有目的的行动。我相信老师们能够执着于自己的理想坚持下去的。

我还想就新教育实验给老师们谈三点——

第一，新教育实质上是给孩子一个充满诗意的童年，让学生懂得并学会“抒情”。最近有一篇文章，我博客上转载了，叫《论抒情之九死一生》，这是我近年来读过的最好的一篇文章。这篇文章谈到，因为精神的失落，因为理想的幻灭，因为理性的强大，因为物质的膨胀，现在的人已经不会抒情也无情可抒了。现在恋人之间还写情书吗？没有了！现在连逢年过节通过手机短信表达祝福，都不愿意自己写，而千篇一律地复制然后群发。比如去年“五一”节，我就收到许多朋友发来的同样的短信，什么“送你五个一”之类。今年春节，又收到一些朋友发来祝福龙年的手机短信，同样雷同，什么“龙马精神，龙腾虎跃，飞龙在天”等等带“龙”字成语的堆砌，就差“老态龙钟”了。这些手机短信也许编得巧妙，编得幽默，但不是你自己的感情，和你有什么关系！你们看，当代人的确已经不会抒情了，也不愿抒情了。这标志着，作为人的丰富多彩而且细腻柔软的心灵世界正在渐渐远离我们，我们正在向诗情画意告别。而新教育正是要给孩子一个饱满的充盈的情感世界，让他们的童年和诗相伴，让他们懂得并学会“抒情”。那天朱老师做报告说了一句话，他说：“新教育即使其他事情不做，就算把书香校园做好了，也了不起！”真是这样的。我们做新教育，无非就是培养具有书卷气的人。现在一年级的孩子，六年后上了中学，不管他是在武侯实验中学，还是棕北中学，或是其他什么中学，与他班上其他小学毕业的孩子比，他的视野要开阔一些，他就是比别人更敏锐，更容易感动，更容易心潮起伏，这就是我们所说具有丰富精神世界的完整的人。因为他小学曾经享受过新教育生活。

第二，把新教育当作自己的生活方式和成长方式。这话的意思是，我们做新教育，不仅仅是给孩子一种诗意生活，而且首先是给我们自己一种诗意生活。我们不但要通过新教育给孩子以积极的影响和改变，而且还要追求对我们自己的影响和改变。也就是说，新教育首先应该改变我们。我来这里做校长，究竟给老师们带来了什么？有老师会说，带来了更多的事儿，带来了更多的压力。好，如果真是这样，就对了！现在的事情应该比过去多了，因为新教育显然有很多以前没做过的事需要我们去做，但这是我们自己的需要，而不应该是别人的强迫。做这些累不累？关键要看心态。因为紧张，所以充实。每天的忙碌，就是成长的过程。不过，我建议大家把这过程随时记录下来。要大家像我一样每天写博客，可能不太现实。大家知道吗？我现在每天都更新博客的，因为养成了习惯。要你们也这样，我估计好多老师做不到，但是写微博可以吧！每天就写一百四十个字，记录自己做新教育的点点滴滴，一年下来，就是五万字啊！朱老师够忙的吧，可他天天写微博，而且还不止写一条。大家可以去看看。我这里点开给大家看。你们看，朱老师每天早晨还晨读呢！写微博，老师们完全做得到。记录自己的成长，本身就是一种成长方式。

第三，继续有创造性地做新教育。我们还要继续学习常丽华老师、敖双英老师，但同时还要继续创造性地搞新教育，包括开发新的新教育课程。开放新的课程并不神秘，“在农历的天空下”，无非就是常丽华在教孩子吟诵诗歌的时候，按农历节气对有关诗歌进行了新的编排，一门新的课程就出来了。大家想想，我们成都也是一片充满诗歌的土地，在我们脚下，千百年来留下过多少诗人的脚印？李白、杜甫，还有现代的郭沫若、流沙河，等等，如果我们以“成都诗歌”为线索让孩子们读诗，这不又是一门本土课程吗？刚才还有老师谈到，我们学校是武侯实验中学附属小学，那么给孩子们开发一门有关武侯文化的课，不也是一种创新吗？还有影响家长的途径、培养口才的方式，等等，都可以开发出新的课程。又比如，教孩子写一句诗，也可以是一门课程。其实好多诗都是一句奇特的比喻。一个新颖的比喻或拟人，一个奇特的想象，写下来就是诗嘛！泰戈尔的好多诗就是这样的：“鸟翼系上了黄金，就再也不能飞翔了。”“鸟儿愿为一朵云，云儿愿为一只鸟。”“根是地下的枝，枝是空中的根。”还有“不是槌的打击，乃是水的载歌载舞，让鹅卵石臻于完美”。这样的诗，完全可以教学生写。

新教育刚刚开始，但一定能促进大家的成长。我期待着，并坚信，我们学校的名师将出自在座各位当中。我会不遗余力地给大家搭建平台，比如发表文章啊，安排讲学啊，等等。我会一直关注着老师们，祝福大家！谢谢！

做真实朴实的新教育

2013 年 1 月 11 日，武侯实验中学附属小学举行了新教育展示日活动。下午结束时，我做了总结发言——

今天，我们武侯实验中学附属小学举行了一天的新教育展示。我给我校的新教育实验打 70 分。别看只有 70 分，在我看来这个分数已经很高了。我校搞新教育也就一年多，远远谈不上硕果累累。但我为什么还是打了 70 分这个高分呢？

第一，新教育实验让我们的老师呈现出了积极昂扬的精神面貌，也就是说，老师们的精神面貌不错。对此我不展开说。今天，无论是参加展示的老师还是其他老师，我想各位领导和兄弟学校的老师可以看到他们的精神面貌。第二，我们的新教育实验做得很实在，很踏实，没有浮躁的东西，没有浮夸的东西，就这么一步一个脚印地朝前走。第三，我们的学生也发生了变化，比如热爱阅读。今天中午，我看到我的办公室外面不远处有一群孩子在那里排队，仔细一看，原来他们在图书室门口排队借书。这个队列让我感动，也让我看到孩子们的精神面貌。这就是变化。

那么，为什么扣了 30 分呢？或者说这 30 分是扣在哪些地方呢？我认为，毕竟我们搞新教育的时间还不长，因此做得还比较粗糙，还有待更加完美，更加深化。另外，我们有些地方还不够简朴，比如，今天老师们拿到的日程安排是铜版纸精美印刷，我想，有这个必要吗？不就是一张日程安排表吗？为什么不用一般的 A4 纸打印呢？还有，我看外面展示的学生成长随笔，有手写的，也有电脑打印的。为什么不展示学生原始的手迹呢？当然，电脑打印的学生文字肯定要美观工整得多，但已经不是原汁原味了。如果展示学生的原文，即使字不是那么好看，但真实啊！从这些细节处，我们还是有意无意地在为“展示”而展示，总想到是“展示”，所以一切都要“精美”，这就不够真实不够朴素了。我以前曾经批评有的学校为了展示新教育追求“豪华”，追求“精致”，比如非要搞一台春晚式的舞台演出，比如连展示出来的老师教育随笔都是铜版纸印刷而且装帧精美。有这个必要吗？可是我们学校今天也出现了类似的情况，虽然不过是一张日程表，和几本学生作文，但还是应该简朴。

我还是想说说一个朴素的问题：为什么要搞新教育？是为了学校有“特色”吗？是为了学校有“品牌”吗？是为了“提升”学校的所谓“形象”吗？是为了朱永新老师吗？是为了赶新教育的“时髦”吗？统统不是。我们现在有的学校就喜欢弄点什么花样来表示自己与众不同，表示自己有“特色”有“品牌”。但我不愿意这样做。因为新教育其实并不新，它不过是将过去千百年来行之有效但渐渐被人遗忘或丢弃的教育真理发扬光大而已，或者说在新的历史条件下丰富深化，没有必要非要把新教育说得神乎其神。那么，我们搞新教育究竟为什么呢？

第一，为了我们教师自己的专业成长和职业幸福。什么叫成长？成长就在每一天的行动中。现在一提到什么教育改革，我们往往只想到为了孩子，所谓“一切为了孩子”，却忽略了教师。而新教育的抓手就是教师成长。成长即幸福。当绩效工资无法改变，工作环境无法改变，教育对象无法改变，我们唯一能够改变的是我们自己的精神状态。通过新教育，我们能够体验到职业幸福，虽然很忙碌，可是很充实。唉声叹气是一天，喜笑颜开也是一天，究竟我们选择什么呢？当然是后者。

第二，为了让我们的孩子有一个浪漫、有趣而富有诗意的童年，给他们的将来留下充满人性的温馨记忆。我们开展阅读也好，打造完美教室也好，不仅仅是为了提升学生的成绩。刚才有老师说，扩大学生的阅读，肯定能够提高他们的成绩。我看不一定。我是这样想的，丰富学生的阅读，一般来说能够促进他们的成绩，即使不能促进，至少不会促退。不但不会促退，而且还会因为阅读而给学生的心灵世界注入许多的精神养料和缤纷色彩。对于有些成绩很差的学生，不让他们阅读课外书，他也考不上重点高中考不上大学的，那还不如让他阅读呢！新教育有许多富有诗意的活动，还有许多符合儿童天性的活动，我们搞新教育，就是要满足儿童的天性。

总之，我们搞新教育，不是为了对外做给别人看，而是对内为了我们

自己的心灵，为了我们的幸福。

对于一个学校来说，新教育该怎么做？我的想法是，要尽可能点燃激情，唤醒理想，尊重自由，提供平台。新教育是为有激情有理想的人准备的。因此，我不愿意强迫老师必须做。同样，新教育在全国的推广靠的都是新教育本身魅力的吸引，而不是强制的行政命令。当年朱老师在苏州做分管教育的副市长都没有下发文件要求苏州每个学校都必须搞新教育。如果靠行政命令强制，必然就会逼着一些老师弄虚作假，那就成了假教育。我想，我的学校如果有那么一些不搞新教育的不要紧，只要多数老师心甘情愿搞就很好了。这部分老师有激情有理想，他们必然愿意搞。对于一个新教育实验老师来说，我作为校长要尊重他的创造，要给他以自由，允许并欣赏他以自己的方式搞新教育。理念一致，形式多样，这多好！一旦他做出了成绩，我就给他展示和发表的平台，以此激励他。这样的老师在我们学校还不少。人才不是“培养”出来的，更不是“打造”出来的，而是他自己“生长”出来的。我们做校长的，不过是给老师们以自己生长的土壤、空气、阳光和水而已。新教育就是这样的土壤、空气、阳光和水。

另外，我还是强调，新教育要朴素地搞，实在地搞，千万不要华而不实，动不动就炒作，就包装，就打造。我经常给我校老师说，别人做不做新教育我们不要勉强，我们自己踏踏实实地做就很好了。做出成绩自然有影响，有影响就会吸引更多有理想的教育者加入。我诚恳地……邀请——我本来想说“号召”，但我觉得我哪有那个权威“号召”呢，还是“邀请”吧——更多的老师加入新教育实验。我以我前年给我校老师写的两句话作为我这个总结的结束——

朴素最美关注人性做真教育，幸福至上享受童心当好老师。

秋天的 99 个瞬间

今天四点，我校举行了教师节庆祝暨表彰大会。在会上，我校表彰了一大批各类优秀老师。在颁奖之前，我发表了题为“秋天的 99 个瞬间”的致辞。为这个致辞，我准备了很久，连续两天晚上熬到深夜。

我给老师们说：“今天我的致辞，其实就是向老师们展示一个个普通的场景，一个个平凡的瞬间。这些场面和瞬间，都是我前几天随意在校园里拍的。这些短暂的平凡，却注定会成为永恒的！我的题目之所以叫《秋天的 99 个瞬间》，是仿照 20 世纪 80 年代一部苏联电视连续剧《春天的十七个瞬间》的名称。那是一部反法西斯的谍战片，非常精彩。而我下面要展示的 99 个瞬间，虽然平淡，却同样让我感动。”

准备的 PPT 文件的封面是我校老师本学期开学典礼上给孩子们宣誓的场面。我说：“我们举起的手不是故作姿态，而是给孩子们的庄严承诺。”

庄严的承诺

我首先展示了学校第一任校长赵复华校长的照片：“我们学校发展到今天，离不开所有武侯实验中学人的贡献。今天，我们特别不能忘记我们的第一任校长赵校长，他是我们学校的创始人，为我们今天的发展奠定了坚

我校首任校长赵复华

实的基础！让我们向赵校长表示敬意！”

全场鼓掌。赵校长起身向大家致意。

然后，我给全校老师展示了我四年前刚到这里当校长时给老师们拍的一张照片，那灿烂的笑容一下子让大家回到了那美丽的瞬间。我说：“这幅照片，几年来随着我的讲学，传遍了全国，感染了很多很多老师！让我们重温一下我们四年前的笑容吧！你们，这张照片上，没有一个老师没笑，有笑弯了腰的，有捂着嘴笑的，有手舞足蹈地笑的，有笑出了泪的，有仰天大笑的……连我们的袁中庆老师也露出了罕见的笑容！”

全场爆笑……

我继续说：“在这张照片诞生后不久，我还写了一篇散文，记叙我在校园里所看到的一些普通而感人的细节。这篇文章我曾印发给大家，可能你们已经忘记了吧！那么，今天我再次带来这篇文章，我给大家朗读一遍，

经典的笑容

让我们再次自己感动一下自己吧！”

我把文章打在屏幕上，同时开始朗读——

把你的眼睛借给我

上周的一天中午，我偶然经过三楼初一办公室门口，无意中从开着的门看进去——

胡鉴老师、潘玉婷老师正坐在各自的办公桌前的椅子上睡着了。说“睡着了”，是因为她们的头微微仰着，眼睛闭着。但实际上并不是真的“睡”，因为她们的姿势分明是坐着。

那一刻，我的眼睛湿润了！

也许她们本来不想睡，只是想在办公桌前再做点事，但实在太疲倦了，不知不觉便睡着了。也许她们的确是在睡午觉，但又放心不下学生，所以不去公寓睡觉而只是在办公桌前打个盹儿。

这就是我们的老师！

我后悔当时没有带相机，不然，我将拍下老师们最感人的镜头。现在，这样的镜头只能永远地留在我的心中。

不对，这样的镜头，我想已经久久地留在了她们学生的眼中和心中，留在了许多老师的眼中和心中。

而且我坚信，像胡老师、潘老师这样坐着睡觉的老师绝不只是个别的。那天只是因为我偶然经过她们办公室，所以看到了。还有我没有去过的办公室里面呢？一定也有不少老师这样睡觉。他们疲倦而劳累，但他们的肩膀却很坚强，肩负着对学生的责任；他们的内心很坚强，支撑着一种可贵的信念！

我向这样的老师鞠躬！

又哪里只是坐着睡觉的老师才让我感动？

那天早晨吃饭，我看朱怀元老师一直挺着胸膛，但表情却很痛苦，原来他因打篮球而肋骨骨折了，本来应该卧床，但他惦记着学生，硬是挺着中国人的脊梁屹立在讲台上！

我们的郭继红老师，身体已经很差很差，但校园里的她从来都精神抖擞。她教的班学生很差，但她从无怨言，作为教研组长，她还要操许多心，但她从来都一声不吭地坚持着，坚持着……

下午看到刘懿萱老师挺着大肚子吃力地走在校园里，我对她只说了一句：“多保重！”她笑笑。这么热的天，步履维艰，却仍然坚持上班。不只是她，何勤老师也是挺着肚子吃力地爬上一层又一层的楼，走进教室给学生上课……

我还知道，上学期，杨垚老师扁桃腺化脓，依然坚持上课；上学期，唐燕上午输液，下午赶回学校……

就在前段时间，徐全芬老师嗓子不好，连话都说不出来了，可还是坚持上好每一堂课。

我还知道，谢安琼老师的腿不好，但她每天都吃力地准时登上四楼五楼，走进教室……

每天早晨，当我开着车上班时，我就想，现在有多少老师正在挤公共汽车啊，有的老师还要转两三次车，于是他们不得不很早起床，有的老师孩子还很小。晚自习结束后，公共汽车已经收班，而唐朝霞等老师还得打的回家。本来我早已经专门安排了人负责在晚自习结束后送唐老师回家，可只送了一次，唐老师就怎么也不愿再让人送。

天气渐渐热了，中午更是烈日当空，可我们的杨翠容老师还利用中午的时间家访，去说服家长让孩子上学。为了节约时间不耽误下午上课，杨老师便打的家访。而在我们学校，像杨老师这样的班主任，实在是很多很多……

……

生活在这样的老师中间，时时都在感动；而生活在感动中，就是一种幸福啊！

我庆幸，我的老师们给了我幸福。

我曾经在大会上说，不鼓励老师带病上班，有病请假不扣钱，带病上班要扣钱。可是，面对这样的老师，这样的“规定”我能忍心“说话算数”？强迫这些生病的老师不上班吧，可那么多班的课，又有谁去上呢？

写到这里，我的心情真是难受而又矛盾。

上面所谈到的我们老师的感人细节，只是我偶然看到和听到的，这些知道的事只是实际发生的百分之一、千分之一、万分之一！还有更多的爱的细节——对教育的爱，对学生的爱，对学校的爱，对周围人的爱……我还不知道。

但我实在想知道更多的感人的老师和他们的事迹——虽然这所谓的“事迹”只是一个普通的场面或一个微不足道的细节，遗憾的是我只有一双眼睛。所以，在这里，我诚恳地请求我们学校的老师们把你的眼睛借给我，帮我看看，在我们武侯实验中学，还有哪些人值得我们尊敬，还有哪些细节应该载入我们心灵？

请把你看到的充满爱心的故事告诉我，变成文字倾泻给大家分享，让更多的人知道，在这物欲横流因而越来越多的人鄙视理想、放弃责任、追逐功利的时代，我们武侯实验中学的老师的确是我们最可爱的人！

我的声音回荡在阶梯教室，老师们都静静地听着。当我读完最后一句“我们武侯实验中学的老师的确是我们最可爱的人”，掌声响了起来。老师们都被自己感动了。

我说：“四年过去了，我们的老师一直保持着这份职业情感和职业精神！最近，我在校园拍了一些场面，我选取了其中 99 个镜头，这里给老师们看看——”

我先展示的是十天前，也就是 9 月 1 日开学第一天的照片：“第一天上课，我在教学区转了转，随手拍下了这些镜头。你们看，这是刘晓红老师在给初一刚进学校的孩子上第一堂课，那天我走过她教室的窗前时，听到她正在给孩子们说，刘老师嗓子不好，大家要体谅老师。我听到这里，想，在我们学校，有多少带病坚持上班的老师啊！”

接下来，一幅一幅照片打在屏幕上：刘晓红老师、刘绍应老师、曾维刚老师、许忠应老师、孙明槐老师、付廷刚老师、周瑾老师、朱应芳老师、张月老师、刘克峰老师、陈琦老师、向彬老师、谢安琼老师、唐燕老师、李勇军老师、王小刚老师、阎青松老师、何敏老师上课的形象感染着大家。

我一边播放这些照片，一边评论：“你们看曾老师，她的眼睛多么传神！”“付廷刚老师的右手还缠着绷带啊，可课堂上他照样有激情！”“张月老师，如一位母亲正满怀慈爱柔情地看着自己的孩子！”“向彬上课是非常投入的，你们看，他的表情多丰富！那天我没听见他说什么，但我想，他一定是在说‘哟西哟西’。”全场的爆笑淹没了我的玩笑。

我说：“这些普通的瞬间，你们也许觉得很平淡很平凡，但无数个这样

曾维刚老师的眼睛多么传神

向彬老师好像在说："哟西哟西……"

的瞬间，就是你们生命的流淌，也构成了我们学校的历史！好，我们再来看9月6日，也就是本周星期一中午，我在教学楼捕捉到的一些镜头。当时，正是午休时间，可当时我们的老师在做什么呢？"

一幅幅照片打出来，我一一说明："这是周先平老师，还在教导处忙碌着。""龚林昀老师还在教室辅导学生。""邹显慧老师守着孩子午休。""郭艳梅老师也在教室巡视。""大李兰英老师正在给学生讲题。""王明飞老师也在辅导学生们。""向彬这会儿文静了，不再哟西哟西了，孩子们在下面休息，他坐在讲台前给孩子们批改作业。""杨艳老师也正守着教室里的孩子们备课。""这个侧影是谁呀？嗯，对，是谢国强，他正深情地注视着自己的孩子！你们注意他的眼神，那是一位勤劳的农民凝望自己土地里长势喜人的庄稼的眼神，是一位牧童在山坡上看着自己心爱的羊群吃草的眼神……"全场再次爆笑。

我继续评论："大家看，教室外面的走廊里，殷琦老师正在和班干部开会呢！殷老师的笑容多美！""胡成老师也在教室和孩子们在一起。""黄静坐在讲台上辅导着学生。""嗯，这是办公室里的易婵娟老师，一群孩子正围着她，她正在给孩子们讲解着。多么令人感动！难怪连苏东坡都赞美她，专门写诗说要'千里共婵娟'呢！"大家又笑了起来。"易婵娟背后的胡鉴老师一个人坐在座位上，周围没有学生，但她并不孤独，因为她的心中正装着学生，在这本来该休息的时间，她还在为孩子们忙碌着。""还有邓万霜老师，你们看，在办公室里也没有休息，而是在备课。""这是郭继红老师，伏案的情景多么令人感动！”“你们看，小李兰英老师面对学生的眼神是多么慈祥！”“蒋长玲老师把小床搬到教室里，可她看着孩子们也睡不着，正欠起身子注视着学生。”“曾秀芳老师正在办公室辅导孩子呢！”“嗯，刘朝升老师也在教室里忙活着。”“胡德桥老师还在教室里上课，尽管休息时间是不应该上课的，但这种精神还是可贵！”老师们笑了。“这是李青青老师的教室，李青青看到我来了，很兴奋的样子。可李青青两三年前把我气得够呛！所以，看到青年老师的进步，我很是开心！”“咦，这个班的孩子睡得多香！没老师在教室。老师呢？哦，在这里，你们看，朱青老师正蹲在教室外的墙角，给三个孩子辅导呢！三个孩子望着朱老师，嗷嗷待哺的样子，多可爱！”“这是李娜老师的班上，孩子们虽然很自觉，可李娜依然放心不下，站在教室门口依依不舍的样子。”“徐芬老师也在教室里看着孩子们。”“走廊里，陈玲老师正指导孩子办墙报。”“饶振宇老师也在和学生商量办墙报。”“这间教室里，在孩子们中间，坐着一位鲁智深！是谁呀？大家仔细看，哦，原来是魁梧的李开封老师！”“大家看，王丹老师给学生讲题的时候多么亲切！”“汪丽老师也在辅导着孩子们。”“黄韵守着孩子们，表情多么有韵味！”“这是初一年级办公室，唐真老师还在办公，唐剑鸿老师实在太困了，正在打盹，张瑞莉老师还在忙碌。”“过道上，一群孩子围成一圈开会，可爱极了！我问他们班主任是谁，他们用童声齐声回答：‘唐朝霞老师！’你们看，办公室里的唐老师笑得多么开心！是呀，有这么可爱的孩子，怎么不开心呢？”“杨翠容正和孩子们一起办墙报。”“刘

伏案工作的郭继红老师

教室外的墙角，朱青老师正在辅导孩子们

锦平老师守着午休的孩子们。”“满泽洪老师还在办公室里工作着，身后站着陶杨梅老师。呵呵！有美女相伴，满泽洪老师再累也是幸福的！”老师们又笑了起来。“过道里，谢安琼老师站在教室外，牵挂着教室里的孩子们。”

我说:“这些场面的确很普通，老师们也没有觉得自己有多高尚，但是我要说，这正是老师们应该休息的时候呀！可是，他们放弃了休息，守着孩子们。这平凡的时刻，却包含着一种可贵的精神！”

“这是前天，也就是9月8日上午九点，在福建泉州市，刚给泉州孩子上完语文课的唐老师正在给孩子们签名。这次泉州市邀请我前去上课并做报告，我说，我不上课，我带位老师来上一节课，我只做报告。对方答应了。于是，我把唐老师带去了。她给孩子们上了一堂公开课，非常成功。这是课后孩子们围着她要求签名的情景。我想，这是唐老师最幸福的时候，因为她被孩子们爱着。”我说。

我又打出一张照片:“这是昨天上午十点半，在武侯区教师节表彰会上，李开封作为教坛新秀上台接受颁奖的场面。你们看，李老师笑得多开心！”

“这是昨天中午一点十九分，我在校园里远远地看到一位老师正和一个孩子一边走路一边聊天，是谁呢？渐渐走近了，原来是饶振宇老师！”我评论道，“这个场面太普通，但我从中依然读到了感动！”

镜头转向了厨房:“学校的发展离不开学校里的每一个人，包括工人师

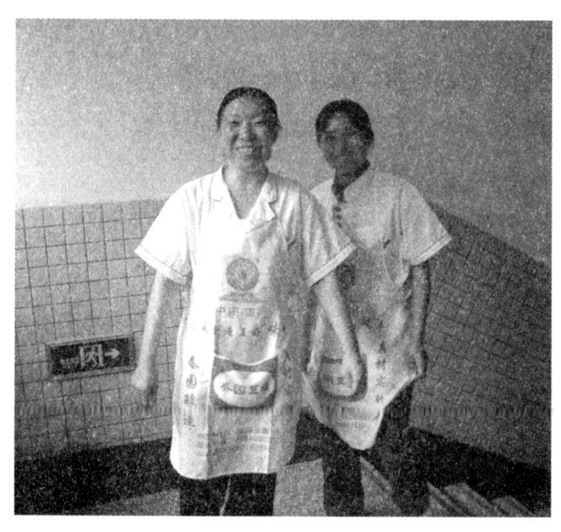

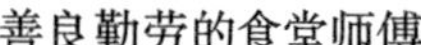
善良勤劳的食堂师傅

食堂师傅以自己的方式为学校发展尽力

傅们！你们看，这是今天上午十一点钟我在学校厨房看到的情景，师傅们正在热气腾腾的厨房里忙碌着。”“这是我在楼梯口遇到的两位师傅，我叫不出她俩的名字，但我知道她们同样为学校发展做出了贡献。”“你们看，这是一位师傅的背影，她正拖着餐车走向教室。我同样叫不出她的名字，但我同样知道，学校的发展也有她的功劳！”“这是我们学校的大门，保安师傅时刻都守护学校的安全。你们看，这位小伙子的笑容多么纯真多么阳光！”

我提高声音：“判断一个国家的文明，不是看这个国家的人如何对待总统，而是看他们如何对待普通的劳动者。同样，我们学校的文明程度，也不是看大家如何对待我这个校长，而是看大家如何对待学校的每一位普通的劳动者，包括食堂师傅、门卫保安。我提议，让我们用掌声为我校的工人师傅们表示敬意！”

保安小伙子的笑容多么纯真多么阳光

全场响起了热烈的掌声。

我接着说：“平时为我们一线老师服务的，还有计算机老师，比如袁伟老师，还有实验室的老师，比如陈生平老师。”我打出这两位老师的工作照。“还有图书室的老师，总务处的老师，等等。”

我又打出一组图片：“这是今天下午两点二十分，也就是两个小时以前，我在学校操场看到的情景。你们看，赵春丽老师正在训练学生们的队列。赵春丽老师的业务能力在全市都有影响，她平时工作从来都不讲报酬，常常在寒假都在训练舞蹈队的孩子，这样的老师实在让我尊敬。你们看，这是瞿亚星老师正在上体育课，他面前的学生正在匍匐前进，呵呵，孩子们多么崇拜瞿老师啊，都给瞿老师‘下跪’爬行呢！这是李中柱老师在训练孩子们。对了，你们看，孙明槐老师并不是体育老师，可作为班主任，她依然来到操场，陪着学生训练。我并不主张班主任随时都守着学生，可是，

孙老师的精神实在让我感动！”

我严肃而真诚地说：“刚才，当我拿着相机离开操场，走到我们教学楼大厅前的台阶时，我看到了大厅前两个柱子上我给师生们写的对联：‘童心辉映童心，来自平民，不忘百姓，战胜自己，用知识改变命运；尊重赢得尊重，热爱学生，服务大众，追求卓越，让教育充盈人生。’我想，我们的老师每一天都在用行动实践着我的愿望。再看台阶前的红色大理石上，镌刻着少年马克思的话：‘我们的事业并不显赫一时，但将永远存在。面对我们的骨灰，高尚的人们将洒下热泪。’是的，我们的事业并不显赫一时，我们的每一个瞬间都很普通，但是，我们今天的一切必将镌刻进武侯实验中学的历史。我们都是匆匆过客，我们每一个人都是从前辈的手中接过教育火炬，然后又传递给后人……”我说着，打出了退休老师唐安全的照片，“唐老师德高望重，去年退休后依然牵挂着学校，关心学校的发展，并表示，学校随时需要他，他随时赶到学校。唐老师是我们学校所有退休老师的杰出代表！我们向他表示敬意！”

老师们再次鼓掌。

我又打出一张学生发言的照片：“这是昨天区里的表彰会上，一位学生代表在发言。她走上讲台的时候，我还没在意。雷局长对我说，她以前是武侯实验中学的学生，现在在川大附中，很优秀。我注意听她发言。在发言中，她用了大量的篇幅回忆自己在武侯实验中学读初中的时候受到的教育，真诚地表达对母校的感激。她的声音回荡在大厅，那一刻，我非常自豪！我想，能给孩子的将来留下温馨的记忆，这就是我们教育的成功！”

停顿了片刻，我说：“无数个平凡的瞬间一去不复返，但我们的学生会记得，并会给我们同样丰厚的感情回报。今天中午吃饭的时候，我听邹老师说了一个很让我感动的事。邹老师说：‘我的学生太让我感动了！我班有三个男生今天早晨六点钟就起来了，专门为我熬鱼汤，上学的时候，特意端到学校来！’邹老师准备中午休息的时候把鱼汤端到教室里去，让每一个孩子都分享这鲜美的鱼汤。于是，我在中午赶到了邹老师的教室里，拍下了这一组真实感人的照片——”

一幅幅感人的照片打在了屏幕上：邹老师看着鱼汤幸福地笑着，她在教室里给孩子们分鱼汤，孩子们开心地喝着鱼汤……这一碗鱼汤通过我的照片，也感染了在场的每一个人。

我说：“今天的一切，我们不觉得有什么特别，更不觉得有什么了不起，但是不但我们的学生会记住我们，学校的历史也会记住我们，中国的教育会记住我们。我们今天平凡的行为，必将化作永恒的经典！历史将铭记今天每一个平凡的瞬间。不信，老师们看——”

一碗鱼汤让邹老师和她的孩子们醉了

我将一组经过 PS 处理过的照片打了出来——

“小李兰英老师的事迹被搬上了银幕，在全球上映。”

“大李兰英的故事也流传各地，她的形象被制作成大幅宣传画，张贴在各地。”

“殷琦老师的事迹甚至流传到了欧洲，大街上都能看到殷琦和她学生的照片。”

PS 图：小李兰英老师的事迹被搬上了银幕

PS 图：殷琦老师的事迹甚至流传到了欧洲

“黄静老师也被商家看中，他的形象被制作成装饰画。”

随着我打出的一张张照片，老师们哈哈大笑，整个阶梯教室的气氛达到了高潮。

在老师们的笑声中，我继续打出我处理过的图片，以表达对未来的畅想和幻想——

“唐朝霞老师的照片被年轻人设为手机保护屏的画面。”“曾秀芳老师的形象被设计成精美的贺卡。”“蒋长玲老师的照片也被印上了画册。”“王明飞上课的形象走进了千家万户。”“杨艳老师的工作照甚至贴在了欧洲小镇的公交站台。”“美丽的易婵娟成了时尚流行杂志的封面人物。”“谢国强凝视学生的照片被欧洲人做成精美的装饰画，只是你们看，现在谢国强的眼神没变，可他凝视的内容却不一样了！”

全场爆笑。因为我俏皮的处理，画面上的谢国强正凝视着一位美女的臀部。笑声中，我打出其他照片的画面——

“你们看，我们的王丹因为成就卓著，被评为十大杰出青年，上了中央电视台。”“向彬的形象则被挂在了闹市区，被万人崇敬。”“龚林昀以‘中国最有影响力年度人物’上了美国的《时代》杂志封面。”“付廷刚受伤的手，引起了一只猫的同情，它伸出自己的一只爪子，献给付廷刚。”“刘绍英老师优美的身材被时装模特儿看中，将她的形象印上了时尚写真画册。”“谢安琮老师的照片挂在了国外的大街上，照片上，谢老师还在给学生上课。”“周先平老师的巨幅画像被悬挂在空中，让人敬仰。”“我们的老校长赵复华校长也成了世界名人，他的画像挂在大街上，成了各国无数青年追逐的偶像。”

我重新亮出我校老师本学期开学典礼上给孩子们举手宣誓的照片——

“这个场面也成了经典，被制作成宣传画，张贴在世界各地，激励全世界的教师！”

我再次打出那张著名的“笑容”——

“我们老师美丽的笑容，感染了全世界。这幅照片也流传全球。你们看，这是在国外大街上，我们老师在开心地笑；这是几位时尚青年，正捧着我们的笑容照；这是在超市，我们的照片吸引了一位青年；这是在香港夜晚的大街上，霓虹灯的辉映下，我们的照片依然光彩照人；呵呵，这张照片被印在了美钞上；还被挂在了奥巴马的办公室；这是一位印度老人，手里那张发黄的照片正是我们的笑容，老人珍藏这张照片很久了，他打算将这张照片作为传家宝世世代代流传下去……”

在老师们持续不断的笑声中，我打出了最后一张照片，画面上，北京奥运会的开幕式正在举行，中国轴正在徐徐展开，而展开的正是我校老师的灿烂笑容——

“一百年以后，我们都不在人世了，但武侯实验中学还在，我们的学校精神还在，我们的笑容依然在这个世界上绽放着。那时候，中国再次赢得了主办奥运会的机会。在开幕式上，富有中国民族气息的卷轴再次展开，卷轴中，一百年前武侯实验中学老师们的笑脸，将阳光洒遍世界！”

最后，我庄严地对老师们说：“我年轻时候，曾经写过一首自勉的诗，后来我曾把这首诗献给我的学生；今天，在这个教师节，我把这首诗献给大家，作为我和大家的共勉！”

我开始朗诵——

名字也许太普通，
人格永远不会平凡；
生活也许较清贫，
事业永远不会黯淡；

歌声也许会暂停，
旋律永远不会中断；
理想也许还遥远，
追求永远不会遗憾！

老师们用掌声回应我的诗篇。

我们一起创造历史

我想利用今天这个行政干部会，给大家谈谈心。

刚才何书记介绍了市区两级政府给我校改革方案提供的政策保障。我们武侯实验中学应该感到荣幸！

最近两件大事，都让我个人感到了政府对我和我们学校的强力支持。一就是五月份学校出现的突发事件，派出所的干警一直护卫学校，公安局副局长随叫随到，这说明武侯实验中学在政府心目中的分量。还有就是这次我提出的改革方案，能够得到上级如此支持，说实话，出乎我的意料。二月份我去傅勇林副市长办公室，给他说：“我想让武侯实验中学真正‘实验’起来，希望得到你的支持！”副市长很爽快地说：“你有什么想法，写个方案，我们看看，如果可行，就做！”就这样，几个月来，我们通过学习、调研、讨论，制定了这个方案。这个过程，就我而言，也是对我校改革的认识不断深入逐步成熟的过程。傅勇林副市长真的是在帮我，帮我们学校。他两次召开专题会议，召集有关负责人研讨我提出的方案。上周还专门带着市教育局局长、市教育局人事处处长、市招办主任到武侯区，召集武侯区委书记、区长，还有分管教育的副区长、武侯区教育局局长、武侯区财政局局长、区编办主任等领导，就我提出的方案中需要领导政策支持的内容，一项一项地讨论落实，最后还问我是否满意。这的确让我感动。

今天上午，雷局长又约我和书记去区教育局，几个局长对我们方案中的几个需要支持的政策要求，一一敲定。我们学校以后可以实行两考分离，就是毕业考试和升学考试分离，毕业考试由我们学校自己组织。另外，区政府将补足我们现在缺编的教师，并适当增加一些编制。市招办在划拨重点高中直升生的时候，也将向我校倾斜。当然，这些优惠政策都只是暂时的，是对我校改革之初必要的支持，等我校改革步入正轨了，有的政策我们也就不需要了。

我说这个过程，就是想告诉大家，我们一定要珍惜这次机会。有多少和我们同类的学校羡慕我们啊！可是，我要说，现在我已经过了兴奋期了，现在我更多的是一种压力，前所未有的压力：我要怎样才能不辜负这沉甸甸的支持啊！我相信，在座各位也和我一样感到了压力。

压力源于理想。我们心中要有一种理想主义情怀，以及由理想而产生的激情！我多次说过，如果我甘于现状，似乎应该满足了——连温家宝都肯定了我和我们学校，我还有什么不满足的？如果我现在见好就收，退下来，我想教育局会给我一个合适的安排。我何必再这么“不安分”地搞什么改革呢？如果我是图名，说得不客气些，我现在还需要什么名呢？如果我是图利，不当校长我的利更多，因为我可以专心著书立说，稿酬是很丰厚的。我为什么非要做校长而且还要搞什么改革呢？就是因为我还有理想，这理想其实也是一种良知。那就是搞教育的，一定要对得起孩子。每天在校园，看到孩子们那么天真地给我打招呼：“李校长好！”“李老师好！”我就想，我用什么来回报这些孩子对我的尊敬？想来想去，还是那句话：让孩子们在学校快乐，并且有收获！我们现在的改革，就是为了这个目的。

现在蓝图已经绘成，关键是实施。实施需要每一位老师，需要每一位干部。几位副校长相当于我的手臂我的大腿，其他中层干部相当于我的手和脚，还有手指脚趾。我的想法，都需要你们去落实。我们这支干部队伍是不错的，经常让我感动。但我对大家关心不够，或者说太少。前次何书记就给我提醒，说我很关心很欣赏老师，但对干部关心和欣赏不够。我接受何书记这个意见。因为我总是想，对干部应该严格要求，要给老师们做出表率。所以平时对你们更多的是提要求，而不是欣赏和表扬。

其实，我还是很欣赏在座每一位干部的。下面我简单评点一下我们的

干部——

何光友，作为书记，是我的得力助手，富有管理经验，帮我打理日常工作，他像周恩来——这个比方当然有些夸张，但他的确事无巨细，坚忍不拔，是武侯实验中学的一头骆驼。

闫青松，朴实，踏实，非常实干，管德育抓常规抓得特别好，重落实，我们学校现在的德育常规应该说很不错，这主要是青松的功劳。他长期身体不太好，但坚持工作，让我很感动。

谢华，抓教学，除了和青松一样实干，还特别肯动脑筋，喜欢学习，富有创新意识，组织课堂改革，有声有色。

易琼，作为一个年轻的女校长，大气大度，这点很让我欣赏；管宣传，管行政办公室，点子多，工会工作做得生动活泼，她特别爱读书，好学习，亲自起草很多文件，执行力很强。

满泽洪，富有激情，豁达宽厚，办公室的事非常杂，但他从不计较，默默无闻地做了很多琐碎的工作。

辜超，是我们学校最能吃苦耐劳的干部之一，是一头牛。不计名利，不讲价钱，只要需要，随叫随到。每次我想到辜超都很感动，而且我很清楚，我所知道的他的事迹，只是他所有事迹的冰山之一角。

唐剑鸿，工作大胆，有激情，肯动脑子，许多工作都很有创意，敢挑重担，浩然正气。

郑聪，工作作风大胆泼辣，有超人的精力，不知疲劳地工作，为人很大气，带头搞课堂改革，富有成效。

尹长青，作为教务处副主任，工作认真，非常敬业，面对烦琐的教学事务性小事，依然尽心尽力，时不时还要受一些委屈，但忍辱负重，为人虚心真诚。

张唐森，工作非常踏实，而且很细心，做事总是追求完美。他先后在不同的部门工作，能服从安排，听从调动，在不同的岗位上都尽心尽责。

刘盛和，身为总务主任，工作繁忙可想而知，他可以说是干部中最忙最累责任也最重的之一，有时还不被理解，但忍辱负重，为学校师生提供服务。

邓永辉，身兼多项工作，既要教学，还负责科研，还有教师培训，同时还要负责招生工作，但他任劳任怨，从不计较，为人特别真诚。

李桂兰，一身正气，坚忍不拔，工作细致，常规到位，任凭调遣，成效显著。

唐真，性格内敛，默默无闻，低调，细心，踏实，务实。

许开旭，正直善良，豁达，为学校工作做出了许多牺牲，非常务实。

我对干部们这些评价，都是发自我内心的，也许不全面，甚至挂一漏万，但我说的绝对是真的。有这么一支队伍，我没有理由不信任。但是，现在我们的改革即将启动，新的要求新的使命摆在我们面前，作为干部，我们用什么来迎接学校的大变革?

下面我想真诚地给大家提八点希望——

第一，强化执行。我总的感觉，我们干部的执行力还不够，这和我有关，我比较软弱，凡事不愿强制，总希望和大家商量。但这样其实对工作不利。现在，必须强调，大家要有绝对的服从意识，说了的，就必须落实。举个例子，对老师的考评，既然有了标准和规则，那么各项数据的积累，在平时就要到位。只有公正的评价才能说服老师。作为校长，有一句话本来完全可以说，但我当校长五年来，一直没有说，因为我总不希望自己有什么绝对权威，但现在看来这话应该说，那就是:“凡是我说的话就必须落实！”这不是为了突出我个人的权威，而是为了有效地推动学校的工作。

第二，勤奋好学。我们要办一所有思想的学校，必须靠有思想的教育者，这首先就包括干部。说实话，我对干部最不满意的，就是平时读书不够。每一个人想想，你平时是否读书?不要说很忙，对于爱读书的人来说，再忙都有时间读书，关键是养成习惯。我高中毕业下乡当知青，当时哪有什么考大学一说啊，但整个农场，就我一个人每天看书，而且练字。当时看书没有任何功利目的，纯粹就是爱好。看的什么书呢?马克思、恩格斯的著作，国际共运的一些书。这些书不能给我带来任何物质利益，但我居然就读得那么专心。还有文学的、历史的许多书。后来，谁也没有想到，国家突然恢复高考了。结果农场大多数人都不敢去考，但许多人都鼓励我去考，说我们农场你不去考，谁还敢考?结果，我一考便中！还有 1996 年，我参加成都市优秀青年教师研修班，教育专家查有梁做了报告之后，要我们填一个调查表，要我们说自己的书呀，对自己影响最大的教育家呀，

还有自己的教育感悟等等。我随便拿了一张纸，他一边念题，我一边做，题一念完，我就完成了。当时在班上引起轰动。查教授对我赞叹不已。其实这就是积累。平时想过那么多，脑子装的东西也比较多，那时候就只是往外倒就是了。对我来说，一点不难。所以，我说读书都是平时积累，要养成习惯。还要思考，要研究教育。不管分管什么，首先要研究自己所分管的内容。比如上周申报课题，我听继续教育中心的人说，我们学校报的德育和教学的两个课就比较空，我看了看课题方案，的确是的，没有深入研究，怎么不空呢？学习不只是读书，平时上网也是一种学习方式。我每天在网上的时间不少，学了不少东西。我们有干部长期关注我的博客，还留言；但有干部好像从没看过我的博客。我是校长，你不了解校长的思想，怎么行呢？对不对？

第三，生本德育。这点是专门谈德育，但不是只说给分管德育的干部听的。每一人都应该是德育工作者嘛！我们学校的德育当然是很不错的，但离我的要求还有距离。我总是想，我们的德育要根据学校的心灵需要，根据学生的成长需要，为孩子提供服务。要给学生留下三年温馨浪漫、充满人性的记忆！这也是我经常给老师们说的话，但这不应该只是一句话，而应该成为我们的行动。怎么把我们的德育做到实处，特别是怎么让我们的教育是真教育，这值得我们思考。那天我经过学校门口，门卫师傅给我一份礼物，好像是一床被褥吧。我很奇怪，这是谁送的？师傅告诉我说，是毕业班的学生给母校老师的礼物。当时我接着这礼物，心里其实很不好受，因为我知道，这是毕业年级用学生的钱——倒不一定是临时收的学生的钱，可能是剩余的班费，由学校做主，给老师们买的礼物。我知道，这也是许多学校的惯例，学生毕业前，用学生的钱，给学校买礼物。这样做似乎不过分，引导学生感恩学校感恩老师嘛！但大家想想，这合适吗？可能学生都还不知道他们的钱拿去给老师买礼物了。第二天，我走进办公室，看到办公桌上放着一把纸扇，下面压着一张纸条，大意是说“感谢李老师三年来的教育”，纸扇虽朴素，纸条虽简短，却让我温馨，因为这是学生自愿的。对比那床被褥，这纸扇更让我感动。因为它出自真诚！注意，这个过程，也是德育。学校用学生的钱给老师买礼物，那是反德育。我希望，我们学校从明年起，坚决不要做这样的事了！我们老师难道缺被褥吗？其实，学生毕业前对母校对老师最好的礼物，是给母校给老师提出宝贵的建议或意见，帮助老师改进工作，帮助母校发展得更好。那天我去我班上给孩子们上最后一堂班会课，有一个内容就是让学生给我提意见——这也是我从教29年来，当班主任的一个传统，每当学生毕业之前，我都要让学生给我提意见。那天学生给我写了一些意见，其中有一条是说我“不诚信”，“说话不算数”，因为我初一时就承诺把成都电台著名的少儿节目主持人陈岳叔叔请到班上来和他们见面，结果快毕业了，陈岳叔叔一直没请来。我当时就接受批评，承认错误，并马上给陈岳打电话，请他第二天就到班上来。这个过程，也是德育，这种德育，不是说教，而是师生共同成长。作为教育者，一定要敏感、敏锐，平时我看电视或看新闻，我都会想，这和我的教育有没有关系？可不可以给我的学生看看？满足学生心灵的需要，德育其实无处不在。

第四，投身课改。我们学校的课堂改革已经开始了，不少老师包括干部都做得不错，但我今天要说的是，我们不少干部做得不好，甚至还有干部根本没搞！今天我本来想搞个突然袭击，让大家拿出纸条，写一写：新教育实验六大行动是什么？高效课堂的五步三查是什么？后来想想算了，别把大家弄得那么紧张，那么尴尬。但是，如果我真的搞这个调查，大家都能正确无误地写出来吗？有多少人能得满分？大家想想，你自己都不搞课堂改革，凭什么去要求老师搞？从下学期开始，我们首先要求干部们搞课堂改革，非搞不可。要让老师做到的，干部必须先做到，而且做好！

第五，关心老师。这个话题我说过很多次了。我们管理老师，首先要关心老师。这里说的“关心”，当然包括生活上的问寒问暖，但还不是我所说“关心”的主要内容。我这里说的关心，主要是指满足老师的精神需求。比如，我们是不是经常找老师谈心，我记得以前我们曾经将老师分组，让每个干部经常联系这些老师，找他们谈心。那么，你们做得怎么样呢？随时了解老师们的想法，这是我们学校工作的依据之一。以前我们每月都要在老师们中间进行调查，让老师们提建议，然后每条建议都必须回复。这个做法非常好，可惜没坚持下来。另外，关心老师，还包括帮助老师成长。我们是不是给每个老师做一个“学术诊断”，或者叫“成长分析”，看这个老师的优势是什么，他需要学校给他提供怎样的帮助，然后我们就尽力帮

助他。

第六，扩大视野。我刚才说过，我们要办有思想的学校，这就要求我们教育者要有思想。这里，我特别强调，我们要关注窗外的风云，不要老是忙于事务。郭沫若曾经给石室中学题词，就四个字“求实务虚”。“务实”是优点，但“务虚”好像很多人都觉得是缺点。其实不对。“务虚”，就是认准方向。“求实务虚”用大白话说，就是既要埋头拉车，又要抬头看路。我们要明白我们这个世界的发展趋势，要明白我们国家将往什么方向发展，要认识到我们学校的发展背景。又说到要读书了。作为一个知识分子，应该有着清醒的使命感，不能只关注校内，还要凝望窗外。比如，当代中国的各种思潮、世界上的各种时政，我们关心一下是有好处的。又比如，我们学校现在搞的平民教育、民主教育，和国际教育的民主化潮流是吻合的。这些我们都应该了解。要做一个清醒的教育者。

第七，廉洁节约。“廉洁”说的是我们个人的操守。“节约”说的是我们在自己分管的部门要一分钱掰成两半花。记得那年满泽洪、辜超等人考上校长助理后，我第一次找他们谈话，说的第一点就是“不要想在干部这个位置上谋取点职务以外的东西”！我说，想“捞一把”就别当干部。那年做校服，谢华说厂家按惯例给校长们有一点“表示”，在校长会上，我说:“谁也不许拿这笔钱！否则，我们怎么面对老师？”当时我还说，其实，我们没拿这钱，可能也有老师会认为我们拿了，因为现在这个社会，群众对干部往往是有罪推理:“当官的哪有不贪的？”但是，即使有老师误解我们，我们自己却问心无愧！别人怎么说我管不着，但我能够守住自己清白的良心！还有，我希望能够减少饭局，不要一说工作就吃饭。这点在我们学校当然不突出，因为我本人最烦饭局，但我这里还是要提醒一下。我们学校现在经费相当紧张，一定要精打细算。我肯定是学校出差最多的人，但是我从来就没有按规定拿过一分钱的出差补贴，很多时候我要出差，都尽量让别的单位给我报来回机票，因为请我讲学的地方很多，每次我要出差了，我便想哪次那个地方曾经请我讲学，我没去，这次可以了。这样，顺便也帮学校节约了经费。大家虽然只是一个部门的负责人，但一定要把自己当作校长来当家。

第八，贴心抱团。这说的就是团结。但我用“贴心抱团”这四个字，想强调我们一定要拧成一股绳。我们是在创造历史！武侯实验中学将在我们的手中获得历史性发展，为中国的平民教育、素质教育提供经验。这多么令人自豪！“我们献身这壮丽的事业，无限幸福无上荣光！”做干部的，一定要大气，要豁达。朱永新曾经对我说：“只有大胸襟，能够做大事业！”大家工作上不可能没有争论，甚至摩擦碰撞，但不要影响彼此的感情。我们彼此要透明，要向对方敞开胸襟。我经常说，要做君子，不做小人。即使有人对我们心术不正，但我们依然坦荡磊落，依然真诚地对待他。我们做君子，小人让别人去做！一定要有一种精神上的自豪感，我的境界就是比别人高，我的胸襟就是比别人宽阔。我因此而获得了一种幸福。

我比大家年长，你们都是我的弟弟妹妹。我要做的，不只是引领大家更有成效地工作，更是帮助大家获得一种比别人更充实有意义又幸福的精神生活。

“新教育实验”的理念不需要论证

下午，我参加我校附属小学“新教育实验”小型座谈会，参会的除了行政班子，还包括先后派出去鄂尔多斯、焦作、海门学习新教育经验的万宇、代洪英、邓双艳、包虹婧、钟丽、喻杰六位老师。我先听取了六位老师的汇报发言和她们的一些顾虑、疑问，然后做了如下发言（根据回忆整理）——

我准备讲四点，讲这四点之前，我先要强调我为什么要到这个学校来做校长。新教育实验寻找一批“尺码相同的人”，我到这个学校也是“寻找尺码相同的人”。所谓“尺码相同”，就是志同道合。也就是说，我下面的话是说给志同道合的人听的。如果我们没有共同的追求，那我们失去了沟通的可能性，我也就没有必要说下面的话了。当小学校长已经三个月了，我感到我们小学老师真的非常……嗯，非常可爱！我是很郑重地用“可爱”

这个词的。我们和老师们接触，确实觉得小学老师纯真可爱。

最近两次派出去学习的都是老师，而不是干部。包括最近去海门学习，最初谢校长给我提出，说希望去海门学习“缔造完美教室”，我还没同意，因为学校经费实在紧张。但最后我想了想，还是派，不过我对谢校长说：“干部不去，要派就派老师！”以后都这样，如果经费紧张，宁肯派老师，而不要派校长主任，因为最后回来做事的是老师。所以除了鄂尔多斯年会，焦作和海门我们都派的是老师去。

好，我讲四点。

第一，新教育实验为谁提供的？是为以教育为生命的人提供的。那年去青海塔尔寺参观，我被寺里的酥油花震撼了。寺庙的一个僧人告诉我，酥油花塑造工艺复杂，要进行大量的选料、配制、做模等前期工作。由于酥油易融化，艺僧们徒手捏塑酥油花时只能在零下十几摄氏度的阴冷房间里封闭工作。在制作过程中，艺僧手指被冻得疼痛难忍，失去触觉，但他们依然将酥油做成一朵朵精美的花朵。这些酥油花只能“存活”几个月，因为天气转暖便要融化，于是每年都要重做酥油花。因此，最后艺僧们的手指都会溃烂，且终身残疾。这些艺僧都是自愿做酥油花的，没有谁强迫他们，哪怕手指溃烂，他们也无怨无悔。这些美丽的酥油花都不是为“市场”而制作，唯一的用途就是放在寺庙里供奉神灵。没有半点功利色彩，不是因为物质生活的需要，不是迫于别人的指令，完全是出于心灵深处的信仰，而自觉自愿地奉献出自己的智慧和健康，在世俗的人看来，他们很苦，但他们自己却觉得很幸福——这就是宗教的力量！

我回到成都，写了一篇随笔，叫《创作教育的“酥油花”》，谈到对待教育有四种态度。

第一种是“应付”的态度。本来就不喜欢教书，只是因为种种原因，比如现在工作不好找，那还得有一个工作才行，于是不得不教书，觉得大材小用了，心情郁闷，于是只好应付了。这样的老师谈不上敬业，能够不做就不做，能够少做就少做，“当一天和尚撞一天钟”，这真对不起自己，也对不起孩子。

第二种是“饭碗”的态度。就是把教师这个职业当饭碗。我们经常听到这样的教诲：“不要把教育当作饭碗，而应该……”其实，在我看来，把教育当饭碗无可厚非，通过本职工作谋取生活的物质基础，一点都不耻辱。饭碗的境界不算高，但也不算低。你们看街头擦皮鞋的，天刚亮就在街边坐着了，天黑了还在擦，每双皮鞋都擦得那么认真，为什么？这是他的饭碗啊！没有谁要求他敬业，但他必须敬业，因为这是他的饭碗！如果一个老师真正把教育当饭碗，从而珍视这个饭碗，怀着敬畏之心（怕失去饭碗）对待自己的职业——认真备课，认真上课，认真批改作业，认真辅导学生……同样令人尊敬。

第三种是“事业”的态度。应该看到，确实有不少教育者不满足于仅仅把教育当饭碗，而是把教育同时也当作自己的事业。所谓“把教育当事业”，我的理解至少有两个含义：第一，研究；第二，快乐。很难说擦皮鞋的师傅会把擦皮鞋当作事业来研究——当然也有，但不会多；也很难说他通过这个事业获得快乐。但有事业心的教师，面对教育的所有现象，都能够以一种研究的眼光去打量与审视，并从研究中获得更多的幸福感。

第四种是“宗教”的态度。所谓“把教育当宗教”，就是为教育的一切付出，都已经超越功利，是出自内心的召唤。就像我刚才说的创作酥油花的僧人，他们不考虑任何功利，只为一种信仰。并不是每一个教育者都会把教育当宗教，我也没有。但陶行知、苏霍姆林斯基等人的确是把教育当宗教。

我们也不可能要求每一个教师都把教育当宗教，但希望一部分老师能够把教育当事业，这个不算过分。我们今天在座的立志搞新教育的老师，都是把教育当事业。新教育就是我们的事业。还有你们已经知道的常丽华、时朝莉、敖双英、侯长缨等老师，谁叫她们搞新教育的？没有谁。她们也不是做给别人看的，因为那是她们自己的事业，做这份事业，已经是她们的一种信念！

说到为自己的事业而工作，我想到我的年轻时代。再过一个多月，我就大学毕业三十周年了，也就是说我从教整整三十年了。回想在 20 世纪 80 年代，我一个小伙子，就是凭着自己的热情和理想，投入自己的事业，这和别人没有关系的，和领导更没有关系。那时我做的好多事都是自己要做的，而不是领导要我做的。比如，谁叫我搞未来班了？谁叫我让谷建芬谱班歌了？没有，都是我自己愿意。那时候，我利用假期经常带学生出去旅游，贵州、云南、重庆，到处跑，在很多人看来不理解，可我愿意啊！那时候每教完一个毕业班，我都要给他们编一本书，所谓“编”，就是我一个人刻钢板、油印。在迎接中考或高考的前夕，除了大量的复习任务，我还要在办公室一坐就是14个小时！这使得一些好心的同事也难以理解：这“书”既不能作为申请高级职称的专著，也无助于学生高考“抓分”，何苦这么玩命？但我知道，这是我和我学生生命的里程碑！还有很多类似的事，别人看来是多此一举，不可思议，但我却认为是我必须做的。因为这是我的事业。我也没有发过牢骚，埋怨这个不理解，那个不支持，或者抱怨学校风气不好，社会不公。没有，我不会抱怨，因为我做自己的事，都是我自找的。我又不是为别人做，要别人公正干什么？你对我公正我也做，不公正我也做。

有了这样的态度，我们才可能做真正的“新教育”。不然，你老认为是领导要你做的，而不是你自己要做的，那就没意思了。

第二，我们为什么要搞“新教育实验”？难道是因为“新教育”很时髦吗？难道是因为“新教育”三个字很好听吗？难道是因为我和朱永新老师私人关系好吗？不，搞新教育是为了我们自己和我们的学生。

昨天我刚刚写了一篇文章，题目叫作“我想办一所没有‘特色’的学校”，尖锐抨击那种为“特色”而“特色”的做法，抨击动辄就大谈学校“品牌”，大谈教育“走向市场”的做法。我这样写道：“学校当然要办好，但这不是‘对外’的为了什么‘品牌’什么‘市场’，而是‘对内’的为了我们每天面对的孩子！只要孩子在学校能够享受每一个老师的爱，只要孩子能够喜欢每一堂课，并且真正获得全面发展，学校没有‘特色’没有‘品牌’没有‘市场’，又有什么关系？”我还说：“朴素比‘特色’更美丽，良心比‘品牌’更珍贵。孩子心灵和他们的未来，才是我们真正应该关注的‘市场’！这是我们的教育良知所在。”这篇文章我个人觉得写得还不错，我已经交给《中国教师报》，他们已经决定头版发表，我就是要让这篇文章产生影响。希望你们关注一下。

我们搞新教育实验同样不是为了什么“影响”“品牌”之类，我们搞新教育实验是为了提升教育质量，是为了提升孩子和我们自己的生命质量。注意，我这里是按世俗的观念，先说是“为了提升教育质量”，再说“为了提升孩子和我们自己的生命质量”。其实，本来应该说，新教育实验首先是为了提升孩子和我们自己的生命质量，其次才是提升学校教育质量。后者只是前者的附带成功。提升我们和孩子的生命质量，就是要让我们共同的生活充满诗意。现在搞了绩效工资，我不可能再给大家发钱，我们公办学校，一切靠上面拨款。但是我希望我能引导大家从教育本身寻找幸福。刚才有老师提出，如何处理好新教育实验和教学质量的关系？如何平衡两者关系？我不太明白，怎么会觉得这两者是矛盾的？我认为，两者不矛盾呀！或者说，我们搞新教育实验，正是提升教育质量的一个途径。我可以非常负责地告诉大家，迄今为止，还没有一所学校或一个班因为搞新教育实验失败！真的。

估计有老师会认为，不能轻易拿孩子做实验，万一失败了怎么办？好，说到这里，我还想谈谈“新教育实验”这个概念。我曾经对朱老师说，“新教育实验”这个说法不太好，容易给人误解，好像新教育的理念还没有被验证过，需要通过“实验”来证明其是否是真理。但教育的对象是孩子，孩子怎么能被当作实验品呢？所以我提出，最好叫“新教育生活”。朱老师同意“新教育是一种生活”的说法，但他说，主要是从申报课题的角度提“新教育实验”。我这里要说明的是，“新教育”其实并不新，它是古今中外经过无数教育家实践过的真理，只是被人遗忘而今又重拾起来付诸实践而已。比如，营造书香校园，让书籍滋润孩子的心灵，阅读有助于智力的提升……这些还需要“实验”吗？当然不需要了。所以我说，“新教育实验”的理念已经不需要验证了。“新教育”将前人的正确理念重新整合，发扬光大，便显示出“新”。所以，一点都不要担心“新教育实验”会失败。它就是我们所从事的教育本身，而不是教育之外的“教育”。

第三，我们学校的策略是，人人参与，榜样加底线。从学校层面，必须号召人人参与，并有一些全校性的“规定动作”，比如“每月一事”，比如“晨诵午读暮省”，必须要有一些氛围。但由于种种原因，每个老师的参与程度肯定有差别，我们特别要鼓励扶持一些先行者，一些志愿者，在自己班上，在自己的课堂上，比别人更用心，更深入，最后成为我们学校的“种子教师”。在座的都是“种子教师”。那天我对一位老师说：“搞新教育实验，对你来说，是一次机遇，一次成长和成功的机遇，也许你通过搞新

教育，便成长起来了，由成都郊外一所小学的普通老师，成为具有区域影响乃至全国影响的名师。”

第四，回答刚才老师们的疑问。

关于评价。新教育实验当然应该有自己的评价体系，这不是我们学校一家能够完成的工程。但要有这样的信心，搞新教育，不会降低学生的学习成绩。另外，我们学校可以考虑，对做新教育的老师应该更宽容，允许老师在一定阶段出现某些不尽如人意。还有，我们对老师的考核，要加进鼓励新教育老师的内容，做和不做就是不一样，不只是精神不一样，待遇也不一样，年终的绩效也应该有所体现。当然，面对我们的国情，要拉开多么大的距离不太现实，但必须要有差距。

关于家长。有老师担心家长不配合，不理解，这个交给我，我亲自给家长们培训。如果哪个班的家长有什么想法，我愿意到这个班去和家长见面沟通。其实，如果孩子发生了积极的变化，家长怎么会不支持？当然，也不要理想化地企图把所有家长都转变过来，如果个别家长不支持，不要他支持就是了，只要他不反对就可以了，或者说即使他要反对，不要公开反对，那也不会影响我们的。最好的转化方式，是通过孩子去影响家长。我们要赢得孩子的兴趣，孩子支持我们，他自然会去给爸爸妈妈做工作的。

关于设备。刚才有老师谈到现在学校教室里还没有投影仪等设备，还缺书籍，等等。我们会继续向教育局争取。这个问题不只是我们学校的问题，中学也不是每个班都有背投的，还有许多设备都得慢慢来。另外，关于孩子没有课外书，我会想办法的，新教育基金会已经决定给我们学校提供一些儿童读物，捐一些书，非常好！我想，学生的课外书，千万不要强迫家长出钱买，我们的学生好多家庭比较困难，父母都是农民工。学校想办法提供，这样家长就没有话可说了。不要把设备当作做新教育的困难。一些边远地区学校的老师，条件不比我们更差吗？连复印机都没有，可人家照样做新教育！我刚参加工作时给学生编书，那时条件更差，我就手刻油印，从来没有埋怨过“条件差”。

关于别人做不做的问题。刚才有老师说，自己做，可别人不做，怎么办？我的观点，管别人干什么？自己做就可以了！做“新教育实验”，当然需要环境和氛围，但自己先做起来，先改变自己就可以了，别管别人。据我所知，常丽华、敖双英、时朝莉等新教育种子教师，最初都很孤立，学校就自己一个人做，校长和周围的人连什么叫“新教育”都不知道。这不妨碍她们自己做。后来做出成绩了，不但校长支持，周围的人也跟着做。还有簇桥小学的李俊老师，他现在就一个人在做，但做出成绩了，慢慢周围支持的人就多起来了。所以，刚才钟丽老师说得真好：“改变一个算一个！”我再说说我自己。其实，我在很多年前，在宏观上就对中国教育失望了，甚至悲观绝望，我也无力改变周围，更不可能改变中国教育，但我可以改变我自己，改变我周围一些老师，这就可以了。这也是我博客上签名“一个悲观绝望的教育理想主义者”的原因。虽然“悲观绝望”，但依然有“理想主义”，这个“理想”，就是从自己做起，能够改变多少算多少。

还有老师谈到新教育的课程呀，教材呀，等等，这些都不可能有现成的，需要我们自己去探索去创新。新教育实验，是一个开放的项目，没有人可以垄断对新教育的解释，每一个新教育人都有解释权，用实践去解释。没有人可以说自己所搞的才是“新教育实验”的唯一模式，每个人都可以用自己的实践丰富“新教育”的内涵。理念是统一的，但呈现方式是多元的。这就是“新教育实验”。

搞“新教育实验”，刚开始肯定会觉得比过去多一些事，有老师会觉得累，但这是我们自己的追求。我认为，重要的不是事情多还是不多，而是做这些事是无效劳动还是有效劳动。我们要尽量减少无效劳动，让老师的精力用在值得花的事情上。比如，要求老师们读了书必须写读后感，我觉得就没有必要。有老师自愿写那是另外一回事，但学校不应该强迫。只要老师读了就可以，勾勾画画，简单批注，都可以。与其写读后感，还不如让老师们写教育故事。对了，在座的老师可以开博客，将你们在搞“新教育实验”过程中的点点滴滴感受，包括点滴的成果和疑惑都写下来。还有故事，也写下来。我给你们看，如果行，我就给你们推荐出去发表。写得不好不要紧，有我嘛！我帮你们改。我非常愿意当你们的秘书。你即使文字再不好，我有“化腐朽为神奇”的能力！（大家笑了）哈哈！不过，你们的文字并不是“腐朽”，而是“神奇”，那我就有“化神奇为更神奇”的

能力。我还想，如果可能，我找一家杂志，开辟一个专栏，专门是我点评你们的教育故事。只要你们能够写出故事，我就可以给你们发表。我就是要让你们即时体验成就感。

我表个态，我们学校的经费确实紧张，但只要是搞新教育，我们一定舍得投入经费。比如，如果可能，以后我们可以轮流派老师去常丽华老师的班上体验一周，看看她是如何在日常生活中渗透新教育的。以后大家搞得好，我们还可以组织起来去全国各地新教育样板学校参观学习！如果我们做出了成果，我请朱永新老师来我们学校检阅我们的新教育成果！

（老师们情不自禁鼓起掌来。）我说话很直，但我是把心掏给大家了，能够得到大家的掌声，我很感动。

让教师享受教育的快乐

心的祝福与新的憧憬

——岁末致成都市武侯实验中学老师

亲爱的老师们:

2011年的背影即将消失,2012年的笑容正向我们迎面绽放。本来周而复始的日子,因新旧交替而蕴含了一份心的祝福和新的憧憬。

虽然同在一个校园朝夕相伴,我依然想在这个时刻,对大家说一声——新年好!

意外事件、全面改革、课改攻坚、水磨狂欢,叹息、郁闷、勉励、奋进……悲喜交加的时空,荣辱与共的经历,构成我们过去一年共同的记忆。

毫无疑问,我们还有许多设想需要继续付诸实践,学校还有不少难关等待我们去攻克,但学校声誉进一步提升,教育改革成功曙光初露,一批又一批老师茁壮成长,这是实实在在不争的事实。其中最显赫的标志,便是《小崔说事·因我而幸福》的隆重播出与强烈反响。这是我们每一位老师的尊严与荣耀,是我们共同的欣慰与骄傲!

来不及喘息,来不及小憩,我们便被时间与使命推进了新的一年。我们不愿说什么豪言壮语,因为教育总是朴素的。我们继续要做的,无非就是昨天前天所做的琐碎的一切:备课、辅导、批改作业,找学生谈心,认认真真上课,认认真真带班……但是,只要我们把自己的生命真正融进课堂,融进孩子,在这平平淡淡的日子里,我们一定会收获精彩乃至辉煌的。这是我们职业的幸福。

我们知道,为学校付出的还不只是你们,还有你们家里的父母、你们的孩子和你们的爱人——他们以各种方式支持着你们每一天的工作。在此,请一定转达我对你们家人的真诚问候!

一切服从于良知，爱心体现在责任。理想永远在前方，我们一直在路上。愿我们彼此勉励，互相取暖。

心灵飞翔的时刻

——岁末致附属小学老师

亲爱的老师们：

新年好！

这是我第一次给你们致以新年的祝福，心里有一种别样的舒服。

的确是“舒服”，因为我一想到附小的老师，眼前就浮现出你们清澈透明的笑容，心里就会浮出“可爱”“纯真”“青春”等词语，还有“美丽”和“英俊”——是的，咱们附小的女教师，个个美丽；咱们附小的小伙子，个个英俊！呵呵！和你们接触的时间不长，但每次走进附小，我都能够感到一股清新纯净的气息扑面而来。这是你们的童心所散发出来的芬芳。

“谁爱儿童的叽叽喳喳声，谁就愿意从事教育工作，而谁爱儿童的叽叽喳喳声已经爱得入迷，谁就能获得自己的职业的幸福。”还记得我给大家推荐过的阿莫纳什维利的这段话吗？你们就是最幸福的人。能够和你们一起分享孩子的叽叽喳喳，这也是我的幸福。

我没做过小学校长，再加上中学小学两边跑，所以我这个校长其实当得并不算好——唯一能够让自己心安的，是我对工作的全身心投入和对老师们的一片真心。老师们能够宽容我，接纳我，尊敬我，我很感动，并很感激。谢谢大家！

我不懂小学教育，但我愿意向大家学习。而且，在向大家学习的过程中，我愿意尽我所能帮助大家成长。我做校长暂时不敢说“优秀”，但比你们年长，做你们的老师应该是有资格的吧！我从教三十年了，我愿意把我成功的做法、失败的教训、走过的弯路，还有我教育的心得和有限的智慧，包括我的阅读体会和写作经验……都告诉你们。

最近老师们陆续交来了教育故事，在给大家修改的过程中，我不止一次被感动。这不仅是你们鲜活的教育实践，更是你们精彩的生命流淌。我已经给《班主任》杂志说好了，给你们开辟专栏，让更多的教育同行分享你们的幸福与智慧。且做且思，边读边写。这就是成长。而你们的成长，就是我的成功。

元旦前夕，学校将举行热烈隆重妙趣横生的亲子运动会，我好想参加啊！好想和小朋友们还有各位老师一起在欢笑声中扑进新年的怀抱啊！但要出差，不得不放弃这次享受。我向大家表示歉意！

又是一年岁末到，365 天的时间随着日子的光芒一起消逝，但四季的轮回将我们又带回到了这一年一度的温暖相聚时，除了要向你们致以新年的祝福，我还想请各位转达我对你们家人——爸爸妈妈、爱人孩子等亲人的新年祝福！因为他们也为支持你们的工作付出了辛劳，这也是对我们学校所做出的间接贡献。

“新教育”生活已经在我们学校展开，这是我们为孩子提供的精神养料，也是参与其中的每一个老师的成长途径。从教时间长了，容易倦怠。愿“新教育”唤醒我们的激情，让我们又回到参加工作的第一天，重新体味那份职业的兴奋与自豪，那份理想的纯真与纯正。这是我们心灵飞翔的时刻——

让我们回到朴素的起点，豪迈集结，激情出发！

自己培养自己

今天上午，参加“武侯区名师工作室成立大会”。我收了 12 名弟子，除了我校的刘显勇、陈琦、龚林昀、胡鉴、蒋长玲、刘朝升、万宇、包虹婧、钟丽，还有机头中学的叶志庆、棕北西区实验学校的白鸣珂和棕北中

学的刘迦允。

我作为领衔名师代表发言。我是这样说的——

各位老师，各位领导：

大家上午好！

非常荣幸地被邀请作为领衔名师的代表在这里发言。在上台之前，我没来得及和各位领衔名师商量我说什么，但我相信，或者说我希望我的发言能够代表其他各位领衔名师。

首先，我想明确我们这些所谓“领衔名师”和各位学员之间的关系，是一种互相学习的关系。这次武侯区成立名师工作室，我认为不只是我们这些所谓“名师”向年轻的老师传授什么，其实这也是互相学习的机会。我这真不是客气话，我特别荣幸能够和一批年轻人一起学习。

其次，我想强调的是，一个人的成长更多的是个人的事。请不要误以为进入了“名师工作室”，自己就能自然而然成为名师了。不，不要有任何依赖思想。我从来认为，任何人才都是自己培养自己的。我们能够说陶行知是国民党反动派培养的吗？我们能够说苏霍姆林斯基是赫鲁晓夫和勃列日涅夫培养的吗？显然不能。他们成为教育家，是他们自己培养自己的成果。人才不是“打造”出来的，而是成长起来的。“打造”是别人的事，而成长是自己的事。“打造”是顷刻间的事，而成长则有一个自然而然的过程。这不是宣扬什么“个人主义”，也不是否定别人的支持。各级政府部门当然应该为年轻人的成长创造条件，但这只是创造条件而已，只是提供阳光、空气和水，并不能取代每个人自由而自主地成长。所以，我再次说，各位学员千万不要以为靠着名师就能够成为名师。我不是基督徒，但我知道《圣经》上有一句话，大意是说，上帝只帮助那些自助的人。因此，名师工作室只是为你们的成长提供了条件，但并不能取代你们的成长。你们的成长还得靠你们自己。

再次，我想说说我的成长体会。刚才我说了，每个人都是自己培养自己。那么一个年轻老师，如何“培养”自己呢？今年我从教刚好三十年。回顾三十年来，我从一个只有理想与热情其他什么都不懂的年轻人，成长为现在有一点成就感和非常充满幸福感的老教师，还是有些体会的。上周在北京，我参加了一个为我举行的从教三十周年研讨会。在会上我做了个发言，发言中我谈到我成长的七个关键词，这七个关键词，估计对大家是有参考价值的。限于时间，我不详细说，只简单说说。

第一个关键词是“机遇”。一个人在时代大潮面前其实微不足道，但只要顺应潮流，把握时代，一个普通的人也能成为时代英雄。我有幸赶上了改革开放的伟大时代，并与改革开放同行。如果没有改革开放相对比较宽容、比较自由的时代，我很可能一事无成。有才华的人多了，钱梦龙难道没有才华吗？他二十六岁就以初中学历担任高中语文教师，但只教了一学期，便被时代打成“右派”，沉冤二十多年。直到改革开放，他才得以“重生”。所以，一个人的成长，机遇很重要。机遇还包括遇到帮助你的人，所谓“贵人”。在座各位应该说遇上好时代，现在武侯区成立名师工作室，就是为各位创造条件，大家一定要把握住这个机遇，珍惜这么好的条件。

第二个关键词是“实践”。教师的生命在课堂，一刻都不离开校园，一个教师才可能真正成功。但我这里所说的“实践”不只是不停地做，还指不重复自己，不断创新。当班主任每个班都要有研究重点，多年过去了，你的实践就会成就你。有人工作了三年，甚至三十年，其实他只工作了一天，因为他每天都在机械地重复同样的事，没有突破没有创新。他手里攥着一大把旧船票，每天都重复着昨天的故事。这样的老师很多。而有的老师工作了三年，则工作了一千天，因为他每天都不重复自己。我说的“实践”，就是指这个。

第三个关键词是“阅读”。阅读的重要性无论怎么强调都不过分，尤其是对教师。但是现在教书人不读书是非常令人忧虑的现象。我希望在座各位学员能够以书为友，勤于阅读，使自己成为一个学识渊博的人。

第四个关键词是“写作”。从某种意义上说，是写作成就了我。但这里的写作必须以实践为前提，只有做得精彩才能写得精彩。写作就是反思的过程。当然，我没要求大家和我一样，我是学中文的，多年的写作让我现在写得很快。估计你们达不到。但是你一个星期写一篇，如何？如果你能够一月写一千字，一年就一万两千字，那时候你会觉得自己非常了不起：“哇，我居然写了一万多字！”有了丰富的实践，又善于记录，善于积累，善于总结，就能成长起来。

第五个关键词是“思考”。教育者应该养成思考的习惯。现在我写文章，有人说我深刻，“一针见血”，其实我的思考没那么高的理论水平，不过就是常识而已。所以我说我现在是用良知说话，凭常识质疑。“大跃进”期间，彭德怀说这样搞不行，他有多高的理论水平吗？当然不是，我看党内比他有水平的高级干部多得是，谁看不清楚呢？但彭德怀有良知，他凭常识就知道那样搞是胡来！现在也是，教育上许多做法，凭常识就可以知道其荒谬。当然，对普通老师来说，更多的是思考自己的工作，一堂课上完都可以反思的。带着一颗思考的大脑从事每一天平凡的工作，就是最好的成长。关键是要养成思考的习惯。

第六个关键词是“个性”。我的个性一直富有争议，按世俗的观点，因为我这个个性，我失去了很多，但我认为，从某种意义上说，我的个性成就了我。我们这个时代，对个性已经很宽容，武侯区之所以能够任命我为校长，就是一个证明。教师的成长，并不是要你成长为别人，而应该是成长为你自己。我们的每个名师工作室都以领衔名师的名字命名，但千万不要以为这就是要让每个学员都成为领衔名师。不，“李镇西名师工作室”的成果，不是又一批李镇西，而是各自保持自己个性的老师。

第七个关键词是“童心”。关于“童心”我想讲我校老师一个真实的事。2009年10月的一天，刚大学毕业参加工作的陈淑英老师进教室上计算机课。她对同学们说:“因为学校工作调整，我下周就不给你们上计算机课了，你们的计算机老师改成某某某老师。”学生听了一下子惊呆了，教室里一片沉默。过了一会儿，一个男生站了起来，说:“老师，我们会想你的！”就这一句话，激起了其他同学的共鸣，几乎全班同学都叫了起来，七嘴八舌，此起彼伏:“老师，我们会想你的！”“老师，我们会想你的！”……陈老师非常感动，她感到了教育的幸福。当天晚上，她把这件小事写进了博客，标题就叫作“老师，我们会想你的！”。第二天早晨我上网读到这篇短文，也被感动了。当天下午的教工大会上，我给全校老师朗读这篇短文。我说:“二十二岁的陈老师因为这句话，感到了教师的幸福。那么，我想问的是，如果是一位三十二岁的老师，听到这句话他还感动吗？可能也会有一点点感动，但不会流泪了；如果是一位四十二岁的老师呢？听到这句话估计不会被感动，因为他的心已经很麻木了；如果是五十二岁的老师呢？听到这句话估计会不耐烦：'吵什么吵？上课！'老师们，所谓'童心'就是一颗容易被感动的心。当你的心不再容易被感动的时候，幸福已经远离你而去了。"老师们，愿大家永远保持这么一颗随时被感动的童心！

最后，我送大家一句话："不必用堆叠的荣誉来证明教师的成功，教师的光荣就印刻在学生的记忆里！"

谢谢！

我们不能停下改革的步伐

昨天下午，新任局长张天劲来到我校调研。先在小会议室和学校中层以上干部进行了座谈，然后来到阶梯教室给老师们讲话。他充分肯定了学校的工作，表示会像雷局长一样不遗余力地支持学校。张局长讲完后，我也对老师们做了发言（根据回忆追记）——

老师们，刚才张局长的话，绝大多数我都赞成，但有一句不同意，就是他称我为"教育家"，这我绝不接受，因为我不是教育家。这真不是装模作样地谦虚，大家看看我博客上，几年前我就写过一篇《我不是教育家》，就能理解我了。在这个浮躁的时代，我认为"教育家"这个称呼不能随便用。

张局长是上周才上任的，我们学校是他视察的第一所初中，高中他到的成都十二中。足见我们学校在张局长心中的位置，说明我们学校在区教育局的棋盘上是一个很重要的棋子。自从得知雷局长要退之后，我就一直非常关心新任局长是谁。我还曾经向雷局长打听，结果他说组织上没有正式宣布之前，他不便给我说，但他明确告诉我："新局长对你是很熟悉的！"我当时最担心的是，新局长是否能够像雷局长那样支持我们学校。后来听说是张天劲来当局长，我的心情可用四个字来表达："喜出望外”。我一下放心了，因为他确实对我太熟悉了，我也很熟悉他，他一定会像雷局长一样支持我们的。张局长给我说，雷局长给他交接工作时，特别提到武侯实验中学，特别给他交代过一定要支持我，支持武侯实验中学。

这点我非常相信，因为我与张局长的交往已经很多年，刚才张局长给大家说了我们多年的交情，这里我也补充说说。20世纪90年代中期我们在成都市优秀青年教师研修班就认识了。我用一个词来形容他：纯真。当年的张局长还是个不到三十岁的文学青年，爱写诗，而且给琼瑶写信，（老师们大笑）把自己的习作给琼瑶寄去，琼瑶读后居然还给他回了信。（老师们爆笑）我说这件事，就是想说明，张局长一直有一种诗的情怀。

我还记得1997年10月29日那一天，我们在研修班结束了一天的听课，好像是他要请我吃饭，我说不吃，因为今天是我爱人生日，我得回家。张天劲马上说：“那你应该给你爱人买一束玫瑰啊！”我说：“买什么玫瑰啊！老夫老妻了，再说我们也不讲究这个。况且现在已经是傍晚，到哪里去买玫瑰花呢？”可张天劲不死心，非要拉着我去买玫瑰，给我爱人买玫瑰，那急切的心情，好像是他爱人过生日！（老师们大笑）后来硬是骑着自行车满成都大街小巷找玫瑰花，最后终于在一个小巷买到了！买的时候，他还说要三十八朵，因为那天我爱人满三十八岁。这件事我现在想起来都很感动。天劲是一个很纯真、很浪漫的人，对人特别真诚！

所以我特别信任他，他也特别愿意帮忙。有一次，广元市请我去上课，我很忙，但那边又非要我去，怎么办？我只好请天劲做替身，代替我去广元讲课，结果他课上得非常好，听课的老师都把他当李镇西又是合影又是签名的。（全场大笑）

2006年8月初的一天，我在大石西路碰见张天劲，好久不见我俩自然很亲热。当时我正在为是留成都还是去苏州上海等地而犹豫，天劲说我们别站着说，找地方坐一坐吧。他拉着我进了一家水吧，点了杯冷饮就和我聊了起来。他知道我举棋不定后，便坚定地说：“你不要离开成都，留下，到武侯区来！我去给雷局长说说。”他果真去找了雷局长，后来雷局长便向我发出邀请，把我引进了武侯。可以说，如果不是那次在街上偶然碰到天劲，我现在可能不会在这所学校，可能已经去东部了。

当初天劲告别学校去政府部门工作，而且是去当什么“长”，我是不同意的，我觉得他从政太可惜了，我说：“你的发展道路，应该是成为特级教师。”但他还是从政去了。然而，他虽然在政府机关，心却一直在教育。这不，这次他主动要求回到教育局。他心中依然有一颗教育心。

我说这些，大家就放心了，现在他当局长了，我肯定他会更加支持我们。刚才张局长也表态，一定要不遗余力支持武侯实验中学。我相信张局长会的。我相信张局长以后会多给我们改革政策，多给我们拨款，（老师们笑了，鼓掌）多给我们投放高级职称的指标！（老师们大笑，热烈鼓掌）

因为我们的老师非常优秀！刚才张局长表扬了李开封老师和王玲老师，可能有老师觉得奇怪，怎么表扬他俩呢？其实，值得表扬的老师还很多，这两个老师是我即兴想到的，因为最近听说了两位老师的一些事，让我感动，所以刚才在小会议室座谈时我就信手拈来告诉张局长了。

现在，我当着张局长表个态，作为校长，我一定继续带好教师队伍。我将继续做到八个字：“宽容，信任，帮助，鼓励。”对任何老师我都会宽容的，宽容你的个性，包括你的弱点；我会信任每一个老师的潜力，给你平台，给你机会；如果你在工作中遇到困难，我会帮助你；你有了成就，我会把你推向全国，帮你发表文章，给你讲学的机会。实际上，几年来我们一大批老师的确成长起来了。老师们也要自己相信自己，相信自己的潜力是无限的！你们想想，几年前，你想过自己居然能够发表文章，能够出版著作，能够到全国讲学吗？现在不都是现实吗？

我给老师们也提两个希望，我们共勉——

第一，继续调整心态。

我们所面临的社会我们所置身的时代，充满诱惑，充满不平，容易让人焦灼不安。我很理解现在年轻人的郁闷。我曾在微博上读到西班牙《世界报》的一段话——

中国的高房价正在毁灭年轻人的想象力。本来，大学刚毕业，没有结婚或者刚结婚的那一段，是人生的一个特殊阶段，他们可以吟诵诗歌，可以结伴旅行，可以开读书会。但现在，年轻人从一毕业，就必须为购买住房做准备。他们必须努力工作，拼命攒钱，而不敢有丝毫懈怠。因此，年

轻人从大学一毕业，就成为中年人，像中年人那样为了柴米油盐而精打细算。他们的生活，从一开始就是物质的，世故的，而不能体验一段浪漫的人生，一个可以面向心灵的生活方式。

是的，现在的年轻人比我们当年大学毕业压力大多了。我们那时不愁工作，不买房子，就专心致志工作就是了。但现在你们的压力实在太大太大，心理很容易失衡。

但是，同样处于这个时代的我们，每个人的选择可以不一样。是怨天尤人呢，还是自强不息？这个时代不可能因为你郁闷你纠结就来迁就你，一切还得靠自己！请让我再给大家读一段话，这段话是来自高晓松的微博——

那些声称被应试教育毁了的人，不应试也会自毁；那些抱怨婚姻磨灭理想的，不结婚也成不了居里夫人；那些天天唠叨这个体制捆绑下无法创作伟大作品的，去了瑞士也一样找不到灵魂的自由。大家面对同样的时代，却找出不同的借口，每个人都在窗前看这个世界，有些人看见的只是镜子，有些人伸手不见五指……

是呀，把一切都推给社会，推给时代，却不想想自己可以有什么作为，这样的人生注定会是悲剧！同样面对这个时代，你选择什么？你是一味埋怨环境呢，还是坚守自己内心的良知？下面我再读一段话，这段话是龙应台说的——

今天我们看见的巴黎雍容美丽一如以往，是因为，占领巴黎的德国指挥官在接到希特勒“撤退前彻底毁掉巴黎”的命令时，决定抗命不从，以自己的生命为代价保住一个古城。梁漱溟在日本战机的炮弹在身边轰然炸开时，静坐院落中，继续读书，思索东西文化和教育的问题。两者后果或许不同，抵抗的姿态一致，对“价值”和“秩序”有所坚持。抵抗的力量所源，就是文化。

德国指挥官完全可以把一切推给希特勒，而给自己开脱，但他不，他内心有着某种良知，他坚守着。梁漱溟也有理由原谅自己，读什么书呢？炸弹都在身旁了，还不赶快躲一躲呀！但他没有，他内心有着某种信念。我们今天这个纷繁复杂的时代，也让我们面对选择：后退，或者坚守。我们应该有一种坚守良知的心态。前天我写了一篇博文，题目就是“坚守”。

还是我多次给大家说过的那句话，如果对职业不满意，只有两个选择，要么改变职业，要么改变职业心态。既然我们多数人都不可能改变职业，那么我们改变自己的心态吧！

第二，继续把孩子放在心里。

什么是“好的教育”？我一贯不喜欢用时髦的“大词汇”，这里我就用通俗的语言表达我对“好的教育”的理解，我认为，所谓“好的教育”，就是把孩子放在心里的教育。我们学校所做的一切，都是为了孩子们。因此，需要我们每一个老师，真正把孩子放在心里。

比如，我们的学生食堂，过去孩子不满意，他们觉得味道不好，就餐秩序也不好。当时我真难受：孩子们连饭都吃不好，我们谈什么“为了孩子”？所以我们不惜代价改进食堂。我一直说，只要为了学生好，我们再麻烦都是应该的。“以人为本”不是口号，是行动，是细节。这几天，我在学生中做了一些调查，孩子们普遍对本学期的食堂饭菜感到满意，就餐秩序也很好了。我听了真是高兴，觉得我为孩子们做了一件好事。

还有我们的课堂改革，为什么要改？不就是让每一个孩子在课堂上都很快乐，而且都有收获吗？因为把孩子放在心里，我们才进行课堂改革。还有我们的课程改革，目的是什么？依然是让每一个孩子在整个三年都有奔头，为他们一生负责，给他们的未来留下三年充满人性的温馨记忆。

我们“因材施教”的课程改革现在受到学生们的欢迎，但也有不理解的。前天晚上都半夜了，我收到一条手机短信，是市教育局冷副局长发来的，内容是说网上论坛有人发帖，对我们的课程改革提出质疑，对我提出批评。我当即给冷局长回复：“请相信我们，我们一定会完善改革，把工作做得更好！”是的，我们所从事的前所未有的教育探索，因为刚刚开始，肯定不完善。去年在初三开始的改革，肯定有这样或那样的不足，这不怪老师们，也怪不了谁，探索的路上最初有点不足很正常。但今年初二的改革就比去年完善了，明年会比今年好，这是肯定的。

不管有怎样的阻力，我们一定要坚持下去。谁也无法阻挡我们改革的

步伐，谁也无法阻挡我们收获教育幸福的权利！

我们再次向支持我们的张局长表示感谢！

全体老师鼓掌。

我讲完之后，所有二月份过生日的老师上台，我请张局长一一给寿星们颁发生日礼物。

张局长提议：“大家一起唱《生日快乐歌》！”于是，在他的指挥下，全体老师唱了起来：“祝你生日快乐！祝你生日快乐！……”

整个会场气氛非常和谐热烈。

《把心灵献给孩子》出版后，老师们前来领取自己的作品

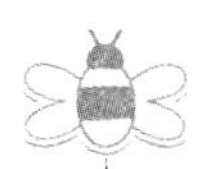

关于教师的职业幸福

给老师送上一张生日贺卡

对我来说，伴随又一个新学年到来的，是一个难题：今年如何给老师们表示生日祝福?

我当校长后，每年变着花样给老师们祝贺生日。最早是我个人发手机短信祝贺，后来改为送蛋糕，再后来又是放半天假去参观考察，还有生日宴会，还有歌厅跳舞，去年是送纪念品加全校集体祝福……但每年都要变，哪有那么多花样呢?

我和副校长们开会商量，终于想出一种方式：从9月起，新学年中每一个老师的生日，都在当天给他献一束花，加一个纪念品，我再送上一张生日贺卡。

上午，我开始写本学期第一位寿星袁红军老师的贺卡——

亲爱的袁红军兄：

今天是你的生日，我仿写一首打油诗，以表真诚的祝福——

红军不怕教育难，
万千差生只等闲。
披星簇桥飞电瓶，
争分新苗走泥丸。
尽享成功贴心暖，
何惧困难扑面寒。
更喜教改千重浪，
三千师生尽开颜。

你的朋友　李镇西

2012年9月5日

第三、四句可能需要解释一下。我校地处成都郊外的簇桥镇新苗村，袁红军每天都骑着电瓶车披星戴月，有时候遇到下雨，那真是“走泥丸”了。

写好贺卡，正是中午。我给袁红军打电话，原想请他到办公室来一趟。他说他和学生刚刚吃完饭，正在教室里。我马上改变主意，说：“我马上到你教室里去。”

我走进初一（15）班的教室。孩子们见了我都鼓掌。

我笑眯眯地说：“我要问大家一个很难很难的问题，大家可得好好想想哦！”

孩子们来兴趣了，都聚精会神地看着我。

“这个问题是，”我故意停顿一下，然后问，“你们的袁老师——好不好呀？”

“好！”全班孩子的声音震耳欲聋。

我笑了：“呵呵！我就知道你们会这样回答的。有同学可能会说了，这算什么很难很难的问题呀！可是，我要的答案不是这个，我想让大家说具体一些，为什么你们觉得袁老师好，或者说，他究竟好在什么地方？请具体说说。”

孩子们纷纷举手回答：

“袁老师待我们就像对他的孩子一样。”

“袁老师对我们要求很严格，这也是对我们好。”

“袁老师是我们的良师益友。课堂上对我们很严格，课后和我们是好朋友。”

……

孩子们七嘴八舌，袁老师听着孩子们的表扬，一定很高兴。这正是我的目的。

等教室平静下来，我又说：“我有一句话很重要，憋得难受，不得不说，你们说，我说还是不说？”我继续卖关子吊胃口。

“说！”

“说嘛！”

……

孩子们真的很着急。

我说:“今天是袁老师的——生——日!”

“啊?”全班惊叫,随即长时间鼓掌。

我说:“袁老师是我的好朋友,我给他写了一张贺卡,是仿写了一首诗。下面我给大家读读。”

“红军不怕……”我开始朗读起来,突然停下,“毛泽东的《七律·长征》,你们小学学过吗?”

“学过!”孩子们说。

“那好,那我就不用解释了。”我继续读,“红军不怕教育难……”

孩子们都静静地听着,教室里只有我的声音在回荡。

当读完最后一句“三千师生尽开颜”时,雷鸣般的掌声又响起了。

我提议道:“我们一起给袁老师唱一首《生日快乐歌》吧!”

“祝你生日快乐,祝你生日快乐……”

孩子们的童音响起了。

“下面,请袁老师发表‘获奖感言’!”我话音刚落,同学们又笑了起来。

袁老师显然很激动,他说:“说实话,我真没有想到李校长还记得我的生日,谢谢李校长,谢谢同学们。作为班主任,我的愿望就是希望同学们在将来能够觉得这三年没白过,我希望今后三年我们一起快乐度过每一天。我把自己的本职工作做好,也算帮李校长。当然,也不能说是帮,这也是我自己的责任,我的幸福。再次谢谢大家!”

同学们再次鼓掌。

最后我说:“袁老师是我很敬重很欣赏的年轻老师。他上学期给我说,李校长,我希望下学期教初一,而且我要当班主任,你给我一个班,我要想方设法带好。袁老师的孩子才一岁多,他本来应该更多用于孩子的精力用在了你们身上,他把你们当孩子一样热爱。我们今天用这种简朴的方式,让袁老师感到了幸福。我希望你们的袁老师每天都享受生日般的快乐!”

教师节

今早晨刚醒来，就听见窗外淅淅沥沥的雨声。我心里一沉：今天早晨的教师节活动要受影响了。我想到上周三个班的孩子们辛辛苦苦地为老师们准备的吟诵节目，心里就很惆怅。

于是，我打电话和分管德育的唐剑鸿副校长商量，看能否把升旗仪式以及吟诵活动放在体育馆进行。他说可以的。

上午八点整，学生和教师像往常一样认认真真地站在了体育馆，就像平时周一升旗仪式时站在操场上一样。

先是初一三个班的孩子用还没变声的童音给老师们朗诵了一首长诗，真诚地歌颂老师的奉献，表达孩子们的祝福。初一的孩子们刚刚参加完军训不久，穿着迷彩服，脸上黑黑的，精神饱满。他们的吟诵，激起全场的掌声。

接下来，由我为全校老师送上一份特殊的礼物。这份礼物，其实就是我的一本新书《每个老师都是故事》。这是从去年年初开始到现在，发表于《中国教师报》专栏上的我的文章汇集而成的一部新著。每篇文章都写的是我校老师的故事，共六十位老师。这只是第一辑。我打算继续写老师们的故事，出版第二辑和第三辑。

刚放暑假的 7 月 8 日，我就有这样一个想法，把已经写了的六十位老师的故事汇集成书，作为献给老师们的教师节礼物。我马上联系出版社，并说明时间要求。虽然时间非常紧迫，但编辑老师还是答应全力以赴，赶在教师节前出书。结果，9 月 7 日晚上，书真的到了学校门卫室。

十一位教师代表上台，由我亲自赠书，与此同时，几个孩子分别捧着书走到下面的老师队列中，代我向老师们一一赠书。

能够给老师们这份特殊的礼物，我心里特别舒服。

最后，我给全场老师和学生来了个我“蓄谋已久”的“突然袭击”——

我对师生们说：“最后，我还要请上两位特别的老师。他们是谢国强老

师和孙明槐老师！”

在大家莫名其妙的表情和依然热烈的掌声中，一头雾水的两位老师走上了舞台。

我很得意地问谢国强：“谢老师，我考考你，你知道今天我为什么要请你上来吗？你应该知道的。”

他却一脸茫然地说：“我还真不知道。”

我笑了：“我还以为你知道呢！看来我高估了你的智商！呵呵！”

大家都笑了。

我像煞有介事地说：“同学们，老师们，1985 年在确定教师节的时候，选哪一天一直拿不定主意，后来我建议，将谢国强老师的生日作为教师节，于是，谢国强老师的生日便成了教师节！”

全场大笑，同时掌声响起了！

我送给谢老师一束鲜花，一张贺卡和一本魏书生老师的《班主任工作漫谈》。我说：“学生因你而快乐，学校因你而光荣，我们大家都因你的存在而感到幸福！”

大家的掌声再次响起。

我在贺卡上给谢国强老师写的全文是——

国强兄：

今天是你的生日，我真诚地祝福你！

你的真诚、善良、朴实、敬业，让我对你敬佩不已，崇敬万分！

学生因你而快乐，

同事因你而开心，

学校因你而光荣，

西哥因你而幸福，

国家因你而强盛！

你的朋友　李镇西

2012 年 9 月 10 日

掌声停歇了。我又对孙老师说：“你可能就不知道为什么要请你上来了吧？”

孙老师说："我真的不知道。"

我更得意了："我也断定你不会知道的，呵呵！"

我对孙老师也对全场师生说："昨晚十一点过了，我都准备关电脑睡觉了，突然发现我的微博上更新一条，一看内容，我无比感动。这条微博的作者是'帅爷的萌'……"

下面大笑。

我说："我特意把这条微博打印出来了，这里给大家读一读……"

我开始读——

李校长你好，我是贵校孙明槐老师在宜昌市九中1996年教过的学生，我叫赵帅，刚刚看了央视的《寻找最美乡村教师》节目，就忍不住来找我的孙老师了，上网搜索才知道她已经不在宜昌工作，我想请你告知孙老师的联系方式，想明天教师节给她打个电话。如有怀疑，我愿答疑解惑。祝教师节快乐！

全场都被感动了。

我问孙老师："你是有个叫赵帅的学生吧？"

孙老师的眼睛湿润了，点点头。

我说："这位学生看了中央电视台《寻找最美乡村教师》的节目，就想到'我的孙老师'了，在他心目中，孙老师最美！真让我感动！让我们再次把掌声献给最美的孙老师！掌声持续一分钟！"

长时间的掌声响起了。我觉得孙老师无愧于这掌声。她是五年前从湖北宜昌调到我校的，当时在宜昌就已经是副校长，并且职称是教授级高级教师，也就是说，是"正高"。到我校后，就做一名普通老师，因为教化学，所以年年带毕业班。她的课上得不是一般地好，而是相当地好！教学质量更是没说的！本学期，又承担了初三年级一个基础很差的班。这也是我多年的愿望，就是要让最优秀的教师去教最差的班，这样的优秀，才叫真优秀！孙老师因此可以说赢得了每一位学生和我校每一位老师由衷的敬佩。

我同样送给孙老师一束鲜花，和一本《班主任工作漫谈》。

虽然外面依然下着大雨，虽然我们的教师节活动很简朴，但很真实，很热烈，很温暖。

一个温馨的电话

昨天，我在路上，手机响起了："李校长，我是心芳。"

哦，是我校音乐老师李心芳打来的。

"噢，心芳你好！"

她说："我想给您说一件事，刚才通话时我就想说的……"

是的，几分钟前我给她打了一个电话，表扬她寒假期间到学校辅导学生的舞蹈。

上学期，我校的舞蹈节目《家乡的味道》出征比赛，小姑娘们一路过关斩将，从区的一等奖一直夺到省一等奖，最后还要代表四川省去厦门参加全国比赛，冲刺全国一等奖。这是成都市唯一的参赛舞蹈节目，也是四川省第一次派出中学生舞蹈队参加全国比赛。2 月 19 日（也就是今天）下午就要奔赴厦门。所以，刚过完春节，张潇、李心芳等几位辅导老师就把孩子们集中到学校，每天下午都排练。这让我相当感动。还有这个舞蹈的编导和总教练赵春丽老师，更是让我感动。她已有身孕，学校上学期就同意她在家休息，因此她上学期一直没来学校上班。但她一直惦记着舞蹈，所以这几天居然也挺着大肚子来学校指导孩子们排练。

要知道，我并没有要求她们在假期排练的，这完全是出自她们对学校的爱。因此，昨天我本来是决定下午去学校看她们排练的，但我突然遇到另一件急事，无法去学校了，我便一一给张潇老师、李心芳老师打电话，对她们表示敬意。她们都说："这是我们应该做的。"

给李心芳打完电话，正准备拨赵春丽的电话，心芳又给我打过来了，我听她说"我想给你说一件事"，就以为她可能有什么私事需要我帮忙，我便说："好的，说吧！"

她说："我想告诉李校长，希望李校长在开学的教工大会上，好好表扬一下赵春丽老师！刚才你给我打电话表扬我，其实赵春丽更应该表扬，你也应该给赵春丽打个电话。这段时间的排练，她虽然身子很不方便，但每天都吃力地来到学校，帮着孩子们排练，我太感动了。而且就在昨天，她从学校回去后不久，便直接去了医院，晚上便生了。”

我说：“是吗？哎呀，我一定要去看看她。是男孩还是女孩呀？”

心芳说：“是个女孩。”

我笑了：“好，以后又是一个赵春丽，又是一个大美女！”

然后我说：“我是要给赵春丽打电话的。她的确让我感动，而且远不止是这次。她的优秀她的敬业是一贯的，而且绝不是做给谁看的。她就是那么一个人。以前也不止一次，寒假我来到学校，在我的办公室总能听到学校舞蹈练功房嘭嘭嘭地响，那就是赵春丽带着舞蹈队的孩子在排练。我实在是感动啊！”

心芳说：“是的。张潇也非常优秀，这小姑娘来我们学校不久，但无论是她的专业水平，还是敬业态度，都让人敬佩。李校长，你一定要想法把张潇留在我们学校啊！”

张潇是招聘老师，才来我们学校一学期。我说：“那当然，我知道的。上学期放假前的联欢会上，张潇的独舞跳得真好！这几天她也和你一样天天都到学校和孩子们一起排练。”

心芳说：“和她们比，我真的不算什么，我也没做什么。”

我说：“错了，你不但和她们一样牺牲了假期到学校帮着孩子们排练，而且你今天这个电话，就让我感动。你给我打电话，要我表扬赵春丽表扬张潇，这种对同事的欣赏，就让我感动。我希望我能接到越来越多这样的‘举报’电话。我经常说，一个单位，最可贵的就是同事之间互相欣赏，而不是互相看不起，更不是互相诋毁。谁没缺点呢？但如果我们都能以欣赏的眼光看周围的同事，我们的身边便明亮起来，心情也舒畅起来。大家都互相欣赏，搬弄是非的人便没有了市场，学校的风气就会越来越好！所以，你今天给我的这个电话，本身就让我感动，值得表扬！”

结束了和心芳的通话，我给赵春丽打去了电话，祝贺她当妈妈，并向她的敬业精神表示敬意，我说：“有你这样的同事我很自豪！”她说：“我们在李校长手下也很愉快！”我说我明天去看你。

今天上午，我和徐展副校长一起来到成都市妇女儿童医院看望赵春丽。

在病房里，我给她说：“昨天李心芳专门给我打电话说你让她感动呢！”我说：“你让我们都很感动啊！”她说：“哎呀，像我这样的老师在学校太多了！”

是的。像赵春丽这样的老师，在我们武侯实验中学的确很多很多。

我要她好好养身体，徐书记特别嘱咐她这段时间什么都不要做，别累着。我说：“你目前要过的生活，就四个字——醉、生、梦、死！”

她笑了：“好，我一定听李校长的话！”

谈 心

上周我希望小学老师写教育故事，老师们非常积极。这几天小学老师陆陆续续交来他们写的故事。

郑燕老师写的《买卖风波》引起了我特别的兴趣。她发现班上有学生私下买卖东西，没有简单地批评，而是以此作为教育契机，开了一次班会课，让孩子们把自己不用的东西拿来，进行了一次公开的“商品交易”，在这过程中引导孩子懂得规则，懂得公平，懂得诚信，等等。

我把郑老师请到办公室和她谈心——其实就是聊天。我说：“首先不是因为你写得好，而是因为你做得好，我才被你感动了。你善于将一件突发事件转化为一次教育良机，这点特别值得赞赏。这也是我比较擅长的，所以有共鸣。”

我请她给我详细说了处理这件事的经过。然后我打开我的笔记本电脑给她看我对她文章的修改：“这次我收上来的文章中，你这篇写得最好。当然，我重复一遍，你首先是做得好。不过，你看，开头这几句是没必要的，你无非就是说明你放学了，而不是说在什么地方和孩子告别的。这里可以简略一些。我是这样给你改的……”

然后我指出了文章最大的不足：“你前面写了那么多，可是班会课本身却写得很略，你可以将班会课作为重点，再充实一下内容。”

她说班会课的反响不错，收到了效果。她特别说道，一个男孩在作文中说，这次交易的商品大多是饰品，而不是书籍，他感到遗憾，他希望下次交易能够有书籍，这样意义更大。

我说太好了，你可以再开一次班会课，专门让孩子们带书来“交易”，这样就把书香班级的建设结合起来了。

“活动继续开展，你的故事也可以继续写下去。”我说。

说到班上的孩子，她特别提到一个让她头疼的男孩。这个孩子家庭特殊，爸爸游手好闲，妈妈因此而出走，至今下落不明，孩子因此没人管。成绩差，习惯不好，怎么教育也收效不大。一次郑老师批评他的时候，他居然说：“把李镇西叫来，我给他说！”

我一听，乐了：“好，我找这个孩子谈谈。”然后我鼓励郑老师：“这个头疼的孩子，就是你的研究对象。你可以跟踪他的变化，并把过程记录下来。重要的不是他后来有没有成功，而是你和他打交道过程中的感受、思考，包括你的困惑，以及研究，等等。这些都是你的成长。”

第三节课的时间到了，郑老师要去上课，我问什么时候请这个孩子比较好，她说现在就可以。我说，那课不就给孩子耽误了吗？她说不要紧，我下来给他单独补。

郑老师走了。不一会儿，一个男孩被一个女孩推了进来——那男孩显然很紧张，不愿意来我办公室，所以郑老师专门请了一个女孩“押送”他。

女孩将男孩推进来之后，便走了。看着神色慌张的男孩，我指着我办公桌对面的椅子温和地说：“请坐。”

他不坐，说“我就站着”。我再次说：“请坐，还是坐下吧！好吗？”

他依然不坐。我笑了：“既然进来了，那就是我的朋友。哪有不让朋友坐的？如果你不坐，那我也不坐，我们都站着，这样才平等。”

听我这么一说，他慢慢坐下了。

我问：“是不是很紧张啊？”

他点头，说：“非常紧张。”

我又笑了：“紧张什么呀？是不是因为被叫到校长办公室，你就紧张？”

他说：“是的。”

“咦？不是你要和我谈吗？”我依然笑眯眯地说。

他的表情有点诧异。

“我听说，你说让李镇西来和我说。所以我就请你来了。”我说。

他说他记不得这句话了。我说：“不要紧，反正你又没犯错误，怕什么？校长有什么可怕的？我又不会批评你。再说了，我找你本身就是随便聊聊。这学期我来这里做校长，找了好些同学了，问他们的学习，问他们对学校的建议，今天找你也是谈这个的。”

他的表情显然放松多了。

我问：“给我说说，你觉得你们六（3）班怎么样？”

他说：“有几个同学老欺负我，打我。”

我说：“谁呀？告诉我，我帮你忙。竟然欺负我的朋友！”

他说了几个名字。我说：“好，一会儿下课我就去警告他们！”

我又问：“班上有没有你佩服的同学呢？或者说，你追赶的目标呢？”

“没有。”他说，“我就把自己作为目标。”

我说：“超越自己当然好，但也要看到别人的长处，向别人学习，把别人当作追赶目标，这样你的进步会更大。”

他说：“因为我自己不好，所以我想超过自己。”

这话显然没逻辑，但我还是说：“超过自己，和向别人学习不矛盾的。”

我又问：“你有什么优点吗？”

他说：“没有优点，缺点倒是不少。”

我又笑了：“不可能没有优点！哪有没有优点的人呢？”

他说：“我真的没有优点。”

我问：“你喜欢你的老师吗？”

“喜欢。”

“最喜欢哪位老师？”

“我最喜欢郑老师。”

我问：“为什么？”

“郑老师对我们很好，很爱我们，而且对同学很公平。”

我说：“这不是优点吗？你很尊敬老师，很爱老师，这就是你的优点！”

他说：“这怎么叫优点呢？”

我说："怎么不叫优点呢？的确有学生不尊敬老师呢！你这么爱你的郑老师，我都很感动呢！"

他已经完全没有了紧张，和我侃侃而谈起来。他主动给我说起了他的家庭，说妈妈嫌爸爸不会挣钱，便出走了，到现在也还没有音讯，不知到哪里去了。

我问："那平时在家就你和爸爸？"

他说："还有奶奶。我们三个人一起住。"

我问他爸爸做什么的，他说："开野猪儿，就是野的。"

"野猪儿"是成都方言，就是黑出租车。

我问："你想不想妈妈？"

他说："不想，她都不管我了。"但说的时候，他的眼圈还是红了。

我一时不知说什么好。我让他坐在长沙发上，我也离开办公桌，和他一起坐在长沙发上，我拉着他的小手，沉默了一会儿。

我换了一个话题，说："你刚才说你有很多缺点，都有哪些缺点呀？可以给我说说吗？"

他说："我不爱学习，就想玩。玩的时候，就不想做作业。"

我问："你的成绩怎么样？"

他说："以前还行，现在不行。我的语文和数学还将就，但英语不好，我听不懂。"

我对他说："和别人比，你的家庭有些特殊。这对你既不好，但也有好的一面。说不好，是因为你妈妈出走了，你没有妈妈关心，但我说也有好的一面，是因为这能磨砺你。"我一下觉得这话很空洞，他也不一定能听懂，于是，我举了一个例子说："告诉你，我有一个妹妹，在十七年前就失踪了，也是不辞而别，留下一个儿子，当时才五岁。后来我也是经常这样对他说，你没法靠别人了，只能靠自己。现在，他也有了工作，算是有了出息。我想说的是，如果你家里条件很好，也许你会依赖，反正有爸爸妈妈，现在你无法依赖任何人，只能靠自己。如果你现在学习不好，以后你都没有工作，怎么养活自己？"

他听得很认真，我继续说："我送你四个字，是我经常给我学生说的，那就是'战胜自己'。你的内心深处有两个我，一直在打架。一个是'勤奋

的我’，一个是‘懒惰的我’。每次面对作业，这两个我都在打架，只是对你来说，经常是‘懒惰的我’占了上风，所以你就没完成作业。现在你就要尽量让‘勤奋的我’占上风。你说你喜欢玩，玩什么呢？”

“也没玩什么，反正不想做作业。”他说。

“打电子游戏吗？”

“有时候也打，但我也不是特别喜欢打。”

我说：“适当打打也可以的，但千万不要迷恋电子游戏，一旦痴迷，那等于是吸毒。”

我又说：“你现在可能学习上有些知识欠缺，但小学的知识有什么难的？只要加油，完全可以补起来的。英语嘛，无非就是多读多记，关键是你要下功夫。”

他不住地点头。

我接着说：“你那么喜欢郑老师，那就一定要听郑老师的话。不要再缺作业了，好吗？”

他说：“好。”

尽管我不敢保证他从此不再缺作业，但我绝对相信他此时是真诚的。

他完全放松了，话也多了起来，给我谈他的苦恼，谈他的爸爸、妈妈和奶奶（涉及隐私，这里不便公开），我呢又给他谈了学习方法，谈善良，谈童心，谈关心集体……

最后我说：“我们是朋友了，以后你有任何困难，可以直接找我！对了，欺负你的那几个同学，一会儿下课我就去找他们。”

他说：“不用了，他们这几天也没有打我了。”

我说：“你看，你这么宽容，又是一条优点！”

他又笑了。

我掏出一个棒棒糖，递给他：“你今天这么信任李老师，什么都给我说，我送你一个棒棒糖表示感谢！”

他不好意思，说不用不用。

我把糖按在他手心：“还跟我客气，呵呵！”

接过棒棒糖，他说声“谢谢”。然后，我送他出门：“再见！”

“李老师再见！”

我没指望他从此就“改邪归正”——顽皮学生的转化哪有那么简单？但是，能够给他心灵一点温馨，此刻我也很温馨。

关于教师的职业幸福

上学期，我主要在全校各班上课，所以找老师谈心相对少了。本学期，我决定多和老师沟通。

今天下午，分别找了三位老师单独谈心。其中一位曾担任过学校干部，后来因种种原因离开了行政岗位，这位老师淡于名利，个人素质都很不错。没有担任干部后，不再那么引人注目。我找这位老师谈心，一是征求对学校工作的建议，二是提醒这位老师，虽然没有做行政了，但在专业上还应该有追求。

放寒假前，我给我校老师布置了寒假作业，就是写自己的教育成长经历和教育故事。许多老师都交了，但这位老师却没有交。所以谈话就从“没交寒假作业”开始——

很早就想找你聊聊。你过去担任过学校中层干部，虽然现在是普通老师，但我一直想，学校发展还是应该吸取你的智慧。这次寒假作业为什么没有交呢？嗯，你说你忙，是吧？这的确是理由。但我看这主要还是懒，没有养成习惯。如果养成习惯了，再忙都不是理由。呵呵！

其实，你没交作业，我还少看一份呢！但我确实是想为你的专业成长提供点帮助。如果你继续当中层干部，可能更多的就是往行政管理方面发展自己。但你现在没有搞行政了，单纯地教书了，不能因此丧失了进取心。实际上你现在渐渐地自己把自己边缘化了。而我希望你虽然没当干部了，但可以专心致志地在业务上发展和提升自己，找到教书的乐趣。

我要表示歉意的是，我对你关心不够。你很让我敬佩，这不是当着你面说好话。我觉得你还可以比现在更出色，你还有专业发展的空间。就像

当班主任的往往关注尖子生和后进生，却忽视了中间状态的学生一样，我当校长也犯了这个错误。平时我更多的是关注让我担心甚至头疼的老师，我花了一些时间关注帮助他们；一想到学校的优秀老师，我自然会想到邹显慧、郭继红、张清珍、潘玉婷等老师，却把你这样低调的老师忽略了。很不应该。今天的谈心算是一种弥补吧！

为什么我希望你梳理一下自己十来年的教育教学经验？为什么我要你写教育故事？这主要不是为了什么评职称，而是让你体验教育职业的幸福。教师的幸福究竟来自哪里？我想，来源当然有很多方面，比如收入丰厚、职业稳定等等，但至少还来自这三个方面：一是来自所教学科满意的教学成绩。说白了，就是来自考试分数。教了一学期，学生考得好，老师当然感到高兴，这无可厚非。一般来说，这是教师最直接的成就感。如果辛辛苦苦教一阵子，期末考试却颗粒无收，我们会非常沮丧，谈何职业幸福？二是来自学生的爱戴与依恋。如果学生不爱你，你教得再好，也感觉不到幸福。而学生的爱戴能够让你非常感动，感觉作为一名教师，的确很幸福。三是来自自己的教育智慧被人分享，受到社会的承认。比如通过写作，把自己的教育感悟和教育故事写下来，发表出去。这不能简单地理解为“追名逐利”，这是自己价值的一种社会认可，自己尊严的体现。

有的老师只看到第一种幸福，还有的老师同时拥有第二种幸福，现在我就是要帮助你们体验到第三种幸福。如果没有人指导，你写得再多，也许都是文字垃圾，你做的都是无用功，但我正是想指导你们写出自己的教育智慧，只要你写了，我就可以帮你改，然后可以帮你发表出去。当然，如果我校一百多位老师都写成许多好文章，不可能有那么多杂志报纸发表，那也不要紧，我可以将这所有文章汇集起来编成书正式出版啊！这就是我这个校长能够做到的。

我经常说，我当校长不是内行，所以好多事情我交给书记和副校长们去做。我的任务就是培养和提升老师，让老师们感受到职业幸福。我们是公办学校，现在搞绩效工资了，每月收入固定是那么多，我不可能给你增加一分钱。课表排好了，你的工作量每周都是固定的。如果只满足于完成工作领工资，你会渐渐感到职业倦怠，会乏味的。所以，我要帮你找到物质收入之外的职业幸福。

我多次说过，我当校长唯一的成功，就是教师的成长。你的提升，就是我的幸福。希望你为我提供幸福！

我说了这些之后，这位老师表示接受我的建议，并愿意在近期写写自己的教育故事，然后给我看。

我分别征求对学校工作的意见和建议，这位老师认真地给我提了几条很好的建议。我非常感谢这些建议，我笑着说："你看，你又在教我当校长了！"

教师要有书卷气

都说现在的教育问题太多太多，而在我看来，最大的问题是教师普遍不读书。按理说，教书人不读书这简直不可思议，但如此不可思议的现象却几乎成了许多学校的常态。我是带着新教育实验的理想走上校长岗位的，新教育实验的六大行动之一便是"营造书香校园"。我正是想以此改变那种"不可思议"的"常态"。

说实话，我并不擅长做校长，或者说行政管理并不是我的专长，因此我放手把学校的行政事务都交给副校长们去做。我集中精力引领老师们的专业提升。其中，最重要的"引领"就是倡导读书的风气。我经常对老师们说："一个学校有没有文化气息，主要不是看墙上有没有标语口号，也不是看校园有没有小桥流水、台榭亭阁，或者题词绘画雕塑之类，而是看这个学校有没有可以流传下去的教育故事，和学校是否有书香气。"

随着新教育实验的开展，我校在学生读书方面做了大量的工作，比如我们实施了新教育实验的"晨诵午读暮省"课程，每天都有专门的阅读时间；又比如我们在校园设置了好几个开放式书吧，将上千册书放在教学楼过道旁和休息区，孩子在课余只要想阅读，随手便可以拿到书而不需任何借阅手续。但老师的阅读呢？却不理想。找老师们谈心，问及为什么不愿读书，老师们说了许多理由。我归纳了一下，不读书的“理由”大致有几点：第一，“太忙，没时间”；第二，“感觉不到读书对教育教学的作用”；第三，“不知道读什么”；第四，“有的教育理论著作读不懂”；第五，“年龄大了，读了记不住”。

要倡导读书，必须先扫除思想障碍。针对老师们的“理由”，我通过教工大会讲话，通过各类座谈会，通过个别谈心，通过书信，给老师们一一做了答复。

关于“太忙，没时间”，我告诉老师们，无论多么忙，我们每天都不会不洗脸不刷牙不吃饭的，因为第一，这些是我们的生活必需；第二，这些我们已经养成习惯。所以，只要把读书当成生活必需，同时养成习惯，那么无论多忙，我们都永远有时间读书的。

关于“感觉不到读书对教育教学的作用”，我说，一般来说，教师的阅读分两类，一类是“学以致用”的阅读，比如各类教参，这类阅读是应该的，甚至是必需的;但还有一类“无用”的阅读，或者叫作“非功利阅读”，比如对哲学、历史、文学、人物传记等等的阅读，这类阅读不为具体备课，而是为了尽可能完整而完美地建构无愧于我们作为“人”所应有的精神世界。教师同时被称为“人类灵魂工程师”，暂且不说这个称呼是否恰当，但至少我们应该想想，我们自己的“灵魂”是否饱满充盈？而灵魂的饱满充盈更多地取决于我们广博的阅读，包括“非功利阅读”，特别是读教育以外的书。其实，所谓“功利”也是相对的，教育本身就和时代风云、社会发展息息相通，所谓“教育以外的书”，实际上直接间接都和教育有着千丝万缕的联系。看似“无用”的阅读，都关系着我们每一堂课的广度、深度和厚度，关系着在学生眼里我们是否拥有一种源于知识的人格魅力。

关于“不知道读什么”，我给老师们推荐四类读物：第一，教育报刊，比如《中国教育报》《中国教师报》《人民教育》《教师博览》等等，让老师们随时了解全国的教育同行在想什么做什么。第二，教育经典，我重点推《陶行知教育文集》《育人三部曲》《给教师的建议》《帕甫雷什中学》等等，让老师们直接与真正的教育大师精神对话，感受最质朴最原本的教育真谛。第三，儿童读物或者说校园文学，包括写学生的书和学生写的书，比如杨红樱的书、秦文君的书、曹文轩的书，还有韩寒的书、郭敬明的书。读这些书的目的，是让老师们能够从文学的角度，获得一种儿童的思维，了解并走进教育对象的精神世界。第四，人文书籍，比如《历史深处的忧虑》《民主的细节》《书斋里的革命》《一句顶一万句》《野火集》等等，让老师们有一种开阔的人文视野。

关于“有些教育理论著作读不懂”，我从两个方面回答老师们，第一，如果比起当今一些喜欢玩弄时髦术语、晦涩理论的伪学术著作，那么真正的教育经典名著是平易近人的。比如，请打开苏霍姆林斯基的《育人三部曲》，听他一边讲述故事，一边抒发感情，一边阐述理念，真是一种享受；更不用说中国现代著名教育家陶行知了，他的教育著作也深入浅出，用老百姓的语言谈深刻的教育道理，他还用诗歌甚至儿歌来表达他对教育的理解。经典之所以是经典，不是因为深奥而是因为深刻，而这“深刻”往往又是通过非常朴素的形式表达出来的。第二，现在的确有不少教育理论晦涩难懂，我也曾经为读不懂这些书而自卑。后来我读博士时，导师朱永新对我说，读不懂，不一定是你理解力有问题，更多的时候是作者本身就没有把这个问题真正搞懂，那写出来的东西自然不好懂。朱老师对我说，读不懂就别读好了。我现在也这样对老师们说，读不懂就别读好了。有些翻译的著作我们读不懂，不一定是我们的理解力有问题，而很可能是作者没把理论表述清楚，还有一种情况就是翻译的问题，原著也许很晓畅，但翻译得很糟糕。比如，热炒过一阵的《漫步教师心灵》，语言真是别扭，甚至还有病句。我估计多半是翻译的问题。苏霍姆林斯基的书为什么好懂？除了苏霍姆林斯基本人的表达非常流畅之外，翻译者杜殿坤先生也是一位杰出的翻译家。深刻和通俗并不矛盾。苏霍姆林斯基的书很通俗，但同样深刻。著者和译者硬着头皮做出来的书，读者只有硬着头皮去读，何苦呢？

关于“读了记不住”，我对老师们说，记不住有什么要紧的，谁叫你记了？除非你要考试，否则平时的阅读完全不用记的。记不住书中的句子，不等于你没有收获。如果我问你这么多年来年你每顿饭都吃了些什么，你能够回答吗？显然回答不出来，因为你没记着。但难道你吃的这么多东西就没有营养吗？记不住吃了什么食物有什么要紧，反正这些食物的营养你已经吸收了嘛！青年时，我背了许多唐诗宋词，可现在好多都忘记了，然而这些诗词所蕴含的文学养料已经化作我的血肉了。如果因为记不住而不

读书，完全没必要。

对老师阅读最有效的引导，是我本人的阅读示范。当然，所谓“示范”并不是我刻意为之的举措，而是一种客观效果。因为我当不当校长都很喜欢读书。只是我当了校长后，我的这一爱好对老师们来说就恰恰成了一种“示范”——其实，说“感染”更准确。通过教工大会、网络博客、座谈交流、个别谈心……我情不自禁地给老师们说我最近读的书，不少老师被感染了，随后便会去买这本书，比如《孩子们你们好》《南渡北归》《八十年代访谈录》《中国当代八种社会思潮》等书，都是这样进入老师们的视野并放在案头的。有一年国庆大假期间，我和几位老师一起自驾游，随身便带了一本《中国天机》。一路堵车，我不急不恼，拿出书便看了起来。老师们大为感慨：“这就是我们和李校长的差距！”我可以非常自豪地说，在我的感染下，已经有不少老师养成了手不释卷的好习惯。去年春天，我和几个老师去北京出差，回成都的飞机上，三个小时里，刘朝升老师一直非常投入地捧读苏霍姆林斯基的《爱情的教育》，还一边读一边拿笔勾画。

对于教师阅读，我一直主张“倡导”，而坚决反对“强制”。我常常收到全国一些老师的来信，说他们校长定期给老师们每人发书，包括我的著作，发了之后要求写读后感，还要考试，如果没交读后感或考试不通过，将与期末考核甚至和年终绩效挂钩。我特别反感这种做法。

最初我到学校当校长的时候，也曾要求老师们读我推荐的书，读了之后写读后感发到网上，每月一篇，写了奖励五十元（好像是），没写就没有。于是，每个月绝大多数老师都能按时完成。但我很快发现有个别老师的读后感是网上下载的，虽然是极个别的，可我十分反感。但我反思自己，渐渐认识到，这是我管理的问题，因为我的管理客观上是一种逼迫，在逼老师们阅读的同时，也在逼个别人作假。而且，我想自己的阅读体验，读到好书，自然想写点东西，但更多的时候，是一边读一边在书上勾画批注——如此读读写写勾勾画画，不正是阅读的常态吗？为什么不把这种个人阅读的常态，变成学校阅读的常态呢？

于是，我改变策略，取消了原来的规定，不要求老师们必须写读后感了——即使写了也没有五十元，而是不定期检查老师们读过的书，看上面的批注，哪怕没有批注也不要紧，有勾画也行，只要有阅读的痕迹就可以了。甚至哪怕没有批注勾画也不要紧，因为我会时不时组织读书沙龙，让老师们互相推荐所读的书，或围绕同一本书谈各自的体会。慢慢地，老师们渐渐习惯于阅读了，而且是真阅读，不是假阅读——没有了强迫的读后感，阅读成了一种心灵的飞翔。当然，也有老师有感而发写下读后感发到网上，我们依然欢迎，而且互相跟帖交流。这也是一种自然而然的思想燃烧和情感流淌。

对于引导老师们读书，我还有一个做法的变化：变“赠”书为“借”书。过去，我喜欢买书来赠给老师们，有时候甚至是自掏腰包给老师们买书。比如，我用我被评为劳动模范的四千元奖金买成书送给老师们。但后来我发现，有的老师得到书并不读，至少不急于读——反正是自己的书，什么时候都可以读得，何必急呢？于是，我现在更多时候，不是赠书，而是借书。老师们到我办公室谈心结束的时候，我请老师在我的书橱里选一本他喜欢的书，写上借条，然后我提出阅读期限和阅读要求：“一周之内读完，在书上批注勾画，在最后一页的空白处写上你的名字和阅读时间。”我这样解释说：“这样提要求，你便能够紧迫而认真地读完。以后，我这本书将有不同读者不同笔记的批注，后面还有阅读者的姓名和阅读时间。以后退休的时候，我把这些书赠给学校图书室，成为我们学校的藏书。设想一下，一百年以后，我们都不在人世了，可这些书还在学校图书室珍藏着，那时武侯实验中学的师生捧读这些留着先辈笔记的书，将会有怎样的感慨？因此，我们留给后人的，不仅仅是图书，还是一种精神，一种文化！”现在，我的书橱里已经有不少这样的书了。

组织老师们读书，一定要避免“一刀切”。我们对学生都要讲究“因材施教”，可对老师们为什么要求“齐步走”呢？我校的教师读书要求分为三个层次。第一个层次是全校性的要求，这个“要求”其实就是一种提倡而已，没有任何行政命令。每学期或每年给大家推荐一些读物，让大家自己去买，自己读，不做任何要求。有人也许会说：“如果有老师不读怎么办呢？”我说，不读就不读呗！全校两百多个老师，有那么几个或者十几个甚至再多一些老师不读书，有什么关系呢？真实的不阅读比虚假的阅读强一百倍。何况全校大多数老师是在读书的。

第二个层次，对“读书会”老师的要求。我们学校的“读书会”，完全由老师们自愿加入，现在已经有一百多位成员了。我们定期（通常一学期一次）聚在一起交流读书心得，互相推荐最近读过的好书。有时候我还把老师组织到野外读书。或是在某个古镇幽幽的茶楼，或是在某个垂柳依依的湖边，我们分成几个小组，每人带着一本书彼此介绍推荐。一般都是上午分组交流，下午由各组推选出的老师发言，然后我给大家做一个读书讲座。记得有一次，我的讲座题目是“读书使人幸福”，讲座过程中，我给老师们朗读《教育机智——教育智慧的意蕴》片段，老师们听得非常专注，我不时提问让大家思考。那一刻，我仿佛回到了课堂，面对的是可爱的孩子们。那天，春风、阳光、柳絮、花朵、湖水，和书香一起包围着我们，融进了我们的胸怀，陶醉着我们的心灵。

第三个层次，对“青年教师沙龙”的要求。我将进入我校不到三年的年轻老师组织起来成立了一个“青年教师沙龙”，人数在五十左右。我以“读书活动”为载体引领他们的成长。通常是一个月搞一次聚会，或是中午，或是晚上，有时候是我给大家讲我的成长经历，有时候是大家围绕共读的一本书进行研讨，有时候是请优秀的老教师给他们讲读书与成长的体会。那次郭继红老师在为大家讲读书的时候，年轻老师们都目不转睛地凝视着郭老师，神情特别专注，当时我非常感动——在这么一个喧嚣的时代，这么一个浮躁的社会，还有多少双年轻的眼睛能够因读书而如此神采奕奕？在我的博客上，曾经以“与苏霍姆林斯基在春天重逢”为题目，记录了我和沙龙的年轻人搞的一次读书活动。我曾用稿费给每位沙龙的年轻老师买了一本《给教师的建议》，并在每一本书的扉页上赠言：“永葆你的童心和热情。我会帮你的！”那次沙龙活动，年轻人们先是五人为一个小组展开讨论。我参加了其中一个小组的活动。我看到大家手中的书都有许多勾画和批注，圈圈点点的，我很开心。王晓萍老师说，她第一次读苏霍姆林斯基的书，是三年前刚分到学校来的时候在开放书吧读的。她结合自己的教学实践谈到了第二次读《给教师的建议》的感受。雷敏、张蓉、雷莉、李娜等老师也纷纷发言，她们说得最多的，是书中这样一些观点：“对一个学生来说，五分是成就的标志，而对另一个学生来说，三分就是了不起的成就。教师要善于确定：每一个学生在此刻能够做到什么程度，如何使他的智力才能得到进一步的发展——这是教育技巧的非常重要的因素。”那一刻，看到大家因为谈读书而滔滔不绝眉飞色舞，我感到了幸福。

这是我校年轻教师范景文在一篇文章中谈到的那次春天郊外的读书活动——

我正好是工作的第六年，可能正好到了工作的倦怠期，似乎看来一切都按部就班，井井有条的，自己也感觉自己做得还不错，但是就对一切都提不起兴趣，也没有了刚出道时的那种激情，日子就这么一天一天地过着，也没有想要去突破的意思。可就在这个时候，李老师组织了一个读书会，第一次活动是在春光明媚的郊外。首先，这个活动我觉得很特别，其次，在整个过程中有一个李老师给大家读书的过程，当他读到在《教学机智——教育智慧的意蕴》中那个小男孩的案例的时候，不知道加的是什么“润滑油”，突然我开始重新思考，我的大脑开始运转，想了许多方法想要去帮助那位老师解决问题。在听李老师读书的过程中，迫使我主动地去思考一些自己教育教学的方式方法，“这样做是否是对的？这样做是否符合教育的规律？那样做有没有压抑学生的个性发展？”等等这样的一些问题一层一层地浮现在我的脑海中，本来第六个年头对我来说正是迷茫的时候，倦怠的时候，那天就好像是一次班会课，李老师说话有感染力，真诚，激情；善于找到谈话的切入口，从读书讲故事开始深入心灵……我想这都是一个优秀班主任应该具备的技能，李老师用他的实际行动向我们讲述着。我真的有一种醍醐灌顶，重新找到方向的感觉，就好像迷雾中有人撕开了一个口子，阳光照射了进来……

读着范老师自发写成的这篇文字，我感到了做校长的成就感。

“我要帮你们保持童心”

今天是个周末，我校青年教师在成都郊外的天艺村举行了本学期的第一次“青年教师沙龙”。

我特意带了我的许多“文物”去给青年老师们展示。这些“文物”是：我分别给初八四届1班、初八七届1班、高九零届1班编写的班级史册《未来》《未来（二）》《花季》，初八七届1班最后一本班级日记，我刚参加工作时教孩子们唱歌的一本歌集《星星火炬之歌》，以及我20世纪80年代读过的苏霍姆林斯基著作《给教师的建议》《爱情的教育》《给教师的一百条建议》《帕甫雷什中学》，翻开这些书，页面已经发黄，书角已经磨破，封皮也补了又补。

我是这样开始我的发言的：“在座的老师都只有二十多岁，看着你们，我情不自禁地回忆起我的青年时代。我在二十岁的时候在做什么呢？或者说，二十年前，不，将近三十年前，我在做什么呢？今天我给大家带了几个‘文物’，从中大家可以看到我的青年时代。”

我小心翼翼地打开一本纸已经发脆的油印书：“这是我给初八四届1班编的《未来》。现在给学生编书或者说编辑班级文集，不算稀罕，这样做的老师很多，很多老师都会在自己所带的班毕业前夕，给学生编一本书。但是，我这是在27年前，那时候这样做的确算是创新了。大家仔细看，”我给大家展示这本“书”的封面，“封面是我刻钢板画的画，上面还有一行小字，‘为国庆三十五周年献礼’。里面的每一篇文章都真实地记录着我们班级的方方面面。而且这些文章都是刻钢板油印的。那时候，我用了很多精力来刻钢板，自己给学生印刷，后来和学生一起装订。”

我依次给大家展示另外几本书：“三年以后，我又编印《未来（二）》，依然是油印，但里面有的文章不是我刻钢板了，而是请学生家长用打字机打出来的。再过三年，我又编印了《花季》，依然是油印，但封面是请印刷厂印的，算是进步吧！”

“现在看这些书，我非常感慨。书里面有不少当年学生离开我的时候给我的留言，这些留言也让我很感慨。比如，”我随手翻开一页，读学生的留言，“‘李老师，祝您成为中国第二个陶行知！喻建中’，‘李老师，非常幸运在初中时代能够遇到您。我坚信，您将来一定会成为全市全省全国的风云人物！吴涛’。这些是孩子们对我的希望和勉励，也是我工作的动力之一。”

我读了《未来》中我和学生用顶真方式写的“毕业赠言”。然后又展示了一本绿色塑料封皮的日记本："这是初八七届1班学生的班级日记。当时，我让全班同学轮流写班级日记，每一个同学写一天，忠实记录班集体的生活。"我读了最后一则日记中的开头和结尾——

1987年7月3日　星期五　晴

再见了，未来班；再见了，同学们！

1987年7月3日上午8时半，这是每一个作为未来班成员的人都不应忘记的时刻，这是全体未来班同学的最后一次聚首，李老师最后一次向我们交心，也是同学们最后一次互赠留言，甚至也许是同学之间最后一次见面，最后一次在一起说知心话……

……

最后，让我们记住李老师常说的这句话吧："我们虽无力改变这个社会，但我们可以努力把自身变得完美一些，这样，社会上便少一份垃圾，少一个丑恶的灵魂。"如果大家都能这样从"我"做起，我们的民族，我们的社会，我们的国家不是大有希望吗？

值日生　何英

我又给大家看了几本苏霍姆林斯基著作："这些书都是80年代开始读的，从那时到现在我不知道读过多少遍，里面画满了不同时期阅读的批注。这是我的精神财富！"

我说："孩子们带着这本书离开我走向新的人生旅途，他就把一个班集体永远地带在了身边。对我来说，这书是教育的纪念碑，对学生来说，这是他们青春的里程碑。他们读高中后或者在大学里，手里的这本书都会引起周围同学的羡慕。现在，这些学生都已经长大了，他们中有的孩子都读中学了。那次聚会，有学生带着这本书来，大家都感慨不已。那次在新加坡讲学，我十五年前教毕业的一个名叫夏亚卉的学生也来了。她曾是我高九五级一班的学生，当年高中毕业后考上了新加坡南洋理工大学，毕业后便留在了新加坡。讲课过程中，当我讲到'班级史册'时，以高九五级一班的纪念册《恰同学少年》为例，我便请她朗读书中她当年写的一篇文章《班级风景谈》。在掌声中，她怀着真诚自然的感情朗诵了起来。文章选取

了当年我班普通的几个场面，展示我们班集体的凝聚力和温馨。在场的老师们都被感动了。之后的座谈中，有一位新加坡的老师问我：‘李老师，为什么您的教育生涯中有那么多感人的故事？’我说：‘任何一个老师，只要用心去做教育，哪怕他一直都默默无闻，他的教育生涯都不会平淡，一定会波澜壮阔并充满许多传奇故事！’

“老师们想想，当初我做这一切的时候，都不是校长的要求，完全是我自己做的。因为我从来都把教育当作我自己的事。就是为了我的幸福，和学生的幸福，就想给孩子们留下一些温馨的记忆。近三十年过去了，这一切都成了文物，但记忆依然鲜活。当初也许只是凭热情凭兴趣做的事，今天却成了一段珍贵的历史。因此，在座每一位老师都要意识到，你自己每一天普通的工作，你的每一个教育行为包括细节，都在创造历史！”

最后我说：“我为大家要做的事，就是帮助你们保持童心，保持你们刚参加工作时的热情、纯真和理想！我今年 53 岁了，但我很自豪的是，我依然保持着 23 岁时的那份纯真的童心！希望在座每一位老师到了我这个年龄，也能够和我一样这样自豪地说，我一直有一颗纯真的教育心！”

接下来，我让老师们传看我的几本“文物”。油印本在老师之间传递着，大家显然很有兴趣，有老师还拿出笔摘抄其中的内容。

接下来，是刚来我校工作的赵瑜老师给大家讲他的读书体会，青年教师李青青给大家讲自己的成长感受，我校最受尊敬的老师之一潘玉婷也讲了她的教育感悟。最后每一个老师都发言，汇报自己近期读的书，还有教育心得等等。

我在总结发言时说——

今天是周末，但我依然组织大家举行我们本期的第一次青年教师沙龙，可见我对大家成长的重视。平时在学校，我们都很忙。在校园里相见，你们匆匆赶往教室，我匆匆奔向会议室，我们最多互相点点头，但当我和你们擦肩而过的时候，我依然惦记着你们的成长。你们一定要知道，你们的成长我是一直放在心上的。

我的愿望就是，让我们学校还不优秀的老师变得优秀，已经优秀的老师变得卓越。无论“优秀”还是“卓越”，首先要“幸福”！那么什么叫“幸福”呢？这里的“幸福”，在我看来至少有三个含义，一是有标准不算太高但比较体面的物质生活；二是有课堂教学、班主任工作的成就感；三是在教育过程中，能够体验到超越物质与功利的精神享受。而我，主要就是帮助你们享受职业幸福。

我刚才给大家看了我的“文物”，有很多人问过我——这个问题 80 年代 90 年代，一直到现在都有人问：“您把学生教育得这么纯洁善良，他们走向社会会不会吃亏啊？”如果说二十多年前，面对这个问题我还没有把握回答的话，那么现在我可以非常自信地说：“不会的。”因为第一，我在教学生纯洁善良的时候，还要教会他做人的智慧；第二，他有了善良做精神底色，进入社会再加一些机智，他的本质依然不会变。第三，我一批又一批学生，毕业早的已经四十多岁，迄今为止还没有因为善良“吃亏”的。时间证明了我善良教育的可行与成功。就以以前我那个叫宁玮的学生为例，尽管那年她的店铺遭遇了邪恶，但后来很多人向她伸出了援手，她的善良赢得了许多同样善良的人，她又开了一个餐馆，现在生活依然很好。还有一个学生，是黄静老师教毕业的，叫黄雅莉，这个孩子成绩不算突出，但非常有修养，特别善良，现在在双流机场就是一个普通的售票员，但她以自己的善良赢得了人们的尊敬，依然很幸福。黄雅莉并没考上大学，但我那天对黄静说：“黄雅莉依然是令你骄傲的教育成果！”

幸福，还和心态有关，而心态往往受我们遇到的困惑左右。在我看来，困惑，无非来自两个方面，教育以内的和教育以外的。教育以内的，就是教学中的难点啊，课堂上的困难啊，教育中的后进生啊，等等。我们要把这些难题当成研究的课题，困惑就会成就我们。教育以外的，就是来自社会的诱惑，来自周围环境的消极影响，包括学校发展过程中遇到的困难，比如考核制度的不完善，都可以成为我们的烦恼。而我们一定不要让这些破坏我们的幸福心境。心胸要开阔，追求要高远！

刚才大家被李青青老师的发言感动。其实，李青青在两三年前还让我头疼，甚至让我生气，但即使是在李青青让我头疼的时候，我也认为，她非常纯真，心地善良。因为单纯，所以一旦当上班主任，她就专心致志地投入与研究。不是说她就一点都不考虑物质利益，而是说李青青不仅仅追求物质，还追求物质以外的精神享受。

我们做老师的，一定要有一个可以影响学生的爱好。不能只靠说教。

我年轻时喜欢音乐，当知青的时候，笛子、二胡、口琴都会，后来参加工作，我把这个爱好融入我的教育。今年春节，二十多年前教毕业的学生来见我，还说我当年给他们一边播放《梁祝》的音乐，一边解说。我还喜欢文学，经常给学生读小说。所以，在座每一个老师都要想想，我有什么爱好可以影响学生，可以吸引学生。

苏霍姆林斯基说，任何一个教师首先是一名语文教师。他的意思是说，老师的演说能力、课堂感染力、阅读和写作的能力，这都不只是语文老师才拥有，而是所有老师应该具备的。我们今天谈阅读，就不只是语文老师的文学阅读。我说的阅读，主要分两大类，一是功利性阅读，就是学以致用的阅读，这是必需的；另一类是非功利阅读，就是不为什么的阅读，就是一种休闲的、消遣的、扩大视野的阅读，内容自然也不仅仅是教育的。我曾经说过一句话："和老一辈大师相比，我们连学者都谈不上。"现在我依然这样认为。所以我们需要阅读。我们的阅读，还包括读一些学生读的书，这样我们可以走进学生的心灵。说到底，阅读是一种人生态度。我们怎么看待自己的人生？怎么度过自己的人生？都和阅读有关。我们想做一个心态从容的、气质优雅的、精神丰盈的人，所以要阅读。有人说，太忙，没有时间阅读。我说，不对！关键是自己是否有阅读的内在需要，并养成习惯。对于热恋中的人，再忙都有时间和恋人约会，因为这是内在的需要；对于吸烟的人来说，再忙都不可能忘记吸烟，因为这已经养成习惯。所以我说，对于想读书的人，再忙都可以找到读书的时间。这里我建议，我们都来共同读一本书，好吗？我用我的稿费给大家买书，赠给大家，然后我们分成若干小组，平时读读议议，互相促进。就从读苏霍姆林斯基的《给教师的建议》开始吧！

我还要强调的是，我们要有知识分子的自觉意识，也就是说要意识到我们首先是知识分子，其次才是教师。既然是知识分子，我们就要有知识分子的视野、风骨和责任感。要有开阔的视野，独立的灵魂，千万不要被愚弄。这都需要广博的阅读。除了阅读，还要及时表达，因此我希望大家都建立博客，这样便于互相交流。

总之，什么时候我们学校不只有一位潘玉婷老师，而是有许多潘玉婷老师，特别是我们在座的年轻老师都成为潘玉婷老师式的老师，我这个校长就算当好了。

沙龙结束后，我们玩了一会儿游戏：击鼓传花、你比我猜。这些童年游戏，让我们的心又回到了童年。大家兴趣盎然，室内欢声笑语。

写给我校年轻教师

年轻的朋友们：

上次青年教师沙龙活动，我承诺了要用我的稿费给你们每人买一本苏霍姆林斯基的著作。现在，这本《给教师的建议》就是我赠给你们的。希望你们珍惜这本“教育经典”。

苏霍姆林斯基是我从年轻时代到现在都特别敬重的教育家之一。回想第一次读苏霍姆林斯基的书，是1982年，那是我参加工作的第一年。我清楚地记得，当时我读了从朋友手中借来的《给教师的一百条建议》后，第一个感觉是：“哦，教育学理论居然还可以写得这样平易而富有魅力！”当时，我正在当班主任，同时担任语文教学，正有许多来自工作的喜悦和困惑。读苏霍姆林斯基真让我心灵激荡，因为我感到书中的每一句话都是对我说的，或者干脆说，这本书就是苏霍姆林斯基写给我的建议。一时间，我真正迷上了苏霍姆林斯基。这种迷恋还感染了周围的年轻朋友——当时，我担任学校教工团支部书记，于是，我便“独裁”了一回：自作主张地从天津人民出版社邮购了二十来本该社出版的苏霍姆林斯基名著《给教师的一百条建议》，所有团员教师人手一册！

亲爱的年轻朋友，我给你们说这些，是要告诉你们，这本书对我的影响之大，而且我坚信，这本书也一定能够影响你们。遗憾的是，现在我没看到《给教师的一百条建议》再版，现在市面上通行的都是《给教师的建议》——这其实并非苏霍姆林斯基的原版著作，而是中国学者选取的苏霍姆林斯基著作中的精华片段，然后仿照《给教师的一百条建议》的体例编

辑而成。应该说，还是体现了苏霍姆林斯基教育思想的精髓的，里面也包括了《给教师的一百条建议》中的一些内容。所以，我赠送你们的这本书，还是很不错的。

苏霍姆林斯基的著作显然不是那种刻意追求“理论体系”或“引起轰动”的大部头，苏霍姆林斯基也不想以教育家的身份对教师们进行空洞的说教，他只是怀着真诚的情感与教育同行们谈心。他的书中无疑有着丰富而深刻的理论内涵，但所有涉及教育学、心理学、教学论的重要原理，都是自然而然地融会渗透于语言生动形象的夹叙夹议之中。作者非常理解第一线普通教师的工作甘苦，因而他提炼出一般教师在工作中经常容易遇到的一些棘手难题，有针对性地提出建议，而且每一条建议都不是抽象的教条，而是谈作者自己教育实践的体会，读来令人倍感亲切而又深受启发。

作者阐发了这样一些重要的教育观点：应该通过课堂教学发展学生的智力，让教学成为学生智力发展的手段；一个学校应该有丰富多彩的智力生活；应该根据学生的思维特点个别施教；应该保证基本技能、基本知识的掌握和知识的积极运用；应该在教学中激起学生高昂的情绪；应该充分发挥教师个人对学生的直接影响，“人只能由人来建树”；教师应该把学生的家庭教育纳入学校教育的体系，因为“家庭的精神文化气氛，对于儿童的发育成长具有非常重要的意义”；教师要善于运用集体这个有力的教育工具；教师应该正确引导学生的自我教育，因为“真正的教育是自我教育”；教师要善于发挥书籍的威力；教师要密切注视街头结交对学生的影响……简言之，在他的教育旗帜上，鲜明地写满了“人性”“人情”和“人道”。

多年前，我曾这样评价苏霍姆林斯基——

和一般的教育家不同，苏霍姆林斯基不是以“学者”或“研究家”的身份去冷峻、“客观”、孤立地研究教育，而是充满真诚的人道主义情怀，把自己的一腔激情洒向他的每一位学生。他的深情的目光首先对准的是一个个人的心灵而不只是具体的教学环节或手段，他一生所关注的始终是每一个学生的个性发展。这就使他的教育境界远远超过了一般侧重于研究教育技术的教育家，而使教育真正进入了人的心灵的宇宙。

他的感情真挚而充沛，他的思想朴素而深刻，他的语言平易而精彩，“要培养真正的人！”让每一个从他身边走出去的人都能幸福地度过自己的一生，这就是苏霍姆林斯基的教育追求。仅仅凭这一点，他教育胸襟的博大和教育理想的崇高就远远超出了同时代许多教育家（虽然以今天的眼光看，他的思想理论可能有着这样那样的不足和一些不可避免的历史的局限）。而在中国，我认为只有一位教育家可以与苏霍姆林斯基相媲美，那就是陶行知。

今天，我依然这样认为。

关于这本《给教师的建议》，我想给你们一些阅读的建议，供参考：

第一，要慢慢读，要品味，不要急于赶进度，哪怕一天只读那么几页，关键是要边读边思考。我并没有给你们规定阅读期限，你们完全没必要完成任务似的一目十行——那样读，是对苏霍姆林斯基的不尊重。从容一些，沉静一些，让自己的心慢慢被浸润。

第二，说到“思考”，我要强调“联想”，就是在读的时候，要想到自己的工作，自己的困惑，自己的班级，自己的课堂，自己的学生……也就是说，要把自己融进书里面去，和苏霍姆林斯基对话。我曾经说过阅读的境界，是“读出问题，读出自己”，就是说要和阅读者本人的生活打通。

第三，在思考和联想的时候，要随时拿起笔在书中做批注，或勾画，这实际上是你的思想的印记。我不会规定你们必须写读后感——强迫只会助长作假，现在网上关于苏霍姆林斯基著作的读后感多如牛毛。不过，我希望你们能够在书上留下你阅读的痕迹。到时候我要把书收上来看哦！

第四，不要抱着功利的想法，企图从书中找到具体的“绝招”，这不可能。任何经验和技巧，都是在特定情境下才会有作用。换句话说，任何一个老师采用的方法，都和他的生活经验、人生阅历、知识结构、性格气质、学生特点等等有关。我们读别人的书，更多的是汲取思想、精神、原则，并同自己的实际相联系，获得启迪，产生新的属于你自己的智慧。

第五，两周以后，学校要组织外出春游，到时候每位老师都把这本书带上，互相交流各自的体会。在这之前，大家最好能够读一部分，这样到时候才会有和别人分享的东西。

亲爱的年轻朋友，你们来这个学校还不长，但我坚信你们已经体会到了我对你们的期待，体会到我渴望你们尽可能成长起来的急切心情。在这个物欲横流的时代，我们要守住自己朴素的教育心，很多时候靠的就是走进人类大师的心灵，用高尚的精神抚慰我们随时都可能浮躁的心。

我在赠书的扉页上写有两句话："守住热情与童心！我会帮你的。"热情与童心的确应该守住，这是你职业幸福的源泉。那我帮你什么？还是帮你守住热情与童心。我多次说过，我这个校长的使命，就是帮助老师们找到物质以外的教育幸福。对年轻老师更是如此。我愿意随时为你提供帮助。记住，在你成长的路上，一直有我这一双真诚而热切的眼睛注视着你！

和苏霍姆林斯基在春天重逢

开学不久，我给我校青年教师沙龙的成员每人赠送了一本《给教师的建议》。今天下午，我们的青年教师沙龙又开展了一期读书交流活动。

在学校党员活动室，老师们拿着还没读完的《给教师的建议》聚集一堂，分为五个小组交流。大家就自己已经读到的内容谈体会，同时也提出一些疑问，互相研讨或争论。

我参加了一个小组的活动。我看到大家手中的书都有许多勾画和批注，圈圈点点的，我很开心。王晓萍老师说，她第一次读苏霍姆林斯基的书，是三年前刚分到学校来的时候在开放书吧读的。她谈到了第二次读《给教师的建议》的感受。雷敏、易婵娟、张蓉、雷莉、李娜也纷纷发言，她们说得最多的，是书中这样一些观点：

"对一个学生来说，五分是成就的标志，而对另一个学生来说，三分就是了不起的成就。教师要善于确定：每一个学生在此刻能够做到什么程度，如何使他的智力才能得到进一步的发展——这是教育技巧的非常重要的因素。"

"所谓课上得有趣，这就是说：学生带着一种高涨的、激动的情绪从事学习和思考，对面前展示的真理感到惊奇甚至震惊；学生在学习中意识到和感觉到自己的智慧力量，体验到创造的欢乐，为人的智慧和意志的伟大而感到骄傲。”

“只有当一个人在上学时代就爱上书籍，学会从书籍里认识周围世界和认识自己的时候，他在毕业后的自我教育才有可能。如果在学校年代里没有打下这个自我教育的基础，如果一个人在走出校门后不知阅读为何物，或者只局限于看那些侦探小说，那么他的精神世界就是粗鲁的，他就会到那种毫无人性的地方去寻找刺激性的享受。”

……

小组讨论完毕，各小组推荐一位老师代表本小组发言。

最后，由我发言——

各位老师让我特别感动，感动于大家如此认真地读苏霍姆林斯基。刚才王晓萍老师说到她是第二次读苏霍姆林斯基，我想我们在座很多老师可能都是重读苏霍姆林斯基。在春天，在中国，在成都郊外一所学校的小小教室，一群中国教师和苏霍姆林斯基重逢，这是多么富有诗意啊！

我也想到了我的苏霍姆林斯基之旅。好多老师读过我的《追随苏霍姆林斯基》，应该对此有所了解。我这里就不多说了。我想强调的是，苏霍姆林斯基的著作不只是这本《给教师的建议》，我甚至可以说这部并不是他最精彩的著作，如果大家读了这本书，还可以去找苏霍姆林斯基的其他著作来读，比如《爱情的教育》，这是一本非常棒的谈爱情教育的书，我在1986年第一次读就被感动了。还有《家长教育学》，这是一本专门写家庭教育的。还有《育人三部曲》，其中包含三部著作——《把整个心灵献给孩子》，是谈小学教育的；《公民的诞生》是谈中学教育的；《给儿子的信》，是谈青年教育的。还有《给教师的一百条建议》《帕甫雷什中学》等等。

如何看待苏霍姆林斯基的思想和做法？哪些是不适于今天的中国的，哪些是永恒的真理？刚才有老师在讨论中谈到这个问题。我感到，有的老师总是希望从苏霍姆林斯基的书中找到能够“拿来就用”的方法，这种心情可以理解，但这不是正确的态度。我们要善于学其精髓，不拘泥于具体的每一句话。比如，刚才有老师说苏霍姆林斯基的书里没有高效课堂的论述，可我说，他的书中确实有关于高效课堂的内涵，比如苏霍姆林斯基反复强调，课堂上要关注学生的思维，要把学生置于主动学习的位置！这不都有高效课堂的因素吗？还有，苏霍姆林斯基指出，优秀的教师在课堂上不会老想着自己所传授的知识，这一切早就烂熟于心以至成了本能，他关注的是学生在课堂上的思维。这个观点非常精辟！另外，苏霍姆林斯基认为，学生应该有着阅读的习惯，这是学生的智力背景。还有，他认为兴趣源于惊奇和赞叹。这里的“惊叹”和“赞叹”，就是学生在阅读和观察周围世界时所产生的，这是一种好奇心的表现。我们的学生有多少惊奇和赞叹，我们的课堂给他这种体验和感受了吗？因此，我反复强调，不要机械地理解苏霍姆林斯基的每一句话，同一原则对于不同的学科和不同的学生，都有着不同的体现。

其实，我读苏霍姆林斯基读了将近三十年，从他那里汲取最多的，还是他的爱，对孩子的爱！我知道，“爱心”这个说法，已经很老套了，但我还是要说这一点，因为我们现在教育上缺乏的依然是这个！每次我想到苏霍姆林斯基，第一反应，便是他那真诚的人道主义情怀，他那浓浓的人情味！我们最最要学的，就是这个！

刚才有老师谈到，“因材施教”是很好，但学生太差，而且现在的评价总是一刀切，最后还得接受统一中考。这里，我给大家说说我是如何面对差生的，这是十多年前我的一个教育实验。

1995 年 8 月底，我刚刚送走一届高三毕业班。高考成绩的辉煌，让我一下子引人注目起来。当时我所在的学校是一所普通中学，生源不是特别好，尤其是高一生源很不理想——即使本校初中毕业生中的优秀学生，也有相当一部分学生不愿报考本校高中而选择市内一流重点中学。在应试教育的背景下，不理想的生源意味着学校生存竞争的危机。为了改变这种不利状况，学校领导决定培养自己的高一优质生源——从初一新生进校开始，就通过选拔考试把前几十名学生编在一个班，三年后直接升学。学校把这个班交给我，让我担任班主任并教语文。学校给这个班取了一个很好听的名称：“实验班”。

但我想，如果真的要搞素质教育方面的“实验”，是不是把成绩最差的学生集中编在一个班，更有价值一些呢？优秀学生不实验也能考重点高中重点大学的。于是我给学校领导提出了一个大胆的建议：能否将同一次分班考试中的最后几十名学生——也就是俗称的“后进生”——编成一个班，搞真正的素质教育实验？而且，我明确表示，我愿意担任这个班的班主任和语文教师！

经过反复争取，学校领导终于支持我的想法，果真把成绩差的几十个学生编了一个实验班，我也如愿以偿地当上了这个班的班主任和语文老师。同时，我还担任那个“优生班”的班主任和语文教师。让我很自豪的是，我把教“优生班”的所有老师都动员来和我一样同时教“差生班”。两个班的学生总数达131人！那时候，我根本没有去想什么“待遇”，本来，我足足承担了两个人的工作量，可我根本没有给校长提待遇的事，因为带两个班，特别是带“差生班”，是我自愿的，这是我自己的事业啊！

我们开始了真正“因材施教”实验。每天上课的教案都分层设计，每天布置的作业和每次考试的试题，都分层设计。对那些成绩特别差的学生，我采取了一些比较极端的做法，只要能够激起他们的学习兴趣就行。比如，每次考试前，我就把极差的学生请到我家里，给他们“补课”——其实就是给他们漏题，明天要考什么题，我就让他们做什么题。考试后，学生都很高兴，说自己做对了许多——你们看，原题考他们，都还只能做对部分题！但我也很高兴，对他们说，你们看，只要你们认真听讲，认真练习，就能够做对题，学习就这么简单啊！

他们当然最终还是要接受中考检验的，但是作为一种策略，我的目的是激发其学习兴趣，让他们不断体验成功感而产生学习动力。而且，即使我这样做，依然有不少学生考不上高中。这样做了，不但有可能会增加考上高中的人数，而且更关键的是，能够让学生的学习过程充满成就感和幸福感。我认为，对学生的学习过程来说，体验成就感比获得具体的知识更重要！

后来的事实证明，这个班三年后中考取得了很好的成绩，几乎每个孩子都有了不同程度的进步，以前我们都认为不可能考上高中的学生也考上了重点高中。更重要的是，我和教这个班的老师们也在教育科研上取得了丰硕的成果，发表了有关后进生转化的教育论文。

刚才袁红军老师谈到现在的教师依然不被社会尊重，他说最主要的原因是教师自身的素质不够高。我非常同意他的观点。我认为，教师地位的提高，无非取决于三个方面：一是政治地位，过去教师是臭老九，动辄就被批判被打倒，当然不可能有很高的社会地位；二是经济待遇，以前教师

的收入很低，自然让人看不起，但现在搞了绩效工资，尽管教师的待遇不能说就非常高了，但还过得去，至少在社会上不算最糟糕的行业；三是自身素质，这点非常重要！过去的教师，比如一个中学教师，甚至小学教师，更不用说大学教授了，那就是学问的象征，那都是学识渊博的人啊！在为人修养方面，更是堪称楷模，举手投足都让人肃然起敬。现在呢，有多少教师能够说学识渊博？至于精神境界，更是比过去的知识分子差一大截。现在的学术作假，教育腐败，凭什么赢得人家的尊重？所以，在座的老师们一定要在精神上提升自己，做一个有尊严的知识分子！

我这里给大家补充说一下现在的帕甫雷什中学。2008 年，我去帕甫雷什中学考察，在一次午餐时，和该校现任校长聊了聊。从校长口中，我得知，这个学校现在有将近五百名学生，共三十七位老师。平时都是在这里吃饭。四年级以下的学生，一律免费就餐。我问老师的收入待遇如何，她说，新来的老师每月一百五十美元，其他老师稍微高一些。我一算，也不过一千两百元人民币。便又问这里的物价如何，她回答，猪肉是十美元一公斤。我想，这么贵！看来他们的老师生活的确很清贫的。可他们依然坚守在学校。苏联刚解体时，乌克兰的经济很糟糕，教师的工资经常被拖欠，许多老师都罢课以示抗议，但是唯独帕甫雷什中学的老师没有停课，依然坚守在教室。因为他们是苏霍姆林斯基学校的老师！他们认为，无论如何孩子是无辜的，不能因为教师的原因耽误孩子。这就是教育良知！

我们这个时代，充满喧嚣，充满浮躁，我们如何守着自己宁静的心？我认为，就从我们自己的事业中寻找宁静。大家现在可能更能够理解一个月前我在赠书的时候给你们的赠言：“守住热情和童心”“我会帮你的”。热情和童心的确是至关重要的。这句话不是对你们现在写的，你们现在有热情有童心，不需要我提醒。我是为你们的三十岁、四十岁、五十岁写的！“我会帮你的”，我怎么帮你呢？不是帮你备课，帮你上课，而是帮你充实精神世界，帮你体验做教师的幸福！

如果你们保持读书的热情，我以后每学期都用稿费给你们买书。刚才王晓萍老师提到最近读了《窗边的小豆豆》，这本书非常好。你们现在也可以去买。现在我一般不免费送书给老师们了。因为书来得太容易，有老师就不读——反正是送的，没花钱。但对你们，我依然愿意赠书，因为我相信你们会认真读书的。

最后，我要强调的是，要以教育的眼光看周围的世界。我现在无论读什么书，都能读出教育；我无论看什么电视节目，都能看到教育；我无论遇到什么事，都能想到教育。

我把大家当我的学生，我相信你们能够理解我的。今天参加我们沙龙的，还有来自山东的《中国教师报》的年轻人，我相信你们在这度过的一年，会成为你们的一笔财富，和永远不会磨灭的温馨记忆！

读书沙龙

昨天下午，我校青年教师沙龙举行了一次读书活动。

我首先给大家讲了成都市教育局关于开展教师读书活动的有关要求，然后我说："即使没有这个文件，我们也应该阅读。阅读不是为别人，而是为自己的精神更饱满，生活更富诗意。"我随手点开朱永新老师的微博："你们看，朱老师这么忙都还坚持晨诵，今天早晨的微博是……"我给大家读朱老师的微博："今天的新父母晨诵继续吟诵泰戈尔的诗：'我愿我能在我孩子的自己的世界的中心，占一角清净地。'尊重孩子，把你自己看成是他的一部分，他的伙伴，你才有可能也像孩子一样成为世界的中心，获得真正的自由。"然后我又读了朱老师转发的卢志文微博上的一段话："历山镇龙媛老师发言题目是'让每一个孩子闻到书香'。她用一位诗人的话开场：'在书香里跳跃的人生，一定是智慧的人生；在书香里浸泽的生活，一定是美丽的生活。'她说：'今天我能在这里讲述我和孩子们的故事，一切缘于"新教育"——是它，让校园盈满了书香，是它，让书香润泽着一颗颗生命。'"

我们邀请了学校优秀老师给大家交流自己的读书收获。首先发言的是郭继红老师。她给大家推荐了两本书，一本是《相约星期二》，她介绍了书的内容，强调这是一部关于生命的书，能够改善人的心态。另一本是《如何培养学生的优良习惯》，对教育有直接的指导作用。

郭老师发言的时间不长，但给人以启发。我补充说道："郭老师是我们学校非常优秀的语文老师，她气质高雅，这和她读书分不开；她的课上得非常好，同样和她读书分不开。"

然后我补充介绍了《相约星期二》这本书："这的确是一本震撼人心的书。刚才郭老师只是说作者患了绝症，但作者莫里教授究竟患的什么病呢？莫里教授患的叫作'肌萎缩性（脊髓）侧索硬化'（简称ALS），这是一种凶险、无情的神经系统疾病，而且属于不治之症。ALS就如同一支点燃的蜡烛，它不断融化莫里的神经，使他的躯体逐步变成一堆蜡。这种残酷的'蜡化'最初从退步开始，然后慢慢向上发展，'蜡化'大腿、躯干……最后，莫里只能通过插在喉部的一根管子呼吸，而他清醒的神志则被禁锢在一个软壳内。从发现患病到死去，莫里只活了一年多。而直到莫里生命的最后一刻，他都还'残酷'地保持着清醒！但所谓'残酷'只是我们的感觉，莫里教授却依然乐观。莫里教授认为，拒绝衰老和病痛，一个人就不可能幸福。因为衰老和病痛总会来，你为此担惊受怕，却又拒绝不了它，那还会有幸福吗？因此他说：'你应该发现你现在在生活中的一切美好、真实的东西。回首过去会使你产生竞争的意识，而年龄是无法竞争的。……当我应该是个孩子时，我乐于做个孩子；当我应该是个聪明的老头时，我乐于做个聪明的老头。我乐于接受自己赋予我的一切权利。我属于任何一个年龄，直到现在的我。你能理解吗？我不会羡慕你的人生阶段——因为我也有过这个人生阶段。'在生命最后的日子，莫里教授问学生：'我就要死了，是吗？'学生点头。他又问：'那我为什么还要去关心着别人呢？难道我自己没在受罪？'这是一个尖锐的问题，莫里教授却坦然地自己回答道：'我当然在受罪。但给予他人，能使我感到自己还活着。汽车和房子不能给你这种感觉，镜子里照出的模样也不能给你这样的感觉。只有当我奉献出了时间，当我使那些悲伤的人重又露出笑颜，我才感到我仍像以前一样健康。'他说：'人生最重要的是学会如何施爱于人，并去接受爱。''爱是唯一的理性行为。''相爱，或者死亡。''没有了爱，我们便成了折断翅膀的小鸟。'……这些话至今读来令人震撼。我建议没读过的老师去找来读读。"

许忠应老师介绍她的读书："相比起大学时代，我现在读书比较功利，比如说以前在读大学的时候，可以很自豪地说把大学图书馆所有关于英语的书都读完了。后来参加工作后比较喜欢读《班主任之友》，每期都看。看到好的文章很激动。现在我基本上需要什么就看什么。根据遇到的困难，有什么需要便找相关的书来阅读。这个寒假里面我看了很多关于班级活动和班级自主管理方面的书。最近我觉得我的心态不够好，于是我去找语言比较幽默的书来读，调整心态。有时候我觉得我的童心正在失去，童心很重要，我感到自己在被蜡化，于是我找相关的书来读。我马上调整自己的心态。怎么调节，就必须到书上去找。总之，我读书没有什么固定的书目，都是根据需要来选择。”

我点评道：“许老师说到读书很功利，其实功利性阅读我们也是需要的。通常说‘学以致用’，比如我们为备课阅读一些书，难道不需要吗？所以功利的阅读无可厚非。只是除了功利阅读，我们还应该有非功利阅读。现在我读的书大多不是教育类书，而是人文书籍。这能够开阔我们的视野，也有利于我们的教育。刚才许老师说她现在心态不够好，其实总的来说，许老师心态是很不错的。我还记得，在2009年评绩效工资那段时间，我在上海，书记几乎天天都给我打电话，说老师们很焦躁，都在议论绩效工资。但许老师每天晚上都在博客上记录自己的教育故事，这是何等的淡定！这需要怎样一颗宁静的心！当然，心态再好的人，也有不安的时候，也有叹息的时候，也有伤感的时候，这很正常。许老师无论教英语还是带班都非常出色，大家要向她学习！”

胡鉴老师简单谈了她的阅读：“我现在每天都要思考很多，阅读让我们站在大师的肩膀上。现在我还停留在创业的阶段，需要通过阅读来充实自己，提高自己。我的心态一直比较积极上进，这和阅读是有关系的。如果你把教育这个行业当作自己终身的职业，就努力让自己把教书当作事业吧！在这项事业中挖掘快乐。眼光一定要放得长远一些。读书的时候，一定要随时想到自己的班级！通过阅读获取智慧。”

我这样评论胡鉴老师：“胡鉴老师是一个随时都很快乐的人。你随时都可以看见她脸上的阳光。这种积极的心态，和阅读密不可分。这里我要补充胡鉴的一个让我感动的事情。学校曾经让胡鉴老师担任更重要的工作，这个工作在有些人看来是令人羡慕的，但胡鉴老师明确推辞了。她对我说，

我就想做一个班主任，认认真真地带好一个班！我尊重了她的意愿，给了她一个班，现在她从从容容地带着一个班的孩子，享受着教育的幸福！”

李青青向大家介绍自己的阅读经历：“我以前主要是方法论的阅读，需要什么读什么，总想从书中找工作方法，这是一种追随，追随优秀的老师。后来我的阅读发生了一些变化。我曾经和部分学生关系很僵，我无法融入他们，不知道他们在说什么，和他们聊天没有共同语言。后来我开始读《鬼故事》，找和学生的共同语言。我读这样的书，就是为了走进学生当中，知道他们在想什么。所以我要读中学生读的书，然后和他们打成一片，参与他们的行为，走进学生的心灵。这样阅读，让我有了一种本事，不管你是哪个层次的学生，你的生活我都有体会，无论你聊什么，我都能给你说两句。另外，推荐《乔布斯传》，还有李开复的《做最好的自己》。李开复作为一个很典型的管理者，他把所有的内容都很条理化地罗列，让读者很轻松地得到解决问题的办法。我觉得教师不一定都要读教育的书，工商管理的书也给我启发。我以前爱守着学生，每天在教室里的时间超过了十二个小时。读了管理的书发现了自己的问题，我开始改进我的工作，尽量培养学生的自我管理能力。我现在每天在教室里不超过一个小时，包括上课的时间。要相信学生的能力。”

我补充道：“李青青再次谈到了教育以外的书。我非常同意她的观点，教育者不一定只读教育的书。什么书都可以读的，包括中学生的书，这样我们可以了解我们教育对象的内心和兴趣。以我们教育的眼光去看所有的书，这些书都是教育书！不光是读书，看电视电影都是如此。要用教育的眼光打量这个世界，于是这个世界无处不存在教育的因素。我每周末看江苏卫视《非诚勿扰》，我难道要相亲吗？不，我看到的也是教育。我看电视剧《悬崖》，看到的依然是教育。”

刘朝升老师谈他读过的书：“其实我读的书很少。李校长来了之后，我开始读书，最早读的是李校长推荐的小说《如焉》，一读就被吸引了。后来读《穆斯林的葬礼》，感动得不得了，还流了泪。我还读曹文轩的小说《青铜葵花》，也是读得流泪，因为读到葵花，我就想到自己的女儿。这里给大家推荐两本书，一本是《水的秘密》，读这本书我认识到，要让自己体内的水纯净！对学生发火是对自己的惩罚！还有一本是《南渡北归》，也是李校长推荐的，刚开始买来还读不进去，但读着读着被吸引了，那一代知识分子真的太了不起了！”

我这样给大家介绍刘朝升：“几年前，我曾这样评价刘朝升，说这个小伙子是我见过的少有的还没有被社会污染的人之一。有人不以为然，但我至今坚持我的评价。这里给大家说两件事。有一次，说起来也是几年前的事了，朝升给我发电子邮件说，他欠着学校六千元钱。那是他大学毕业从甘肃到四川时，甘肃方面要他交六千元钱，否则不放他。当时他哪有钱呢，于是，当时的校长便同意他向学校借钱。可他一直还没有能力偿还，他感到不安。读了信，我为他的诚实而感动。事情已经过了好多年，校长也已换了两任——因为我当校长时，前任校长根本没给我说，学校其他副校长也不知道这事。如果他不说，很可能这钱就不了了之了。可他说，学校对他那么好，他不能对不起学校。后来，我邀请他一起写了一本《给新教师的建议》，第一次领了稿费，他就用来还债。有一年，学校安排他赴西安参加一个班主任教育艺术研讨会。回到学校好几天了，也不见他来报交通费呀会务费呀之类的。我问他，他真诚地说：‘不用报销的。’我说学校派你出去学习，该报销的费用也应该报的，这是制度。他憨憨地笑着说：‘我有钱了！现在实行绩效工资，我的收入比过去有了很大提高。’这就是刘老师！胡鉴老师有一次对我说，刘朝升老师可能是我们学校读书读得最多的人。有一天我碰见朝升在校园里一边走路一边看书，我说朝升，你在读什么书啊？他把书一扬，《向李镇西学什么》，我吃了一惊，居然有这样的书。拿过来一翻，里面大多是剽窃我的著作中的文字，只是把‘我认为’改成‘他认为’了。后来以此打官司，维权当然获胜。刘朝升老师刚才推荐《南渡北归》，这真是值得给大家推荐。你们可以先看我博客上关于这本书的读书笔记，看看那一代知识分子是怎样的。”

整个过程，年轻老师们都听得非常专注。我想应该有所触动吧！活动结束时，尹长青主任公布了读书沙龙分组名单，接下来更多的时候便是小组活动了。

互相欣赏

——给一位年轻教师谈心

人与人之间交往的最高境界是互相欣赏。

当然，欣赏远方的人容易，欣赏和自己没有“利害冲突”的人不难，而欣赏自己身边的人不容易。比如说，我们欣赏李娜，欣赏姚明，欣赏刘翔，欣赏温家宝；我们也可以欣赏远方的同行，比如欣赏程红兵，欣赏魏书生，欣赏窦桂梅，欣赏朱永新，但我们能够欣赏自己办公室的某个同事吗？能够欣赏和自己一个年级的同学科教师吗？实话实说，这不是每一个人都能做到的。

欣赏别人，能够不断完善自己提升自己，“以人为镜，可以知得失”。通过别人的长处，看到自己的不足，这不就提升了自己吗？同时，你欣赏别人，被欣赏的人感到了自信，心中充满阳光，对你自然特别感激，你给对方带去真诚的鼓励，还搞好了人际关系，多好！

当然，这和我们的胸襟有关。如果斤斤计较于一些琐碎的得失，弄得和同事成了“不是你吃掉我，就是我吃掉你”的敌人，你快乐吗？你如果心中有阳光，看谁都是阳光灿烂的，看谁都很顺眼，反之如果你心里一直有阴影，你看谁都很阴暗，谁都见不惯。都是同事，工作中难免会有摩擦有争执甚至冲突，事情过了就过了，积在心里干什么呢？有人之所以心理老不平衡，老见不惯这个见不惯那个，是因为心小了。俗话说：“心眼小了，事就大了。心胸大了，事就小了。”你看学校一些老师，随时都是那么开心那么大气那么乐呵呵的，难道他们就没有遇到过不顺心的事吗？当然不是，而是他们心胸很豁达。你现在老纠结的一些事，老想着“要讨个公道”，再过十年二十年五十年，还算事吗？尘埃落定，什么都是浮云！

以欣赏的眼光看别人，就是要多看甚至放大别人的优点。一定不要老盯着别人的不足。完人是没有的，谁都有不足，甚至缺点。但这不妨碍我们向每一个人学习。多看看别人的优点，多想想自己的不足，你会感到周围的每一个人都比自己强，都值得自己学习。当你向别人学习的时候，别人也会把你当作学习的对象。

千万不要恨别人，这是自己折磨自己。一次和任小艾老师聊天时，她说了一句话我觉得很有道理："恨一个人，就是在自己心里钉一个钉子，是自己惩罚自己，自己折磨自己。"想想也是。如果你心中装着某一个"仇人"，这个"仇人"又是你的同事，不但你一想起就郁闷甚至"气不打一处来"，而且还低头不见抬头见——天天如此，真是痛苦啊！

要珍惜缘分。想想，人生就这么几十年，茫茫人海中，能够相遇相识相伴于一所小小的学校，能够成为一个办公室的同事，纯属偶然，但恰恰因为偶然，更让人感到奇妙！现在大家相处的每一天，每一分钟，都那么普通，但若干年后大家退休了，某一天在大街上或小巷里不期而遇，一定会非常惊喜，然后站在路边滔滔不绝，说到今天的一切，该多么亲切！假如你现在对周围的人——哪怕只有一个人——充满仇恨，也会为你以后的退休生活留下不快的记忆，何苦啊！但如果你现在和每一个人都和谐相处，真诚相待，这会给将来留下多少温馨的记忆啊！

所以，我还是说，要互相欣赏，要学会宽容，要珍惜彼此的缘分。没理由不珍惜！

道　歉

那是三月的一天，我出差在外。晚上，我正在吃饭，接到一个女孩的电话："李校长，我们已经在您办公室门口，您能不能来一下？"

我一听就是学生的声音，问她是哪个班的，她说："初二（16）班。"

我说："对不起啊，我现在不在成都。有什么事电话里给我说，好吗？"

她说：“我请受害者给您说。”她把电话递给了旁边的人。

“受害者”三个字让我心里一惊，发生什么事了？

“您好，李校长！”手机里传来另一个女孩的声音。

“你好！有什么需要我帮忙的吗？”我问。

她电话里给我说，今天下午，她和几个女同学经过操场的时候，熊老师打了宁小樱同学，还踢了她。这个女生电话里说：“我给您打电话，意思是请您提醒一下熊老师，不要打学生。”

我听了很难过。我相信，学生不会无中生有给我打电话诬告老师。我也想过，也许这个学生在叙述的时候，有意无意回避了自己的不对，同时有意无意地夸大了熊老师的过失，但我依然断定，学生不可能无缘无故编造瞎话。当然我也相信，熊老师不可能无缘无故地打她，肯定是这两个女孩当时做错了什么，让熊老师气愤到了极点。

但是，即使学生做了错事，老师也不应该打学生。这是底线。

我很坦然地对她说：“老师无论如何也不应该打学生。今天熊老师打了你，我作为校长很惭愧，我向你道歉！我出差回来后，一定找熊老师谈谈。不过，你也要宽容熊老师，老师也可能犯错误的。”

她表示能够宽容熊老师。我问她叫什么名字，她说：“华梅梅。”

我说：“华梅梅同学，回来后我会和你聊聊。”

放下电话，我给熊老师发了一个短信：“小熊，我出差在外，周四晚上回来。回来后找你谈谈心，好吗？”先敲山震虎。

他马上回复我：“好的，李老师！我在训练学生哈！不会又是我哪里犯错误了吧！李老师，对了，出门在外注意身体哦！”

看着这短信，我忍不住笑了：呵呵，“不会又是我哪里犯错误了吧”——果然心虚了。

我回他：“哈哈，好好想想你犯了什么错误。放心，我会帮你的！”

他回：“嗯，谢谢李老师！”

熊老师这个小伙子纯真可爱，优点突出，缺点也明显。当教研组长，所在教研组最近几年发展很好，为学校赢得不少荣誉。此刻，已经过六点了，可他还在操场训练学生。但是，同时他今天下午打学生。这么一个立体而有个性的小伙子，我得细心帮帮他。我打算回成都后找他谈谈。一定要让他认错，如果能够给学生道歉就更好了。

第二天我回到成都，下飞机已经是晚上七点半。但我还是约了熊老师在学校和他谈心。

熊老师比较单纯，也很信任我。所以我便单刀直入：“小熊，知道我为什么找你谈心吗？”

“不知道。”他憨厚地笑了。

我问：“昨天下午的事，忘记了？”

他认真想了想：“想不起来。真的不知道。”

我继续问：“昨天下午，你在教育学生的时候，是不是动了手？”

“没有！绝对没有！”他很肯定地说。

我说：“昨天晚上我接到一个女生的电话……”然后我把那女生给我说的话转述给他了，“当然，这个同学说的细节可能有出入，但你当时是不是比较急躁因而简单粗暴了一些？”

他又想了想，说：“哦，你说的是这件事啊！是这样的，昨天我在训练篮球队，几个女生从我们的场地经过，我就叫她们走旁边，不要影响我们，但有两个女生不听话，于是我就用篮球网抽打了她们。”

我问：“还有一个女生也被你用脚踢了？”

他说：“是的，但我没踢着。”

“好，”我说，“基本事实比较清楚了，昨天你的确对学生动了粗，尽管你说没有踢着，但你的行为的确不对。”

他低下头，表示承认。

我说：“我知道你是因为急躁，我也不否认你这几年的进步和为学校所做出的贡献，但这件事，你错了。”

他点头。

我继续说：“现在学校在发展，越来越多的人关注我们学校，我们自身的素养如何与学校的发展相称？无论如何，你这样做是不对的。你就是太急躁，有时候对学生缺乏耐心和涵养。”

他表示自己做错了。

我说：“这件事就到此为止，既然你认错了，我也不会再给你什么处罚。我相信你以后会改正的。但是，我建议你给这两个女生道个歉。我给你说

啊，给学生道个歉，不丢脸的，只会提升老师的威信。”

其实，我在给他提出道歉要求之前，心里拿不准他是否答应。如果他不愿意我不会勉强，我会理解他要面子的想法。校长也应该照顾老师的面子。但是，我同样应该照顾孩子的面子。如果他不愿意道歉，我会让他授权于我代他向学生道歉的。

但是，小熊当即爽快地表示愿意向学生道歉：“没问题！”

真是个磊落坦荡的男子汉！

我又肯定了他的工作：“你担任教研组组长有几年了，说实话，当初之所以让你当组长，不仅仅是因为你有能力，更是因为我想用组长来约束你，因为你那时太散漫了。但几年来的情况证明，你这组长当得很好！取得了这么多的成就，你自己也有了很大的进步。”

然后他说他也有话对我说。我说：“我刚下飞机，还没吃饭呢！不过，给你二十分钟。”

他说他至今记得我第一次严厉批评他的情景，是因为他旷课，他知道我是为他好。还有我刚来学校时为老师们买电脑，他很感动。因为这，他养成了学习的习惯，现在能够打字了。他愿意继续进步。他又说，前不久他姐姐要他不断提升自己，不断进步。他有一次在张清珍老师教室里看到学生写的一段话，就是说蜗牛爬行登上珠穆朗玛峰所看到的景象和人登上去看到的一样。所以他愿意哪怕是慢慢地爬行，也要进步。

我明白了他的意思，说：“我很感动！我感到的是你的上进心和愿意超越自己的愿望。可以的！我愿意帮助你！”

“谢谢李老师！”他说。

周五中午，我把周三被熊老师打的两个女孩——华梅梅、宁小樱请到了办公室，然后把熊老师也请来了。

熊老师对两个女孩说：“那天我很急躁，对你们有些粗暴，对不起！那天是怎么样的情况呢？我带着篮球队在训练，你们从训练场中间走，正在训练的男生非常勇猛，万一哪一个撞着你们，后果不堪设想。我当时是很着急，是担心你们的安全啊！所以要制止你们。当然，我制止方式不对，是错的。这点我理解，向你们表示歉意。希望你们能够谅解我。”

两个女孩说：“是的，那天我们也有不对的地方……”

我说："老师也是人，是人都会犯错误。但能够给学生认错，这并不是每一个老师都能做得到的。何况，你们现在一定也理解了当时熊老师为什么那么着急吧？真的还是为你们的安全担心呢！"

我又对两个女孩说："很感谢你们对我的信任！以后有什么可以直接找我倾诉。我送你们一本书吧！"

我拿出两本崭新的《爱心与教育》给她们签上名，送给了她俩。

一封没有发出的信

那是我刚刚当校长不久。

快下班的时候，来了一群男生："李老师，我们想和你说个事。"

我一看，有十来个，他们是初一（16）班的学生。

一进门，他们便纷纷说："我们对语文老师有意见！"

他们的语文老师是袁群老师。我问具体有什么意见，他们七嘴八舌地说：

"批改作业不认真，有时根本就不批改作业，或者随便画一个半钩。"

"下午上课，有时候我们精神不好，动辄便骂我们。"

"我们没有考好，她也骂我们。"

"她有时还打我们。"

"请科代表帮她改作业。很多试卷学生都批改不正确，有时候乱打分数。"

"我原来不认真学，但后来我改正了，袁老师却还是认为我不对，把我的作业在班上展览。"

……

听了学生们的话，我说："感谢你们对我的信任。但是，如果我以此便去批评袁老师，恐怕也不公平。我不能只听你们的，还得做一些调查吧。"

我又问："你们能不能说说你们在语文学习上有什么不足呢？"

他们说："我以前上课说小话。""我学习习惯不太好。""我学习不认真。"……

我说："如果你们学习能够更加认真，袁老师也许对你们的态度会更好一些。任何人都可能犯错误，包括我在内。袁老师当然不例外。但是，你们可能不知道袁老师的一些情况，她现在远离丈夫和孩子，一个人来成都教书，而且现在还只是代课老师，压力很大，很辛苦啊。这种情况下，她有时急躁一些，你们应该理解。当然，我并不是说她的一些做法就是对的。问题是，你们想没想过直接和她沟通呢？"

他们都摇了摇头。

我说："为什么不试试直接和袁老师沟通呢？这样吧，我给你们一个建议，你们给袁老师写一封信，一定要非常诚恳地写。先写对袁老师的感谢，感谢她为你们所付出的辛劳；然后向袁老师表示歉意，谈谈你们做得不够好的地方；在这个基础上，再给她提意见。态度诚恳些，她一定能够接受的。我想，这种方法比我直接去批评她好得多。"

他们都接受我这个建议。

我又提醒他们："如果袁老师知道你们来告状，肯定会激化你们之间的矛盾，这无助于问题的解决。因此，不要让袁老师知道你们找过我，直接给她写信谈谈你们的想法。我想，效果一定不会错的。信写好之后，先给我看看，如果我觉得行，你们就交给袁老师，如果不行，我会给你们提出修改建议。好吗？"

他们都说好，有一个叫张放的男生主动争取执笔写这封信。

第二天，张放把他写给袁群老师的信给我看——

袁老师：

您好！我们是16班的学生，请原谅我们以谈心这种方式向您提出意见。

我们觉得您像是持有一种付出了就得有收获的观念，平时有差的同学没做好，您就去打骂他们，这点我们可以体谅，毕竟我们也知道您有难言之隐，您也应该体谅一下他们的感受，如果去打骂他们，不仅不会使他们改变，还会使他们变本加厉，我们觉得您应该多与他们谈下心。还有，我们觉得您应该多了解一下我们班，不要以旧的眼光来看待我们，多审视我们的作业，才能针对不同的我们，做不同的辅助。

俗话说得好“人无完人，金无足赤”，您又不是神仙，不可能什么都完美，所以我们也体谅您，也希望您能尽量做到。如果您觉得我们有什么说得不好的，请您原谅我们的不懂事，也诚恳地希望您能接受我们的意见！谢谢！

这封信写得显然太简单，而且也没有把问题说清楚。我把张放和陈楚找来，和他们商量了一下提纲，下面是我和两个学生共同拟定的提纲——

第一部分：袁老师为调动的事很焦虑，在这种情况下还认真地为我们上课，我们很感动。表扬袁老师：课堂笔记，有什么错误就指出，严格要求，课堂气氛好，表达感谢之情。

第二部分：自我批评：我们不懂事，也有许多做得不对的地方，让袁老师生气了。

第三部分：提意见。第一，打骂同学的问题；第二，批改作文的问题；第三，不要用老眼光看人，要相信我们能够改正，多一些耐心。

最后，再次表达感谢，再次请袁老师原谅我们的不懂事。

又过了一天，张放把第二次写的信给我看，我觉得不错，然后帮他打成电子文本。在打的时候我又略做了一些修改——

尊敬的袁老师：您好！

请您原谅我们以书信的方式与您谈心。

听说您一个人在成都工作，生活上一定遇到很多的困难，有时会很孤独，很寂寞，也无法与人倾诉，在这种情况下，您还认真地为我们上课，我们真的很感动。您督促我们认真仔细地完成笔记，严格地要求我们每一个人，我们有什么错误您都指出来，我们很感谢您。还有，您的课堂气氛很好，同学们积极发言，您认真地讲解，师生之间产生了融洽的关系，您是一位好老师，我们会永远感谢您的！

可是，我们有时候却不听您的话，有时候在您上课的时候，我们有些同学老爱开小差，说小话，学习的态度也不够端正，作业不是抄同学的，就是自己乱写，我们做的这些事，让您操心了，在这里我们向您认错，并感谢您对我们的帮助教育！

“人无完人，金无足赤”，我们也借此机会诚恳地给您提一些小小的意见：第一，我们觉得您有时候打骂同学，有时候对同学的态度太过火，这样不仅不会让他们改过，还会使他们变本加厉。我们知道您生气是因为同学们犯错误，您是想严格要求我们，但是如果您通过打骂的方式，同学们还是不能改正的。第二，我们觉得您平时很少仔细批改我们的作业，我们也知道您是20班的班主任老师，平时很多时间都花在了他们的身上，于是叫科代表去批改我们的作业，但是，我们希望您能挤一些时间来批改我们的作业，因为我们也是您的学生啊！这样，您也可以多一些了解我们学习情况的机会。第三，我们觉得您老是用旧的眼光看待我们，对我们的看法也是一成不变，有些同学明明进步了，您却看不见。袁老师，您一定要相信我们能够改正，一定要有耐心，也许这样，您会发现我们的闪光点。

我们还是不懂事的孩子，给您提的意见不一定准确。但我们是真诚的。最后，我们要再一次向您表示真诚的感谢。如果您觉得我们的语言有些过激了，那么请您原谅我们的不懂事，我们也会理解您的。再次谢谢您，谢谢！

初一（16）班部分同学

2007年5月22日

这第二封信中，学生显然在我的引导下，写出了袁老师的许多优点，并表达了感谢之情。我不认为这是在教学生圆滑，这是在引导孩子发现老师值得肯定之处，并教会孩子鼓励老师应该鼓励的地方。实际上，孩子毕竟是孩子，看问题比较片面甚至偏激，老师有责任引导他们全面看待老师。当然，我也保护了学生的直言，并没有因为要尊重老师便剥夺学生批评老师的权利。表扬也罢，批评也罢，关键是真诚与尊重。

张放来拿信，我说：“这次，我不仅仅是在教你们写信，更是在教你们如何给别人提意见，教你们为人处世。”然后我对他说：“你把这封信再给那天来办公室找我的同学们看看，但要注意保密。如果大家没意见，你就悄悄放在袁老师办公桌上。信交给袁老师以后，注意一下她的反应和变化，随时告诉我。我相信袁老师会有积极变化的。”

自从张放等人来“告”了袁群老师的“状”后，虽然我没有找袁老师谈心，但我在不同的场合都对老师们正面讲了如何对待学生的问题，强调要尊重学生的人格。我想通过这些话让袁群老师想到自己，但又不会感觉到我是在批评她。

看来我这个做法收到了效果，过了一段时间张放来找我，说不用交那封信了，因为袁群老师这几天改正了许多，没有再骂同学们了。他说等以后袁老师又出现了打骂同学的情况，再把这封信交给她。我说：“好，这样很好！”

但实际上，从那以后，我再没听到任何学生对袁老师的“举报”，反而不时听到同学们对她的好评。现在，袁老师已经成为一位很优秀的老师。

因此，信一直没送出去，而写信的学生早已毕业了。我想，这封信永远也不会送出去了，因为袁老师已经不需要看这封信了。

这正是我希望达到的效果。

教代会

上周学校召开教代会，讨论一份关于学校管理的补充条例，内容涉及教师转岗、年度考核、常规管理等内容。但因为争议较大，最后表决没有能够通过。

我觉得这是常态。方案不完善就修改吧！学校听取了老师们的意见后，对原方案进行了大幅度修改，并将方案拆分为四：关于转岗、关于考核、关于管理、关于科研。

昨天下午再次开教代会。会前我和何书记议论这几个方案。我们觉得考核方案还不太满意，改得不好，这个方案今天就不表决了，只是征求意见。另外三个表决。

第三节课，开教代会。我先讲话——

上周教代会没有通过补充方案，我觉得这是很正常的。因为方案本来就是供代表们讨论的，并不是非要通过不可。通过，或者不通过，都是常态。民主就是妥协，就是扯皮，就是不同利益团体的博弈。在我们学校，不同教研组，不同年龄段，不同岗位，不同性别，甚至已婚教师和未婚教师，都有不同的利益重点，大家对一个方案有不同看法，很正常。通过讨论，甚至争论，能够找到最大公约数，通过一个大家都接受的方案，当然好；如果暂时没有找到这样的方案，也不要紧，继续讨论，继续修改。我们要习惯这种生活方式。

我知道，在有的学校，教代会形同虚设。那么我们这个教代会是真是假，大家已经看到了。那天我给我爱人说，明天学校开教代会，她说了一句："教代会嘛，都是走过场。"我说："在我们学校，绝不可能走过场！"我知道在中国，很多所谓"民主"都是走过场，不过是形式而已。但我立志要在我的职权范围内尽可能实施具有实质意义的民主管理。

我为什么要搞"实质民主"？因为这是我的理想。我就是想试试，在中国有没有可能推行真正的民主管理。其实，本来有些东西是不必通过教代会，比如如果有老师不批改作业怎么办？这些教学常规的处理完全不必通过教代会，因为本来就有劳动纪律约束；又有比如转岗的问题，有老师想转岗，这本来也不必通过教代会，只要校长办公会研究，有岗位就同意转岗，没岗位就不同意转岗，很简单的事。根据上级的要求，只有重大问题才通过教代会，比如以前的津贴发放办法，比如绩效工资发放办法，等等。这些必须通过教代会。对一般小事的处理，校长办公会就可以定了，甚至在一些学校，校长一个人就可以决定了。我之所以想通过教代会制定制度，就是想尽可能让老师参与管理。

我们学校有三个机构：校务委员会（即校长办公会）、教代会和学术委员会。这三个机构各有侧重，互相制约，又互相配合。比如评优选先，职称评定，在一些学校都是校长办公会先征求群众意见，然后根据有关条例，进行评定。但在我们学校，是通过学术委员会，我连委员都不是，当然也就无权过问，连手都插不上。我们的教代会是非常"硬"的，不止一次否决校长办公会的提议，还否决过我的提议。

我觉得，学校是大家的，大家的事情就大家商量着办。即使我们觉得有些方案很合理，对老师的根本利益有好处，但老师们既然暂时想不通，那就不急于通过。记得有一年，我提出一个奖金方案，如果通过，老师们每个月平均可以多收入几百块钱，但全体老师投票表决时没有通过，没有通过就没有通过。这有什么关系？记得2008年台湾地区领导人选举，马英九的对手谢长廷落选后说了一句话：“谢长廷失败了，但民主胜利了！”学校是大家的嘛！我们的教代会代表的代表性还要增强，比如在我们学校代课的老师也应该有代表，招聘老师也应该有代表。不能因为他们人少，就没有代表。

教代会代表是参与学校管理的，所以每次开会都应该积极发言，包括提意见。但是，这毕竟是在教代会上提意见，不同于饭桌上的牢骚，所以，我认为应该“正确地提意见，提正确的意见”。所谓“正确地提意见”指的是出发点和态度。出发点是为学校发展，态度是与人为善。所谓“提正确的意见”，有人会说，我怎么能保证我的意见正确呢？这里的“正确”是指建设性意见，而且可操作。比如，你对某一条不满意，你说“这不好”，这不是建设性意见，这是简单地否定。如果你说“应该公正”，这是建设性意见，但不具备操作性。所以，应该提出你认为可以操作的意见。因为你不是普通老师，你是教代会代表啊，是在参与管理，要有这样的主人翁姿态。

我说完之后，光友把四个方案发给各位代表，并提醒，考核补充方案不表决，只是征求意见，另外三个方案无记名投票表决，如果不同意，可以写出具体的修改意见。

结果，管理补充方案和科研补充方案通过，转岗方案没有通过。

最后我再次发言——

谢谢老师们！你们的确是在认真地履行自己的职责。我原以为，方案又通不过，没想到三个供大家表决的方案通过了两个。大家还提出了修改意见。真的感谢大家！

我到这里做校长六年了，一直秉持一个理念：“老师教我当校长！”我知道有的学校的校长是一言九鼎，说一不二。但我没那魄力，我只有不断听取大家的意见和建议，改进工作。

尽管我不会当校长，但在老师们的帮助下，我觉得我还是有成就感的。现在的学校和六年前比已经有了很大的发展，全国闻名。这百分之八十的

功劳是老师们的，但我可能也有百分之二十的苦劳吧！比如，我们学校的民主机制，我们的教代会作用，这就是我的自豪！我希望以后我离开这个学校，能够给学校留下的就是这样的机制。谢谢大家！

代表们用热烈的掌声认可我的发言。

我很感动。

搞民主就是要有胸襟，要有气度，要相信绝大多数老师是通情达理的。我相信，武侯实验中学的发展是不可逆转的！

“谁能阻止我们开怀？”

——2011 年 11 月 18 日夜

2011 年 11 月 18 日，我校组织秋游，目的地是汶川县水磨古镇。和以往不同的是，这次我们的队伍加进了小学的老师，还有来我校顶岗实习的十多位大学生。

下午提前上课，中学过四点就放学了。于是，我们浩浩荡荡向西进发。

我乘坐的是小学的车，上面也有所有顶岗实习的大学生。在车上，我主动发起“车厢演唱会”，于是，纯真的小学老师还有充满青春活力的大学生或独唱或组合，分别唱出了《我的太阳》《明天会更美好》《夫妻双双把家还》《尘土》……歌声飘出窗外，缭绕在秋天的原野。

到了水磨古镇。5·12 大地震时，这里是重灾区，原来的古镇已经被夷为平地。三年多过去了，这里重新崛起了一座按原样建成的小镇，依山傍水，古典而秀美。

因为本学期才接触小学，所以我想尽量和小学老师多待会儿，于是不但吃饭时我坐在小学老师的桌上，而且饭后我先参加小学老师在歌厅的活动。

小学老师一直给我的印象就是天真烂漫，纯洁透明。一走进她们（本来小学老师里也有男的，但那是个别，因此在这里当我总称小学老师时，我用“她们”）的歌厅，就听见嘻嘻哈哈，叽叽喳喳，特别有感染力。

表演节目以年级为序。一年级老师的《明天会更美好》拉开了联欢的序幕，她们唱得很投入，看来准备得很充分，歌是老歌，却让我想到了我的年轻时代。最后结束时，她们一下展开手中的纸，每张纸上都有一个字，八个人手中的纸刚好拼成“愿大家明天会更好”，全场老师非常感动，掌声如雷。接下来的每个年级都献上了一个非常真诚而热烈的节目，大多载歌载舞。实话实说，节目谈不上精致，毕竟时间有限，来不及充分准备，但每一个老师都非常认真，非常投入。大家与其说是被节目本身感动了，还不如说是被演出者的热情感染了。我参加的是幼儿园老师一组，我们演唱的是《外婆的澎湖湾》，同样投入，同样赢得了热烈的掌声。

现场气氛非常热烈，每一个人都沉浸在欢乐中。有一个年级的老师唱的是张惠妹的歌，其中有一句歌词表达了我们所有人的心情：“谁能阻止我们开怀？”

是的，“谁能阻止我们开怀”？

接下来，是行政干部单独表演节目。谢校长喝了酒，有七分醉，但这种状态唱歌特别有感染力。他唱了《狼爱上羊》和《精忠报国》，飘忽的眼神，刚劲的手势，激起一阵又一阵掌声和欢呼声。然后，在“西哥来一个”“西哥来一个”的呼声中，我登台亮相，我先提醒并“威胁”大家：“我重新出场，如果出来的时候大家的欢呼不热烈，我就不唱了！”然后我以巨星的派头闪亮登场，一手握话筒一手夸张挥动，口中急速喊道：“成都的歌迷们大家好！”下面一片尖叫，这极大地满足了我的“虚荣心”，于是我也忘情地给大家演唱了一首《骏马奔驰保边疆》。

何书记闫校长一行走了进来，我才想起我把中学老师给忘记了。于是，我赶紧离开了小学老师朝中学的歌厅走去。先来到初一初二的歌厅，远远地就听见里面狂欢的声音几乎要把天花板冲破。我一进去，大家便要我唱歌，我首先举杯（白开水）对大家说：“唱歌之前，我要敬大家。这学期初一初二的状态非常好，虽然这两个年级新老师不少，但大家热情高，很投入，我向大家表示敬意！”

然后我说："我给大家唱一首《北京的金山上》。歌大家很熟悉，但是我今天唱的是知青版，就是我当知青时候唱的。大家听听歌词有什么不一样。"

刚一唱完，下面已经笑得倒成一片。

这时候，龚林昀过来在我耳边说："今天是胡德桥的生日。"

我赶紧举杯对大家说："老师们，告诉大家一个消息，今天是胡德桥老师四十大寿，我们祝福他！"

欢呼声再次震耳欲聋。

我告别了初一初二，朝初三老师的歌厅走去。一进去，便听见我校著名女歌唱家苏秀在唱《天路》，真让人陶醉。

她唱完之后，我同样举杯祝福了大家。大家要我唱歌，我说苏秀必须和我一起唱。我把苏秀拉过来站在台上，对点歌台说："《北京的金山上》！"然后我和苏秀一起唱开了："北京的金山上光芒照四方……"

面对兴奋的初三老师，我端着杯子说："初三老师非常辛苦，我敬大家了！"然后我继续说："昨天我去教育局为我们学校的改革争取到了有利政策，我相信我们明年初三,一定会取得辉煌成绩的！我们一起预祝我们自己明年的胜利！"

大家充满信心地和我举杯，然后一饮而尽。

新来的一群大学生对大家说："我们刚到武侯实验中学，就感受到了老师们对我们的关心。为了表达我们的感谢，我们特意准备了一个节目，是小虎队的《爱》。"

音乐响起，姑娘们小伙子们用亮丽的歌喉开始唱，用健美的肢体开始跳，越唱越激越，越跳越奔放。下面的老师们也被感染了，和着他们唱，拼命给他们鼓掌。最后，大家完全是不由自主，都上台和他们一起唱了起来，跳了起来……

小虎队的歌真是令人热血沸腾——

把你的心我的心串一串
串一株幸运草串一个同心圆
让所有期待未来的呼唤

趁青春做个伴

别让年轻越长大越孤单
把我的幸运草种在你的梦田
让地球随我们的同心圆
永远地不停转

向天空大声地呼唤
说声我爱你
向那流浪的白云
说声我想你
让那天空听得见
让那白云看得见
谁也擦不掉我们许下的诺言

想带你一起看大海
说声我爱你
给你最亮的星星
说声我想你
听听大海的誓言
看看执着的蓝天
让我们自由自在地恋爱

我不停地给他们拍照，也忍不住和他们一起唱，甚至我的双腿也情不自禁跳动着。

一片欢呼……

大家还意犹未尽，但我对姑娘小伙子们说："我带你们再去初一初二表演，用你们的激情把他们的激情点燃！"

他们欢呼起来，然后兴奋地跟着我来到初一初二。当我说明来意时，大家对这群可爱的年轻人报以热烈的掌声。

掌声中，歌声和舞姿又开始燃烧了。这次感染力更强，下面的老师全都情不自禁地和他们跳了起来：文月海上去了，唐燕上去了，赵敏敏上去了，刘懿萱上去了，李中柱上去了，孙煜平上去了，唐真上去了，殷奇上去了……客厅里已经没有观众，所有人都参与进去狂欢了起来！

然后我又带着这群年轻人来到小学老师所在的歌厅。一进门，我就对大家说："这群大学生的青春组合巡回演出来到小学，他们的歌舞必定会感染大家！掌声响起来！"

这次比上次更狂欢，小学老师更容易被点燃激情。小小的舞台，竟然容纳下了几十个人，几十双脚在上面不停地蹦跳，几乎所有人都上去了，连平时很内向的袁伟居然也在上面舞了起来。跳着跳着大家又变换队形手拉手转起了圈，于是所有人都开始随着《爱》的音乐旋转。我不停地拍呀照呀，干脆猫着腰钻进了圈子中间，然后跪仰着举起相机，他们在我的头上旋转，旋转，我不停地啪啪啪闪着……

我说："大家明天看我的博客，我将把你们的照片发上去，你们青春的舞姿，将感染全世界！"

年轻人们实在是累了，我和他们在初一初二的歌厅外坐着休息。他们兴奋得不得了，其中一位老师说："李校长，我们很幸运，能够来到武侯实验中学，而且能够参加这样的活动。我代表大家谢谢您！"其他同学也纷纷表达了类似的意思，都很真诚。他们的单纯也感染了我，我想到了我的年轻时代的理想、激情和纯真。

我给他们说："你们的到来，给我们学校注入了新的活力，连我都被你们感染了。你们才来一周，你们慢慢会感到，武侯实验中学有许多非常优秀的老师。我经常被这些老师感动。"

我给他们一一讲潘玉婷老师的故事，唐朝霞老师的故事，讲胡成老师的故事，讲张清珍老师的故事，讲刘朝升老师的故事，讲李勇军老师的故事，讲黄静老师的故事……讲许多老师的故事。

同学们静静地听着我的讲述，显然也被感动了。

我说："我们学校不只是潘玉婷这样的老师让我感动，还有不少默默无闻的老师，同样让我感动。比如王锦生老师，是一个性格比较内向的计算机老师，可是非常朴实踏实。还有袁伟老师，就是刚才和你们一起跳的那个老师，他特别善良正直，脾气好得不得了，而且计算机水平堪称精湛！当然，不仅仅是上课老师让我感动，还有搞后勤服务的老师，同样令人感动，比如我身边这位何老师，”我指着坐我旁边的何伦老师，“他搞后勤，不像上课那么显赫，但是他默默无闻做了许多平常人们不太看得见的事，比如有时为了接我们请来讲学的专家，凌晨四点就到火车站，这样的事还很多。”

我又讲李青青、赵敏敏等人的成长：“她们都是我曾经很头疼，教育局也要求我处理的老师，可是现在这么优秀。当有老师生孩子，临时缺老师的时候，学校不得不安排李青青和赵敏敏教三个班，她们都没意见。李青青还当其中一个班的班主任啊！李青青当时对教务主任说，感谢学校这么信任她，在最需要的时候能够想到她。她的身体并不好，但她怕学校担心她的身体而给她减工作量，便着急地对年级主任说，千万不要担心我的身体，我的身体我知道，我自己吃药调整就是了！赵敏敏也忍受着腿疼，坚持上三个班的语文课。老师们愿意为学校挑重担，但我们不忍心啊，所以我们才到西华师大把你们请来顶岗实习。”

李青青和赵敏敏的事迹感动了这群大学生。

我说：“你们下周就要上岗了，肯定会遇到许多你们难以想象的困难，毕竟你们没教过书，我们学校有些学生也特别调皮，所以，你们要多向周围有经验的老师学习，不断思考研究遇到的难题。我相信，你们会克服困难的。”

看着这群单纯的年轻人，我突然心里有了一个决定，而且马上说了出来：“我决定——哎，我说出这个决定之后，各位要能够 hold（把持）住啊！”

大家笑了，然后急切地问：“什么决定啊？”

我说：“我决定回学校后，给你们每人赠送我的一本新书《我的教育心》！”

“太好啦！”大家欢呼起来。

我说：“这本书写的是我从大学毕业刚参加工作，一直到现在的成长历程，里面有很多我不同时期的照片，照片里的小伙子都很帅呢！”

大家又笑了起来。

这时，李中柱过来对我说：“李校长，你还得唱首歌啊！”

我说：“一定，一定！”

我想到刚才有老师要求这群大学生再给大家表演节目，便对大家说：“你们一会儿还要再给大家表演，大家想想，表演什么。”

大家想了想，说：“《真心英雄》吧！”

休息得差不多了，我们又进去了。面对初一初二的老师，大学生们在《真心英雄》的音乐中载歌载舞，而且再次把所有人卷了进去，连平时很文静的廖翔老师、李晓夫老师也加入其中舞了起来。身材苗条优美的王翠萍本来就是学健美舞的，现在激情被点燃，她在台上忘情劲舞，或柔曼或刚劲的舞姿倾倒了大家，拥上去的人更多了。台上再次激情燃烧！

高大英俊的体育老师李中柱曾经比较散漫，曾被我狠狠批评，但本期变化非常大。他今天喝了些酒，把我叫到座位上说要给我说心里话：“李校长，说实话，如果校长我看不起，他要我做什么，我不会做；但如果校长让我佩服，我听他的。李校长，我尊重您，服您，您要我做什么，我肯定尽力做好！说贡献谈不上，但我会尽力的！”

我真诚地说：“中柱，你已经让我感动了！你上学期对我承诺，本学期一定要做出个样子，你说话算数，我欣赏你！”

瞿亚星老师说：“我现在经常坐在体育组办公室备课，知道现在体育组的风气，知道大家对您的敬重。说实话，好些学校的体育组是不好摆平的，如果谁能够摆平体育组，这个校长就有水平。李校长，我们体育组您尽可放心。如果以后哪个领导安排工作，大家不听，只要您李校长到我们体育组来，我们一定听您的！”

我特别感动，我想到我刚来的时候，体育组的确风气不好，让我头疼，但现在完全变了样。我说：“目前，体育组是我校风气最好的教研组之一，是最让我放心的一个组！”

李中柱说：“李校长，我还要说几句，您不要生气，今天就得罪了！”

瞿亚星说：“中柱，以李校长的胸襟，你是不可能得罪李校长的！”

我说：“中柱，你尽管说，我的确不会生气，你看李青青、邱俊杰，以前都顶撞过我，我不是也没生他们的气嘛！”

李中柱说：“反正我这个人脾气不好，您不要计较。”

我说：“不会，我把你当我的学生。”

李中柱说：“不是学生，是兄弟伙！”

我说：“对，兄弟伙，兄弟伙！”我端起杯子对他说：“我敬你！”

然后又说：“你刚才不是说要我唱歌吗？我现在特意为你唱首歌！”

他很高兴，这时李晓夫走过来，把我拉到外面说：“李校长，今晚我很激动。这么多年了，今晚的氛围特别好，我今天才真正是放松了。五年前，您刚来学校当校长时，我写了一首诗，一直没法给您，现在我决定，只要您不嫌弃，我发到信箱。但是，您必须为我保密，只能您一个人看。”

我说：“一定！”

回到歌厅，李中柱给我点好歌了，叫《朋友》。我和他各拿一个话筒，放声唱了起来。我们都特别投入，我感到自己是用尽了全身力气，我们不是在唱歌，是抒发真情——

这些年一个人
风也过雨也走
有过泪有过错
还记得坚持什么
真爱过才会懂
会寂寞会回首
终有梦终有你在心中

朋友一生一起走
那些日子不再有
一句话一辈子
一生情一杯酒
朋友不曾孤单过
一声朋友你会懂
还有伤还有痛
还要走还有我

《皇冠一刻钟》等迪斯科音乐响起了！大家又开始疯狂起来。我先是给

大家拍照，但我实在 hold（控制）不住自己了。把相机扔到桌上，便上去和年轻人一起狂跳起来，大家见我也跳了起来，更加疯狂了。

这是我平生第一次跳迪斯科，感觉很嗨，浑身都在燃烧，回到了青年，回到了少年，甚至回到了无拘无束的婴儿时代……

幸福就在寻常中

上午，分别与两位年轻的班主任——王柯娟老师和徐芬老师谈心。

王老师给我谈到十多年前刚参加工作时自己的一个教训："当时有一个班的学生很难管，结果学校安排让我去当班主任。我实在看不惯那些学生，我的心理有些变态，想把那个学生弄回去，就是撵出学校。于是我和他'约法三章'，规定违反了什么就不要他读书了。有一次他抽烟，被我抓住，我就兑现诺言，翻山送他回去。到了他家，有一个细节，让我现在想起来都很感动——他家在农村，家里有狗，我一走到家门口，狗向我扑过来，那学生怕我受伤害，一下扑过去把狗按着。我当时很感动。他的奶奶见我来了，很是热情，给我煮汤圆吃，然后又去把孩子父亲从地里叫回来。父亲见我要求他儿子不读书了，赶紧给我求情。但我没答应，坚持我的决定。结果就把这孩子丢在家，我自己回来了。说实话，当时我还是有一点点歉意的，但只是一点点。更多的是终于扔下一个差生包袱了，如释重负。但几年后，我开始反思。起因是几年后的一天，我从学校门口出来，在市场碰到那孩子的家长，他很热情地叫我，还捧着橘子让我吃，感谢我教过他的孩子，感谢我翻山越岭送孩子回家。我当时真的很尴尬，也很难过。如果是现在，我肯定不会那样做了，我至少不会站在学生的对立面，我会分析他犯错误的原因，帮助他进步，即使要按校规处理，也会尽量柔和的。"

我说："你的惭愧，证明你的良知还在。这份良知也是你后来成长为优秀老师的重要原因。"

她还说："带班关键是要用心，用心管班级。感情第一，制度第二。如果和学生有了感情，哪怕老师有些言行过分了，学生也能理解。批评学生对事不对人，不会伤害感情的。前段时间有一个学生抄作业，我批评了他。他认为我管得严，和我顶撞。我没有单纯地压制他，而是课间和他慢慢聊，还和家长聊。后来我认为这是个教育契机，不仅仅教育这个孩子，而且可以教育全班孩子。我就开了一堂班会课，先给学生播放一个演讲视频，是谈如何理解老师尊重老师的。本来我一直认为这个班的学生心比较硬，但看到一半，许多学生都哭了。第二周，学校举行主题班会比赛，开班会说到理解和尊重老师，没想到第一个发言的就是那个因抄作业被我批评时顶撞我的男生。他话不多，但很真诚地说，王老师，我犯了错误还和她顶撞起来，我对不起王老师。说着说着，他流泪了。在那一刻，我也流泪了。"

她谈到学生给她的感动太多太多："初三事情多，我经常很晚才回家。读小学的女儿有时候没人接。那天晚上都六点钟了，我还在教室里和学生摆龙门阵。女儿突然给我打电话，说爸爸没去接她，她已经在学校门卫室等了两个半小时了，我很着急，忍不住埋怨起我老公来，说好去接怎么没去接呢？但当时我也不可能去接。我想着想着就很生气，便忍不住流泪了，结果被学生发现了。学生说他们小时候也是这样，放学后经常在学校等爸爸妈妈。他们见我还在流泪，都安慰我。有一个男生递上纸巾，那一刻，我很感动！"

我说到我正在网上和一些老师的关于"班主任工作是一场战争"的争论，她说："班主任工作肯定有很多棘手的问题，确实需要智慧，但把班主任工作看作是一场战争，会很累，很痛苦，因为老想着要制服战胜学生。学生无论多么令人头痛，孩子毕竟还是孩子。"

我对王老师说："平时对你关心不够，找你谈心的时候不多，但我真的非常敬佩你。你工作不是做给别人看的，是为自己的幸福，为孩子的前途。但作为校长我就想，我能为你做什么呢？工资是国家发的，我无法给你增加工资，生源是教育局划片找来的，我无法改变你的教学对象。那么我能做什么呢？就是让你体验教育的幸福，帮你尽可能成长。比如，你今天给我讲的故事就可以写下来，这是你成长的足迹。我可以给你修改后拿去发表，这本身就是成就的一种体现。"

王老师离开了办公室，我又把徐芬老师请来谈心。徐芬老师长期担任班主任，特别是基础比较差的班级的班主任，觉得很有乐趣。我问她乐趣何在，她说："转化了一个学生后就很有乐趣，有成就感。"

我请她举个例子。她说："本学期转来一个学生，爸爸妈妈在西藏工作，平时这孩子就在成都和爷爷奶奶住。但爷爷奶奶管不住他，于是他转学到西藏读了一个学期。这学期又转回来了，后来到我班上。他家庭条件很优越，可能是父母爷爷奶奶的宠爱，这孩子行为习惯特别差。我开始给他讲学校规矩，犯一次提醒一次。前次运动会上，他带手机到学校来，是他妈妈没用的手机。后来被学生会的干部发现了，他就把口袋弄个洞，把手机塞进去。学生会干部就没搜到。问他，他说不是他的手机，是旁边学生的。被冤枉的同学当然就不高兴了，于是两个人争论起来。他还装得很像，好像真的没带手机来。另外一个孩子比较老实。后来我单独和他谈心。我当时很气，觉得他没把我放在心里。刚开始他还是不承认。我问他是什么手机，他说是苹果手机。我发现他对手机了解得很清楚，其实他已经露馅了。我再问他有没有手机，他说没有。我说那好，给爷爷打个电话，问问你有没有手机。上周上课他玩扑克，看扑克牌后面的酒瓶图案，我就说过要给爷爷打电话。所以他害怕给爷爷打电话。一听说我要给他爷爷打电话，他便哭了，承认了手机是自己的。后来我就和他谈了很久，慢慢地了解到，他家庭很富有，家里很爱他，娇生惯养。以前确实没带手机，这次带是因为想要，而且是美国的，想炫耀。本来按规定，缴了的手机是期末才还给家长的。但这次我就宽容了他，当时便还给他了。他说我不给别人讲你还我手机了，如果有同学问我，我就看他可信才给他说。我说，如果人家知道我现在就退了手机给你……他说，嗯，徐老师就没威信了。因为宽容，他的确变化很大。他平时特别好动，上课爱吃东西。但最近有了进步，进步还不小。我就感到自己特别有成就感。"

说到"幸福"，徐老师说："幸福有时其实很简单。比如上周五的文艺会演，我班节目没选上，学生很失望。教师准备节目时，参演的主要是班主任，我也去了。我事先没给学生讲，想给他们一个惊喜。我上台之后，因为换了衣服，化了妆，开始学生没认出我，只是说'这个老师很惊艳'，后来有同学认出来了。下来后大家都围着我转，兴奋地叫'徐老师，徐老师’，都夸我，还帮我出主意，说如果把靴子换成什么颜色，衣服换成什么颜色，就更漂亮了！那个兴奋劲啊，就像他们上台表演一样。这点点滴滴，让我很感动。”

我又提到“战争”的话题，她说：“并不是老师教育学生非要成为战争，有时宽容一些更好。上届带班我的追求就是不太让学生有个性，一定对学生要有所控制。但本届就改变了一些，宽容一些。学生反而还更守纪律。我经常情不自禁把学生当成孩子。如果我的孩子可爱，我就想，这些可爱的地方我的学生身上也有的；如果我的学生惹我生气，我就想他们的缺点我娃娃身上其实也有的。”

徐老师平时也属于默默无闻的那一类，而且心态特别好。我对她说：“我平时和你接触不多，但我知道你平时从从容容，不慌不忙，你当然也有发火的时候，但你总能调整自己的心态。幸福就是一种心态。你对差生埋怨一万句，第二天他还得来上课，你还得给他上课，给他批改作业，何苦呢？我很欣赏你。愿意帮你继续成长，并获得成功！”

那一天

明天是朱青老师的生日，但明天我要出差，所以我中午赶到他的教室。我一看，他不在班上，一问学生，得知他在另外一个班辅导，我便让学生去请他到本班教室。

不一会儿，朱青老师来了。我对同学们说：“明天是朱老师的生日，让我们一起祝福朱老师！”

同学们都笑了，热烈鼓掌，同时给朱老师唱起了《生日快乐歌》：“祝你生日快乐，祝你生日快乐……”

歌声中，我把鲜花和贺卡献给朱青老师。

朱青老师说：“谢谢李校长，谢谢同学们……”

我说："让我们用行动让朱老师每天都有生日般的快乐！"

掌声又响起了。

我匆匆告别同学们，赶到会议室。刁瑞阳、廖安庆、徐全芬、殷奇、李娜、蒋长玲、许忠应、胡鉴、范景文、周艳、唐真、李桂兰、谢肖明等老师已经在等我了。这是我临时召集的"秘书"。

我对他们说："今天把大家请来，是要大家帮我一个忙，就是为我提供老师们的素材。大家看到名单……"我发了一张名单给大家。我继续说："我已经写了六十多位老师，包括在座各位，不但文章发表在《中国教师报》的专栏上，而且还已经结集出版，就是已经发给大家的《每个老师都是故事》。那么我还要继续写，这里的名单上的，都是我待写的老师。你们选你们熟悉的老师，写出让你感动的地方，然后给我，供我写作时参考，我还要采访老师本人，还要了解学生。但你们给我的素材，我肯定会重视的。其实，我让你们帮我提供老师的素材，还有一个更重要的意义，就是引导大家去欣赏身边的老师，每个老师都有优点，也有缺点，但我们更应该看到每一个老师的优点。我特别提醒大家，要多关注多欣赏那些平时不多言多语，很少在我们视野中的老师，那些被边缘化的老师。通过你们的眼睛，让我了解更多老师的优秀之处。我写出来之后，依然发表在《中国教师报》上，让每一个老师都有尊严！我谢谢大家！"

结束时，胡鉴老师说："我有一个提议，我们为李校长唱一支歌吧！因为今天是李校长生日！"

老师们都很惊讶，说："啊？是吗？"

于是，老师们为我唱起了歌："祝你生日快乐！祝你生日快乐！……"一边唱一边有节奏地鼓掌。我也和着旋律唱着，但我的歌词略有改变："祝我生日快乐，祝我生日快乐……"

唱完第一遍后，大家又用英文唱了一遍。

我再次说："谢谢大家！谢谢！"

回到办公室，已经快一点半了，我已经很疲倦了，正准备在沙发上躺躺。徐展书记和尹长青主任走了进来，一个捧着花，一个拿着贺卡和礼物，说："祝李校长生日快乐！"

我一边说"谢谢"，一边接过贺卡，打开一看，居然是老师们和学生们为我写的祝福的话，特别是刘丽老师和张琼文老师写的让我很感动——

李老师：今天是您让我看到了这一幕——我到原初一（2）班想找一个了解您的同学，当孩子们听说明天是您的生日的时候，都蜂拥而来要表示对您的祝福……我立刻就有种感觉，李老师好幸福啊！我感动了！呵呵！生日快乐！——刘丽

您用您的智慧打造了一支优秀的团队，您用您的思想影响着一个又一个的灵魂。第一次听到您的名字是在大一的课堂上。幸运的是，几年后能够成为您团队中的一分子……此时此刻，我最想对您说，不仅只是今天要快乐，而是以后每一天都要快乐，还要身体健康！最后，还要说，生日快乐！——张琼文

……

还有很多很多，我这里无法一一写下来。

原来，前几天他们就拿着贺卡到老师和学生中间去为我写贺卡了。真让我感动！

送走了徐书记和尹主任，我躺在沙发上，闭上眼睛。

这时窗外响起操场的广播，说的什么我听不清，我以为是学生们在排练下周一升旗仪式上的经典诵读，于是我起身去关窗户，却看到操场上整整齐齐站着学生们。我一下恍然大悟：初三的学生在举行素质操比赛！我昨天不是收到邀请信，邀我参加并讲话吗？我居然忘得干干净净！

我赶紧穿好西装，奔出办公室。从三楼到一楼，一路狂奔。来到操场，唐剑鸿副校长刚好致辞完毕正说最后一句：“下面我宣布……”

我呼道：“等等我……”

我跑过去，接过话筒，说：“我，我……”气喘吁吁，说不出一句完整的话，但我还是说：“等我，等我，苟延残喘一会儿……”

学生们全笑了。

我说：“对不起大家，对不起！本来昨天我收到邀请函时，答应了要来，可今天我太忙，上午在市里开会，中午事情太多，刚刚准备休息，听到外面喧闹，才突然想到我们初三的素质操比赛，赶紧起身跑出办公室，一路连滚带爬来到操场……”

同学们大笑。

我接着说："我这里就说两句话：第一，祝每个班的同学们都能够在比赛中展示出自己最好的精神风采！第二，祝同学们明年在中考时同样发挥出自己能够达到的最好水平！谢谢同学们！"

比赛开始了，一个班又一个班依次上场，精神抖擞。我给他们照相。

但看了几个班，上课时间到了，我得去胡成老师所带的初二（1）班上一堂班会课。同学们都特别欢迎我去上课，可讲什么呢？

上课信号响了，师生互致问候之后，我问同学们："你们希望我讲什么呀？"

同学们纷纷举手说：

"我们进入初二后，感到学习压力大，怎么办？"

"我做作业磨蹭，怎么办？"

"我对一些同学还不熟悉，怎么沟通呢？"

"我对一些老师也还不适应，怎么办？"

……

我说："我先回答后两个问题吧！对同学不熟悉，这需要自己主动与同学交往和沟通。而主动与人交往和沟通，这是一种很重要的能力，你们长大后求职与工作过程中，这种能力都非常重要。那么，如何主动与同学交往和沟通呢？有没有同学谈谈自己的方法？"

有同学说："我主动给同学讲题。"

有同学说："我主动和同学搭讪。"

有同学说："我在食堂排队时主动与同学聊天。"

有同学说："我向同学借东西。"

……

我说："这些方法都很好。你看，借东西多好，借的时候接触一次同学，还的时候又接触一次同学，这一来二往不就熟悉了吗？当然，最主要的是，我们要主动给同学提供关心，让同学感到温馨。看到有同学皱眉头了，主动问问是不是病了，等等。我们要用行动去实践我们学校的校训——"

同学们情不自禁大声说："让人们因我的存在而感到幸福！"

我说："对！对老师不适应，这是正常的。任何一个老师都有自己的特点，刚开始教我们的时候，我们或多或少都不适应，慢慢就好了。只有我们去适应老师。你们的老师都很优秀的，你们觉得呢？”

同学们都点头。

我问：“你们最喜欢哪位老师？”

大家都说：“胡老师！”

我说：“哦，班主任胡老师，嗯，她怎么样？”

大家都说：“很好！”

我说：“具体说说。”

同学们说：“胡老师很温柔，对我们非常关心！”

我说：“是的，胡成老师是我们学校我最敬佩的老师之一。每天早晨来得最早。无论管理班级还是教语文，的确都非常优秀！你们多幸运啊！你们还喜欢哪位老师呢？”

大家说：“数学朱老师！”

我说：“嗯，朱青老师也是非常优秀的老师。我曾经和他教一个班。平时言语不多，但人非常好，工作踏实，课上得好，历届学生都喜欢他呢！我曾经说，他长得特别像一个演员……”

有同学说：“英达！”

我说：“对的。他有些像英达，但英达的数学课肯定没有朱老师上得好。”

同学们都笑了。

我继续问：“还有哪位老师你们喜欢呢？”

同学们说：“英语李老师！”

我笑了：“呵呵，李青青老师！这是我最感到自豪的老师。去年，我还请李老师和我一起上央视的《小崔说事》呢！李老师非常有个性……”

同学们纷纷点头：“是的是的。”

我问：“有什么个性呢？”

大家说：“李老师有时候对我们很严，有时对我们很好，很爱我们。”

我说：“李老师对你们的爱，就包括对你们严格要求。李老师特别单纯，特别能理解你们。”

同学们又点头：“是的是的。”

我说：“接下来，还有……”

同学们说：“地理刘老师。”

我说："刘朝升老师有什么特点呢？"

同学们说："长得很黑。""课上得好。""很幽默。"……

我说："刘老师特别纯朴善良，我曾说过，他是我见过的少有的没有被社会污染的人。他也特别爱学生。还有，他特别喜欢读书，所以他的课才上得那么好！"

接下来，我和同学们还聊了生物廖老师、体育李老师、音乐李老师、美术孙老师等等。大家都觉得老师个个都好。

我说："是呀，你们的确很幸运！所以，请珍惜你们的老师啊！"

说完了老师，我开始说同学们关于学习压力的问题。我说："学习压力是客观存在的，只要有学习，就会有压力，面对压力，怎么办？我送大家四个字——"

我一边说，一边在黑板上写下："战胜自己。"

写完后，我问："有没有同学能讲讲这四个字的含义呢？"

有同学举手说："就是不怕困难，克服困难。"

"差不多。任何一个人的内心深处，都有两个自我。这两个自我经常打架。比如，"我问面前的一个同学，"你早晨起床是不是被闹铃叫醒的？"

他说："是的。"

我说："每天早晨被闹铃叫醒的时候，你是不是也本能地不想起来？"

他点头。

我说："可你还是提醒自己，必须起床，因为要上学。但另一个你可能会说，再睡一会儿吧，再睡一会儿吧……这就是勤奋的'我'和懒惰的'我'在打架。如果勤奋的'我'打赢了懒惰的'我'，你毅然起床，这就是战胜了自己。同学们想想，还有没有类似的情况呢？"

有同学说："我有时在做测验题时，做不起，我就想偷偷看答案，很犹豫。"

"最终你看没有呢？"我问。

他说："没有。"

我说："你这就是战胜了自己。"

还有同学说："晚上做作业，老想玩。"

我说："对呀！我们有的同学晚上在家做作业，老想玩，但他又不说是玩，而是借口上厕所呀，喝水呀，吃水果呀，等等，来到客厅，眼睛却老盯着电视。你们看，这就是没战胜自己。”

我一边说一边模拟，同学们都笑了。

我继续说：“人呀，战胜自己总是很吃力，需要毅力；而堕落却总是很容易。真的，如果有人愿意听，我可以开个讲座，就是‘人怎样堕落’。专门讲堕落的各种方式，比如舒舒服服堕落法，不知不觉堕落法，快速堕落法……”

同学们哈哈大笑。

我说：“不信吗？我举例讲讲——你们说，我讲什么堕落法？”

同学们说：“舒舒服服地堕落。”

我说：“那就打游戏呀！你一打就几天，完全忘记了周围的世界，多舒服啊！这就是舒舒服服堕落法。”

同学们再次爆笑。

有同学说：“我老想着打篮球，不想学习。”

“战胜自己了，你便成了强者，而且便提升了自己的境界。以前我有个学生叫杨嵩，人很聪明，但不懂事，调皮，迷恋乒乓球，不能战胜自己。”我开始讲杨嵩的故事——

我说，我找杨嵩谈心，问他理想是什么，他说是当建筑师，我问要实现这个理想，还有什么障碍，他说成绩不太好。我问，为什么不好呢？他说管不住自己，迷恋乒乓球。我就给他讲战胜自己的道理。他表示要战胜自己，并给我说：“以前，我每天中午都是在乒乓球桌前度过的，浪费了许多宝贵的时间。现在，我决定，以后每天中午打乒乓球不得超过1点钟，到了1点钟必须进教室学习。当然，我一开始不一定能做到，但我请李老师提醒我、监督我，发现我中午1点钟过后还在玩乒乓球，就叫我回教室。”

有一天吃了午饭后，我在校园散步，走过操场时远远地看到杨嵩正在那边乒乓球台前厮杀。我一看表：刚好1点整。于是，我高声呼喊他：“杨——嵩——”

他回头看着我，好像在问：“什么事？”

我对着他扬了扬左手腕，并用右手指了指表，意思是“已经1点钟了”。

他明白了我的意思，有些犹豫地收起了乒乓球拍，正要离开球桌时，

又高声问了我一句:“李老师——是已经过了1点呢，还是刚到1点，或者是还差几分钟到1点?”

我也高声对他说:“刚——好——1——点——整——”

于是，他立即大步向教学楼走去……

一周以后，他写了一篇作文《灵魂的搏斗》，谈到那次他从乒乓球台走向教室的心理过程:“当时，我是多么希望李老师回答‘还差几分钟到1点’啊！那样的话，我还可以多玩一会儿，因为当时我正赢着。但时间毕竟是无情的，我只好向教室走去。也许在李老师和同学们看来，当时我走得很爽快很坚决。可是，对我来讲，从操场到教室不过百米的路程，却是那么遥远，走起来又是那么艰难。我的脚很沉重，简直可以说是一步一步地挪动！当时，我是多么想回头看一看乒乓球桌啊！然而我在心里对自己说:‘千万不能回头啊！如果一回头，你可能就控制不住自己而弹回乒乓球桌旁去了！不能回头，一定不能回头！’我终于走进了教室。这是一段十分痛苦的路程，却又实实在在是令我无比自豪的！因为我又一次战胜了自己！”

后来，杨嵩成绩一直很拔尖，高中毕业时保送上了复旦大学。

同学们都被杨嵩的故事感动了。

我说:“大家可能有这样的体会，平时做练习时能够做对的题，可考试却做不对。这是为什么?那时因为平时做练习，都没有时间限制，磨磨蹭蹭，慢慢想，而且想不起还可以随时翻书。可是考试的时间是有限制的，而且不能翻书。所以，我建议，把练习当考试，把考试当练习。”

同学们情不自禁重复道:“把练习当考试，把考试当练习。”

“还有，”我继续说，“不要用所谓粗心来原谅自己。有同学考差了，总说自己是因为粗心。其实不是。同学们，从来就没有粗心的事，有的是你知识不熟练。如果知识熟练了，无论多么粗心，也不可能出错！”

我随便叫起一个女生，请她给我说她回家的路是怎样的。她给我说了。

我问:“你回家的路上要一直想着怎么走吗?”

她说:“不会的。”

我说:“我想也不可能。你不可能一边走一边想，该向左走，该向右走，等等。还有你住几楼?”

她说：“五楼。”

我说：“你也不可能一边上楼一边提醒自己，千万不要走错了，我是住五楼。但你从来不会走错。而且回家路上，你可以唱歌，可以想起其他事，还可以和同学聊天，也就是说，你是粗心地回家的，但你依然会准确地沿着回家的路回到家里。因为你对回家的路太熟悉了！此外，同学们骑自行车也是如此，你不可能一边骑一边想左腿应该怎样，右腿应该怎样，完全没必要，你可以一边吹口哨一边骑自行车，也不会摔倒的，因为你的技术太熟练啦！可见，没有粗心的事！”

同学们都点头，表示同意。

我说：“学习上还有一个小技巧，我给大家推荐，就是准备个错题本。”

有同学说：“我有。”

我说：“把平时考试做错了的题抄在错题本上，一有空就拿出来琢磨，因为这样的题往往比较典型，经常这么琢磨，下次考试时，你就不太容易犯同样的错误。”

我还给同学们讲了许多具体的学习方法，同学们听得非常认真。

不知不觉，下课铃响了。我说：“如果同学们欢迎我，以后我还可以来给大家上课。”

同学们说：“欢迎！”而且鼓起了掌。

我正要说“下课”，同学们要我闭上眼睛。我闭上眼睛，过一会儿他们叫我睁开，我的眼前是一束鲜花和有全班同学签名的贺卡，同学们齐声说：“祝李老师生日快乐！”然后教室里响起了《生日快乐歌》。

我真没想到，直说“谢谢”。

一位女生站起来说：“李老师，我们有一个请求，希望您能够和我们照一张相。”

我说：“可以呀！那是我的荣幸啊！我们就在这教室里照吧！”

同学们纷纷围上前来，簇拥着我，拍了好几张相。

照完相，走出教室的时候，我给同学们做飞吻。大家又开心地笑了。

今天还是小学黄远霞老师的生日，明天是张荣果老师的生日。我匆匆赶到附属小学。

我先来到黄老师所在六（2）班，我给孩子们说今天是黄老师的生日，孩子们说他们已经知道了，但还是给黄老师鼓掌表示祝贺。我说："我给黄老师写了一张贺卡，我读一读，大家认真听每一句的最后一个字，等我读完后，大家一起把每句的最后一个字连起来读一遍，好吗？"

我开始读了："生日之祝，愿你幸福。志存高远，胸有朝霞。青春不老，永为良师！"

我一读完，孩子们就一起说："祝福远霞老师！"

从六（2）班出来，我直奔体育办公室，张荣果老师正和几个孩子交代着什么。我走过去，对他说："提前祝你生日快乐！"孩子们一听，也都鼓掌祝福。

离开了小学，我回到中学，走进尹晓辉的办公室。我把一束花和一张贺卡送给他："祝你生日快乐！"他很感动，说："我来拿就可以了嘛，怎么能让您送来呢？"

我说："作为财务人员，你平时的工作很多人看不见，但你的确辛辛苦苦地为学校做了很多事。我正准备写写你，让更多的老师看见你存在的意义。你有空也写写你的工作体会，包括工作的酸甜苦辣。"

旁边的邱敏老师说："就是，人家尹老师好辛苦哦！"

我说："对呀，邱敏也给我写写你眼中的尹晓辉，为我提供一些素材。"

初三年级结束了一下午的素质操比赛，所有班主任和体育老师集中在簇桥镇一家火锅店聚餐，我也应邀参加。

我首先举杯对大家的辛苦表示慰问，并表达由衷的敬意，同时祝大家在初三的一年中同心协力，争取明年取得好成绩。

大家也举杯向我表示祝福："祝李校长生日快乐！"随即一起唱起了《生日快乐歌》。那个场面，真让我感动。我用手机把老师们为我唱歌的场面录了下来。我对老师们说："你们的歌声和祝福，是我今天得到的最珍贵的礼物！我要永远珍藏！"

我校的升旗仪式

2006 年 9 月，我来武侯实验中学做校长参加第一次升旗仪式时，看到孩子们队列整齐，表情庄严，可老师们却没有队列，东站一个西站一个，有的还在学生队列后面聊天。我没有当场批评，而是拍了几张照片——有精神抖擞的孩子，有随意散漫的老师。

第二天是星期二，下午有例行的教工大会，我将昨天拍的照片打到投影仪上。第一张照片就把老师们震撼了，穿着校服的孩子们，齐如刀割，昂首挺胸，望着冉冉升起的国旗。再打出第二张，老师们哄然大笑，三三两两正随意站着聊天的老师们，与第一张照片中孩子们的队列反差实在太大。第三张照片更具有意味——前面的同学们巍然屹立，宛如雕塑，后面老师聊天的，说笑的，仿佛是农贸市场老友重逢。一张张照片次第展示出来，慢慢地，老师们不笑了。

我说："老师们想想，难道参加升旗仪式可耻吗？如果不可耻，为什么我们不认真参加呢？如果可耻，为什么我们要让学生去做可耻的事呢？我们给学生进行过多少爱国主义教育啊！说过多少升旗仪式的意义啊！也告诫过学生要认真对待升旗仪式，要站端正，不要说话，要庄严肃穆，等等。可这些给学生说的话，我们为什么做不到呢？什么叫教育的良知？让学生做到的，教师也能够做得到，而且做得更好。如果说一套做一套，就毫无良知可言！"

会场一片安静，也许老师们都在思考我的话。

我决定"独裁"一次，宣布："从下周升旗仪式开始，除了班主任站在所在班级队列旁边之外，所有老师组成一个方队，站在全校学生的最中间，让我们成为学生的示范！"

果然，从那以后，每次升旗仪式前，老师们都自觉面对升旗台站在操场最中间，两旁是全校学生。每次体育老师整队时，首先对老师们发出口令:“全体老师注意了，稍息，立正！向前看齐！”老师们都认真地听从口令，调整队列。然后，体育老师再对全校学生喊道:“全体学生都有啊，立正，稍息，立正！两边的同学，向左向右转——向老师们看齐！”全校学生齐刷刷转过身，面向老师，对比老师队列，调整队形。

“向老师们看齐！”气势磅礴而又意味深长的一语双关。

于是，每次升旗仪式，我们老师的队列和孩子们一样整齐壮观。

但我又发现，仰望国旗升起唱国歌时，有老师没出声。我又“多嘴”了:“既然要求学生们唱国歌，我们有的老师为什么不唱呢？希望每一位老师也能面对国旗把国歌唱出来！”于是，当国歌奏响时，老师们的声音交织着孩子们的声音一起在操场上空回荡:“起来，不愿做奴隶的人们！……”

许多学校的升旗仪式都有“国旗下演讲”这个环节。我校曾经也是，即每周升旗仪式都有一名学生上台演讲。但我发现师生们对这样的演讲并不爱听，因为实在是陈词滥调，无非就是配合什么纪念日说些应时的话：元旦前后就说迎新年，新学期就说新打算，三八妇女节就歌颂母爱，一二·九运动就谈爱国主义……而且，一周只能有一名演讲者，可我校有三千多学生啊，能够上台展示的毕竟是极少数。

我给德育处的老师商量:“能不能根据一定的主题，以古典诗文为内容，进行经典诵读？而且每次不要只有一个同学，应该让一个班或更多的孩子同时上台吟诵。”

德育处的老师真有才，他们设计了不同的主题系列，每次都让三个班孩子们同时上台吟诵——这是我们旗台兼舞台最大的容纳量了。“春之色系列”“夏之韵系列”“秋之光系列”“冬之美系列”，“唐诗系列之李白”“唐诗系列之杜甫”“唐诗系列之白居易”，“宋词系列之苏轼”“宋词系列之李清照”“宋词系列之陆游”“宋词系列之辛弃疾”“宋词系列之范仲淹”，“秋之童话”“秋之情思”“秋之色彩”“秋之收获”，“劳动与尊严”“善良与尊严”“爱国与尊严”“勤奋与尊严”，“爱国篇”“友情篇”“思乡篇”“送别篇”，“诗中风”“诗中花”“诗中雪”“诗中月”……德育处和语文组的老师们根据这些美好的主题，再或选择传统古典诗词，或原创抒情励志文字，然后从周三开始，在班主任和语文老师的组织、辅导下，每天中午孩子们都在操场上练习吟诵。

于是，每次国旗升上杆顶国歌唱完之后，就是孩子们在国旗下的吟诵。或个人朗诵，或分班轮流吟诵，或全体朗诵，在背景音乐的烘托下，优雅悦耳，气势磅礴。每一次吟诵，都是一次全校师生的精神大餐。

后来，在我的建议下，老师们也加入了孩子们的队列中一起吟诵，而且站在最前面，带领着学生吟诵。

想一想吧，朝霞吐蕊，旭日东升，武侯实验中学的师生们把美丽的诗篇送上蓝天。即使在阴云密布的日子里，悦耳的吟诵也让每一个老师和同学心里阳光灿烂。

以前的升旗仪式，往往也是各种通知泛滥的时候。一会儿这个老师上去说："通知，通知，请初三班主任今天中午在学校小会议室开会！"一会儿那个学生干部上去说："通知，通知，请各班班长今天课间操在德育处开会！"我主张升旗仪式要主题突出，简洁利落。所以我们现在的升旗仪式程序非常明了，如无特殊情况，一般是六个环节：整队，出旗，升旗，唱国歌，经典吟诵，值周小结并宣布流动红旗获得班级。

通常在两种"特殊情况"下，经典吟诵会暂停——

新学期第一次升旗仪式，同时也是开学典礼。2006年以来，我校形成了一个传统，就是开学第一天全校教师举起右手宣读《教师誓词》。第一次是我领誓，后来每一次宣誓都请一位普通老师领誓。国旗下，蓝天下，面对学生，全校教师庄严宣誓："我是一名光荣的人民教师……"教师宣誓完毕，是全校学生举起右手宣读《武侯实验中学学生宣言》。师生之间，互相承诺，庄严肃穆，蔚为壮观。

我们学校还不定期开设"百姓讲坛"，专门请普通劳动者来校为学生们做演讲，让孩子们从普通劳动者中汲取真善美的养料。我们先后请过江苏卫视《非诚勿扰》栏目的"卖菜哥"讲他的卖菜经历，请过一名学生的父亲说他的求学艰难，还请过一位青年打工者谈他的创业故事……

有一天早晨，刚刚升完旗，我突然看到教育局陈兵副局长站在操场边。我大吃一惊："陈局长，你怎么来了？"

陈局长说："我早就听说武侯实验中学的升旗仪式非常好，就想悄悄来看看，果真令人震撼！"

所谓"令人震撼"不是说我校的升旗仪式比其他学校的升旗仪式多了

一些什么，如果一定要说“多”了什么，也并不是师生宣誓和百姓讲坛——那并不是每周都有的，而是多一份老师和学生一样的认真。

无论是经典吟诵，或是师生宣誓，还是百姓讲坛，这都是我们学校升旗仪式上最壮观的风景。

每周升旗仪式的最后，主持人都会说一句话：“请全校师生齐呼校训……”三千多师生的声音拔地而起，直冲云霄——

“让人们因我的存在而感到幸福！”

毕业这一天

所谓“这一天”是2013年6月9日。

早晨我来到初一（6）班，对同学们说：“过两天是你们杨静老师的生日。但明天就放假了，我们提前给杨老师祝贺生日吧！”同学们鼓起掌来，我们唱起《生日快乐歌》。我请班长代我赠送杨老师一张贺卡，然后我把我发表在《中国教师报》上的写杨老师故事的报纸也送给杨老师。给默默无闻的杨老师带去快乐，我也很快乐。

然后去参加初三各班照毕业照。以前照毕业照，第一排都坐着校长主任和老师们，而学生站在后面。几年前我就提出，无论校长还是老师，都加入学生的队列中去，都和学生一样站着，站在旁边也行。今天也不例外，20个班的毕业照都是如此。

让我很高兴的是，以前学生照毕业照，总要等这个老师等那个老师，自从几年前我在教工大会上说这事之后，我们的老师都早早地在照相地方等着了。这也体现了对学生的尊重。

今天不少老师穿得都很漂亮，尤其是女教师们。我夸她们漂亮，她们说：“照毕业照嘛！”

陈莉老师说：“去年毕业照我就没照成，今年一定要好好照。”

短短的一句话，却让我感到，她是在乎，是把学生放在心上的。

20 个班的毕业照，一个小时就结束了。

结束后，有些同学到我办公室请我留言。我为一个叫刘慧芳的女孩写道:“刘慧芳同学，永远保持一颗童心，做一个让别人感到幸福因而自己也拥有真正快乐的人。你的大朋友，李镇西。”她谢了我便走了。后来我突然意识到我好像少写了一个字，我赶快请她到办公室为她重写了一遍。

然后全体初三学生在体育馆举行毕业典礼。传统的毕业典礼，无非是校长讲话，老师代表讲话，学生代表讲话，而讲的又大多是套话。我一直希望，毕业典礼废除套话，废除程式化，一定要让孩子们真情流淌，成为打动孩子们心灵的富有人性的温馨记忆。

今天的毕业典礼正是这样。毕业典礼围绕“校园激情飞扬，学子扬帆远航”为主题进行，以所拍摄的录像为线索，串起整个活动。

一开始，一段“流金岁月”录像就把大家带回了三年来经历过的点点滴滴，孩子们成长的一幅幅画面唤醒了他们的记忆，大家都被感动了。

然后是几十个男生合唱《我们是兄弟》。歌声很质朴，但极富震撼力。台上的孩子们在唱，台下的孩子们情不自禁一起唱——

在你辉煌的时刻
让我为你唱首歌
我的好兄弟
心里的苦你对我说
前方大路一起走
哪怕是河也一起过
苦点累点又能算什么
在你需要我的时候
我来陪你一起度过
我的好兄弟
……
朋友的情谊呀比天还高比地还辽阔
那些岁月我们一定会记得

朋友的情谊呀我们今生最大的难得
像一杯酒像像一首老歌
朋友的情谊呀比天还高比地还辽阔
那些岁月我们一定会记得

我看到，台上有男孩已经流泪，台下也有孩子流泪了。

男生合唱结束后，是一群活泼可爱的女生舞蹈，她们充满活力的动感舞蹈，让在场每一个人都感到了青春的气息。

接下来是全体初三老师和校级干部上台为孩子们进行配乐散文诗朗诵——

让我们的祝福伴你前行

何书记：也是这样一个鲜花盛开的季节，你向我们走来；
也是这样一个百草丰茂的季节，你向我们走来。

唐校长：温婉羞涩的你，从叶的宁静中向我们走来；
多愁善感的你，从花的芬芳中向我们走来。

郑校长：真诚朴实的你，从校园通道中向我们走来；
飞扬洒脱的你，从沸腾的操场上向我们走来。

合　诵：三年前，这样的季节里，你们向我们走来。

向建勇：今天，你们毕业了，毕业就像一个大大的句号，从此，就将告别一段纯真的青春，一段懵懂轻狂的岁月，一个充满幻想的时代……

谢国强：毕业前的这些日子，时间过得好像流沙，看起来漫长，却无时无刻不在逝去；想挽留，一伸手，有限的时光却在指间悄然溜走，毕业考试，散伙筵席，举手话别，各奔东西……

范景文：亲爱的孩子们，不管2013年你的中考成绩如何，不管10年20年后，你是什么样的社会角色，我们看你的目光永远热切，我们的祝福永远伴你们前行。

赵　萍：读你的名字一遍又一遍，从陌生到熟悉。

邹显慧：读你的名字一遍又一遍，有批评有鼓励。

赵 萍：今天让我再读你的名字。

邹显慧：今天让我再读你的名字。

合 诵：孩子们，我把你的名字刻在心里，让我们的祝福伴你一路前行。

蒋长玲：今年夏天，是一个充满希望的季节，我们却要说再见，不知何时会相见。

徐 芬：那天你翘着嘴巴说：老师年年见毕业，大概早已经麻木了离别。我要说：傻孩子，花开一季，各有不同。

杨翠容：怎能忘记，你晨光曦露般的微笑，我的手机里存着你给我的短信：节日快乐，亲爱的老师；

蒋长玲：怎能忘记，你细腻如水的关怀，我的办公桌上出现的神秘早餐，便条上说：蛋糕很美味，鸡蛋也很营养哦；

徐 芬：怎能忘记，你或活泼或羞涩的问候，那走廊尽头的剪影，是一个小男生用尽全力地招手，自制的贺卡里是一个小女生的委屈：老师，我想做一个香袋给你，却弄了一屋子的香粉……

合 诵：怎能忘记你，你，还有你……

张 月：亲爱的孩子，你可会记得我们？我们可能在你的本子上打过大大的红叉；

李勇军：我们可能拿着你考砸的卷子让你痛痛快快地哭过一场鼻子；

李婷婷：我们可能在你最想表达的时候不小心忽略过你；

李勇军：我们可能会逼着你咬着牙跑完最后一个 800 米，做完最后一个俯卧撑……

李婷婷：亲爱的孩子，你记得我们的，不会只有这些吧？

张 月：此情可待成追忆，只是当时已惘然。也许你现在还不曾留恋，总有一日，当你在人生的某一处驻足回望，一定会看见记忆深处那挂着绿色窗帘的家，家里有你曾经的师长，曾经的同窗好友，曾经的花样年华……

孙明槐：孩子们，再看一看吧，再看看我们美丽的校园，再看看我们可爱的同学，再看看我们敬爱的师长……

唐朝霞：教学楼三区五个楼层是我们共同奋斗过的地方，那里有着你们中学三年最多记忆。

沈烈平： 那被某个顽皮男孩的铁砂掌打坏的铁皮柜现在还没有修好。

孙明槐： 那玻璃窗上残存的窗花还保留了我们一起经历的那些温馨的片段。

唐朝霞： 那每一层的阳台上似乎还有你孤独补作业的身影。

合　诵： 是啊，孩子们。这是我们共同的记忆！

曾　强： 孩子们，你们就要告别初中生活了，就要去开始漫长的追逐云彩的旅程。明天是美好的，路途却可能是崎岖的。

刘懿萱： 但是，我可爱的同学们，请在旅程中携带上梦想吧，因为，心怀梦想的人才能够冲破阴霾，收获灿烂的明天。

刘锦平： 是的。我还希望同学们心中都揣上初中生活中弥足珍贵的回忆、割舍不掉的友情、终生难忘的经历，因为，这是人生一段特别纯真的岁月。

汪　丽： 孩子们，在这个热情如火、阳光满溢的季节，大家就要离开了，老师真的舍不得大家。希望人生路上你们永远如这个季节一样，阳光灿烂！

合　诵： 毕业了，我可爱的孩子们！

合　诵： 再见了，我亲爱的孩子们！让我们的祝福伴随你一路前行！

这首散文诗是根据网上一首现成的作品改写的，但加进了我们学校的特定内容。老师们深情的朗诵让许多孩子再次热泪盈盈……

台下的孩子纷纷拥上舞台，把他们早已写好的信送给老师，许多孩子紧紧拥抱着老师，泣不成声，老师也泪流满面。场面一片混乱，但每一个人的感情都达到了高潮……

会场渐渐平静之后，主持人说："我们的校园里，总少不了他的身影。周一升旗的时候，他拿着相机微笑着将台上诵读的笑脸装进自己的镜头；运动会的时候，他拿着相机奔波于拔河和接力赛的场地，将老师们奋力拼搏的身姿装进自己的镜头。他明明是我们的校长，可他更喜欢我们叫他'李老师'。接下来，我们就来听听，李老师在分别的时候要对我们说些什么。有请李老师！"

在全场孩子的掌声中，我走上舞台中央。我先说："今天我太感动了，这是我参加过的最激动人心的毕业典礼。我现在有两个遗憾，一是没有让初一初二的同学参加今天的典礼；二是今天居然忘记带相机了，我只好用手机拍。今天，我给大家带了一个人——俞敏洪。”

我把俞敏洪的照片打在了大屏幕上。

我先对俞敏洪做了介绍，然后说：“2008年秋天，俞敏洪应邀回母校北大，为新生做了一个演讲，这个演讲相当精彩，相当感人。我打算全文朗读这篇演讲稿，以替代我今天的演讲。”

俞敏洪的演讲，朴实无华，又不乏幽默风趣，一个个生动的小故事，一句句饱含哲理的话，把孩子们都打动了。

最后我说：“未来的路上，还有许多困难和挫折等待着你们，我给你们唱一首《敢问路在何方》，为你们壮行！”

整个毕业典礼，朴素简洁，隆重真诚。

刚一宣布散会，就有孩子跑上来和我合影。我一走出体育馆，一群女孩子围上来，要我在她们的校服上签名。后来，许多男孩子也拥上来要我签名，于是，阳光下，我拿着笔在孩子们的背上、手臂上、胸前甚至腰间龙飞凤舞起来。

下午不断有孩子走进我办公室，送我礼物——有水杯，有凉垫，等等。还有同学把他们写的信给我。其中一封信这样写道——

尊敬的李校长：

您好！

在毕业之际很高兴为您写这封信，感谢您对我们无私的关怀。记得第一次踏进武侯实验中学时，我还是一名刚毕业的小学生，心中充满了紧张和忐忑，但您幽默风趣的发言，给我们营造了一个轻松的氛围，让我们的严肃在您的幽默中被消除。

除此之外，您还给了我们很多有益的教导，让我们明白很多做人的道理，令我印象最深刻的是在初一时您给我们讲的那一节课《一碗清汤荞麦面》，至今都还让我记忆清晰。您告诉我们做人就要像他们一样善良、充满爱心。作为一个懵懂的孩子，您的话给了我启迪，在我人生的道路上给了我一个很好的开端。

虽然您不是我们的任课老师，没有时时刻刻在我们身旁，但我们依然

能够感受到您的关怀，有时升旗仪式上您会有感而发为我们发言，给我们您的感触；您有时给我的感觉是您不是一位校长而是一位慈祥和蔼的长者，您给我们的关心让我们一直都铭记在心。

今天，毕业了，我们不再是刚入学的孩童，已不再稚嫩，经过三年的学习我们已经长大，思想也有了新的认识，有了不一样的感觉，在这三年期间有太多的人和事值得怀念，有太多的美好留下：队列素质操留给了我们坚持不懈的毅力，运动会上留下了我们展示青春活力的身影，合唱比赛上留下了我们心的声音……现在即将毕业，即将告别这里，心中充满了不舍，我们永远会记住这里，记住曾经在一个美丽的校园里，有一群活泼天真的孩子逐渐成长为坚强、勇敢的青少年，有一位慈祥可爱的校长留给了这群孩子人生的启迪，让他们沿着正直、善良的道路前行！

谢谢您，尊敬的李校长！谢谢您，尊敬的李老师！谢谢我最亲爱的母校，我们将永远不会忘记，不会忘记这里，我们一定会让人们因我的存在而感到幸福！

最后，请允许我代表2013届的所有同学再次向您说一声：谢谢您！

此致

敬礼！

您的学生：王瑞（2013届1班）

2013年6月9日

读着这样的文字，我无法不感动。

除了送礼物送信，更有许多孩子络绎不绝地请我给他们签名，要和我照相。我忙得不可开交，但很快乐。

傍晚六点，我离开学校。经过学校大门，前面十来个初三男生看见我的车来了，立即端正地站在大门两旁，准备隆重欢送我。我赶紧停下车，走出车门。“李校长好！”两排男生给我恭敬鞠躬，我非常感动。

我说：“谢谢！”然后和男生拥抱。

你很重要

开学啦！

今天是武侯实验中学附属小学使用新校园的第一天，也是我作为该校校长正式上任的第一天。早晨我很早就来到附属小学了。

经过最近几天老师们和工人们的紧张劳动，整个校园现在非常整洁。升旗仪式台也布置得美观大方。教学楼上，挂着我写的一副对联，上联写给孩子："童心辉映童心，来自平民，不忘百姓，战胜自己，用知识改变命运。"下联写给老师："尊重赢得尊重，热爱学生，服务大众，追求卓越，让教育充盈人生。"在主席台两边的墙上，也挂着一副我写的对联："朴素最美关注人性做真教育，幸福至上享受童心当好老师。"

我看到迎面走来一男一女两个孩子，便叫住他俩："小同学，过来一下。"我想和他俩聊几句。

但两个孩子不理我，朝校门的方向走去。特别是那个女孩，好像在哭。

我继续叫："哎，小朋友！"

男孩子停下了，而且他叫前面正在疾走的女孩也停下了。

女孩转身走过来。

我看到两个孩子的表情都很郁闷。

我问："你们是哪个年级的呀？"

女孩子不说话，伸出三个小小的嫩嫩的手指，她脸上挂着泪花。

男孩说："三年级。"

我问："你们怎么不高兴？遇到什么困难了吗？"

女孩说话了，抽抽搭搭地："我忘记戴红领巾了！我忘记带家长回执了！"

男孩也说是忘记戴红领巾了。

"什么家长回执？"我问。

她说："昨天老师让我们带了一封校长写给我们爸爸妈妈的信，老师说，家长看了，要给学校回执。我忘记带了。”

原来是这样。我问：“那你现在急什么呢？你怎么办呢？”

女孩哭道：“我要去给爸爸打电话，叫他赶快把回执送来。”

“哪里有电话呢？”我问。

“不知道。我出校门找。”小姑娘说。

我说：“小朋友，别哭，我帮你。”我拿出手机，“你用我的手机给爸爸打电话吧！你说号码，我帮你拨。”

小姑娘说号码，我拨通了，把手机递给了她。

她和爸爸通话。

我说：“爸爸给你送来吗？现在好了吧？”

她点头，笑了。

我问：“红领巾怎么办？”

她说：“我想起了，红领巾在我书包里。”

她从书包里拿出红领巾，系在了脖子上。

我问小男孩：“你呢？也没带回执吗？还是用我的手机打电话吧！”

他说：“不用，我带了回执的。但忘记戴红领巾了。”

小姑娘就给他说，谁谁那里有多的红领巾，找他借就可以了。

两个小朋友给我招手说谢谢，然后朝教室走去。

他们并不知道我是校长，但看着他们的小小的背影，我很开心。开学第一天，他们遇到困难，如果这个困难不解决，他们第一天就会很郁闷，但我帮他们解决了困难，让他们开学第一天和其他孩子一样快乐。

现在很时髦的话是“以人为本”，我认为，所谓以人为本就应该体现在细节处，在细节处对每一个孩子尊重。

送走了两个小孩子，我继续在校园里拍照，拍那些可爱的孩子。我要拍下新校园第一天孩子的笑容。

这时候，市教育局吕局长在区教育局局长的陪同下走进校园了，我赶紧迎上前去。

后来，书记说，局长看到我在拍照，说：“现在拍什么照？还不过来迎接吕局长！”

我的确有些失礼，但其实在我心中，那些孩子比局长更重要。

各年级的孩子手牵手走进操场。

九点钟，以“新校园新气象”为主题的开学典礼正式开始。

第一项议程，是庄严的升旗仪式。

升旗仪式后，谢华副校长将一年级新生郑重交到四位年轻的女班主任手里。四位女老师做出了庄严的承诺。

家长代表发言，感谢学校的老师们。

然后，我率领全校教师向孩子们宣誓——

我是光荣的人民教师，肩负民族的希望，胸怀祖国的未来，手捧孩子的明天。面对国旗，面对学生，我宣誓：

我立志把心灵献给学生，用人格引领人格，让智慧点燃智慧；以民主、平等的态度对待每一位学生；呵护生命，尊重个性，激发创造；发展德智体，弘扬真善美；做学生爱戴的师长和真诚的朋友；为了中华民族的伟大复兴，我将通过每一天平凡的工作，培养健壮、善良、正直、睿智的现代公民，履行一名知识分子推动中国文明进步的神圣使命！

然后，我给四位家长代表赠送我写的《做最好的家长》。

接下来，是我的演讲——

让人们因我的存在而感到幸福！

亲爱的孩子们：

今天，是我作为成都市武侯实验中学附属小学的新任校长，参加新学年的开学典礼。今天，大家一定有着不一样的感觉吧！因为我们迎来了盼望已久的新校舍，我们也能享受和市区孩子一样的美丽校园；因为我们迎来了一直给我们关怀的上级领导，同学们，我提议大家热烈欢迎并感谢尊敬的吕信伟伯伯和雷福民伯伯，以及其他关心我们成长的叔叔阿姨！

在这个崭新的日子里，我们都有许多崭新的憧憬：低年级特别是刚进小学的小朋友，憧憬着新鲜而紧张的学习生活；中年级的同学们，憧憬着在新的一学年有更多的学习进步和成长乐趣；毕业班的同学们，憧憬着用饱满的激情和顽强的意志赢得明年毕业的累累硕果！还有我们亲爱的老师，也和孩子们一起憧憬着，憧憬着一起创造完整而幸福的教育生活；作为校长，我则憧憬着在为大家真诚服务的同时，和我们学校每一个人一起度过充实快乐的每一天。

今天，和大家初次见面，我带来了一份见面礼，这份见面礼是一句我特别喜欢的话，叫作——

“让人们因我的存在而感到幸福！”

这句话很朴素，蕴含着一份伟大的善良，同时这句话也完全可以成为时时刻刻的平凡行动：在学校，你认真上好每一堂课，老师会因你而幸福；在家里，你每天晚上吃完饭后主动洗碗，爸爸妈妈会因你而幸福；在教室楼道，你主动上前帮老师抱作业本，老师会因为有你这样的学生感到幸福；有同学病了，你哪怕是送上一句亲切的问候，他也会感到有你这样的同学是一种幸福；公共汽车上，你为一位老人让座，这位老人就会因为你而感到一种幸福；放学回家上楼的时候，你为正在吃力上楼的大妈提一提菜篮子，她会为有你这样一位好邻居而幸福……

今天，我把这句话送给大家，并愿意和大家共勉，我们都来做一个让人们因我的存在而感到幸福的人！现在，我请在场的每一个同学和老师，和我一起大声地说出这句话：“让人们因我的存在而感到幸福！”

做一个好孩子，让父母幸福；做一个好学生，让老师幸福；做一个好伙伴，让同学幸福；做一个好少年，让社会幸福；做一个好教师，让学生幸福；做一个好校长，让师生幸福；我们都来做一名好公民，让祖国幸福！

谢谢大家！

在我演讲的时候，孩子们特别可爱，虽然没太阳，可很闷热，然而孩子们依然听得很认真。我让他们跟我呼“让人们因我的存在而感到幸福”的时候，他们声音非常大，我接着说“做一个好孩子，让父母幸福”，他们居然以为也要跟着说，所以全校孩子都大声说：“做一个好孩子……”太可爱啦！我停下来，表扬他们可爱，然后说：“同学们不用跟我说了，我继续说……”

我的演讲结束后，我补充了几句：“同学们可能已经发现，我们的新校园的大门口还没有写校名呢。有人曾经提议请个名人写，如果让我请名人，我可以请到，比如我可以请流沙河先生写，但我没同意；还有人建议让我这个校长写，我也不同意。我的想法是，让我们的同学写。开学之后，全校同学和老师都来写这么一行字：成都市武侯实验中学附属小学。谁写得好，我们就选出来镌刻在学校大门的墙上，让普通人的字载入史册！大家说，好不好？”

孩子们一起说：“好！”

开学典礼的后半段是，亲子合作共诵《小学生日常行为规范三字歌》。一群妈妈带着各自的孩子走到前面，一起诵读《三字歌》。

接着，在老师的领诵下，各年级的孩子或齐诵或轮流朗读优美的诗歌……

附属小学的典礼结束后，我接受了《成都晚报》《成都商报》的记者采访，然后匆匆赶到中学部。

今天是开学第一天，我得听课。于是我随便推开一间教室门，走进了向彬老师的物理课堂。

这是初三的第一节物理课，向老师给学生讲“分子动理论”。虽说是“理论”，但在向老师嘴里，却是那么生动形象而且妙趣横生。比如，他给学生讲“扩散现象，不同物质彼此进入对方”，就说白水中加糖，糖分子进入水分子；说招蜂引蝶，空气中的香味；“又比如，教室里有人偷偷放屁了，为什么大家能够闻着，因为‘彼此进入对方’。”话音刚落，同学们笑了起来。

将知识和学生的生活打通，让学生以自己的生活体验来理解书本上的知识，这并不能完全说明向老师的课有多么生动。他的课堂感染力不仅仅是这些，而更在于他说这些时候的表情和手势。我不止一次听他的课，每次都能够被他感染。是的，他的课的确有感染力，感染力来自他的灵动的眼神，来自他百变的表情，来自他的眉飞色舞，来自他的“张牙舞爪”。

其实，生活中的向彬是比较内向的，话不多，甚至有时还显得木讷。“但我只要一走上讲台，我的话就多起来了。只要一说到我的专业，我的教育，我就滔滔不绝。”他曾这样对我说。

木讷而健谈，正是向彬的特点。

课后，我把向老师请到我办公室聊天。我充分肯定了他这堂课的两个可取之处：第一，教学语言富有感染力；第二，能够将知识与生活相联系。

但是，我接着问他——准确地说，是质问：“为什么要一讲到底，而不让学生讲呢？”

他说：“我本来也设计好了要让学生通过小组合作进行学习的，包括五步三查，我都准备做的。但今天一来是因为我上课前进行了十来分钟的学前教育，时间很紧了；二来因为多媒体暂时不能用，本来想给学生放的一些影像也没法放，学生讨论就没有了依据，所以干脆我就自己讲了。”

我说：“这都不是理由！课堂上出现了新情况，教师就应该随机调整自己的教学设想，无论如何，都应该尽量让学生讲。比如，你举了那么多生活中的‘扩散现象’，这些例子全部都可以让学生说，而且会比你说得更多更生动。”

他承认在放手让学生学的方面做得不好，表示一定改进。

我们继续聊，话题转到了班主任。向彬长期担任班主任，工作细致，特别是学生的行为常规，他非常落实。我问他：“你最近有没有最得意的教育成功的案例？”

他不假思索地说：“有啊，就是我让两个本来纪律特别差的学生担任纪律委员，结果他俩干得非常好，班上纪律也好转了。”他说着，脸上露出了得意的笑容。

“你怎么想到让两个调皮学生管纪律呢？”我问。

他说：“咳，这两个学生就想管人，我就让他俩管嘛！而且他们去管别人，自己就得守纪律，这不一举两得吗？”

我问：“做班主任，你有没有最感动的时候？”

“感动的时候太多了！我就给你说一件小事，”他又开始眉飞色舞起来，“前年学校艺术节，我班不是有个小品节目吗？就是两个男生演双簧，你还记得吗？”

“嗯，对对对，我印象很深的。”

“排练的时候，其中有个孩子需要一个道具，需要有一撮头发。这时候，一个男生，注意，他并不是表演这个小品的人，他便把自己的头发剪下来做道具。要知道，这个男孩头发是比较稀少的。但他毫不犹豫就贡献出了自己不多的头发，这让我非常感动！”

其实，我知道，这些让向老师感动的孩子，都是平时向老师教育的结

果。他的班上，孩子们总有强烈的集体荣誉感，都把集体荣誉看成是自己的光荣。所以，大家都愿意为集体做出牺牲或奉献。

“我再给你讲一个黑板擦的故事。”一说起班上的事，向彬果然健谈起来，“我刚接班的时候，发现讲台上的黑板擦边缘松了，每次一擦，中间的毛总要散落。我就对一个男生说，你能不能想办法修修这个黑板擦？他马上抹下手腕上的一个橡皮带，将黑板擦拦腰捆扎起来，但这样用起来很不方便。后来他动脑筋，用橡皮带环绕着黑板擦的边缘缠了一圈，问题就解决了。我在班上表扬这个男生，教育大家要勤俭节约。结果这个旧黑板擦一直用到毕业。平时大家一看到老师上课用这个黑板擦，就有一种自豪感。这个黑板擦成了我班某种精神的象征。”

向老师工作已经22年，我问他：“你有没有倦怠的时候，甚至想过改行的时候？”

他说：“从来没有想过改行，但的确有倦怠的时候，每当这时候，我就多想想我的幸福，那就是毕了业的学生来看我的时候。哎呀，特别是过去的调皮学生，气过我的学生给我打电话：‘向老师，我想来看你哦！’嘿，那一刻，我简直感到幸福！”

不知不觉，我和向老师聊了一节课，我再次鼓励向老师：“一定要改进课堂教学，尽量少讲，让学生多讲，这样，你才能延续你自己的幸福！”

他说：“虽然我现在做得还不够好，但其实参加工作后，我思想上变化最大的还是现在学校的课堂改革。我会在行动上体现出来的。放心吧，李校长！”

“我当然放心啦！你以后有什么需要我帮助的，尽管说。我不会做校长，但是我很真诚。我希望你以后遇到困难了，或者有什么困惑了，甚至没有什么困难，就想找个人倾诉，第一个想到我。好吗？”

他握着我的手说：“好的！谢谢！”

你很重要

今天上午，小学在绵绵细雨中举行了新学期开学典礼。小学一年级的小朋友在爸爸妈妈的带领下也来到了操场。

升旗仪式后，我带领全校老师向同学们宣誓，然后是全校同学向老师们宣誓。师生互致良知的承诺。

然后，是四年级的十多个同学和老师一起表演微型音乐剧《文明在身边》，形式活泼，表演生动，效果非常好。

最后由我讲话——

亲爱的同学们，亲爱的老师们，尊敬的各位年轻的爸爸妈妈，尊敬的个别领导：

大家早晨好！

首先，我要欢迎刚刚进入我校的一年级小朋友们！让我们以热烈的掌声欢迎这些可爱的小弟弟小妹妹！

其次，我要祝贺每一个同学升入了新的一学年，你们完成了过去一年的学习，从今天起，又要开始新学年的学习了，我祝你们继续收获新的进步，新的快乐！

我今天在这里要谈的话题是："你很重要！"

过了一个暑假，同学们来到学校，跨进大门的时候，有什么新的发现呢？你们发现大门有没有什么变化呢？

对的，有同学说对了，我们学校大门外那一行校名"成都市武侯实验中学附属小学"的字体变了，变成了由我们某一位同学手写的字体。这是哪一个同学写的呢？我们现在把这位同学请上来，她就是六年级三班的许晴航同学，这个名字多好——"许"下美好的愿望，"晴"空万里去远"航"！现在，请许晴航同学上台来，让我们用掌声向她表示敬意！

许晴航同学现在还小，你可能还意识不到，你已经给学校留下了永远

不可磨灭的美好印记。你所书写的校名，将一年又一年地镌刻在母校大门上，而且将永远保留下去。再过十年二十年三十年五十年，甚至你已经白发苍苍的那一天，你在孙子的搀扶下颤颤巍巍来到母校，还可以自豪地对你的孙子说："小孙子啊，这是你奶奶当年在这里读书时写的校名！"

说实话，本来我可以请一位名人或书法家为我们的学校题写校名，但是我没有。因为让每一个普通的老师和每一个普通的孩子，在母校留下美好的印记，这是我这个校长的真诚的愿望。在我们学校，每一个人都应该感到自己很重要！

是的，你很重要！

感觉自己很重要并给母校留下美好印记，这也应该是我们每一个同学的自觉意识。要做到这一点，当然不只是给学校题写校名。亲爱的同学们，你每天在学校的每一个言行，都在展示着你的重要性，你对老师同学不可缺少的作用——进校门的时候，你主动向老师和门卫叔叔问好；看到校园或楼道里有纸屑，主动弯腰捡起；老师要上课了，你主动帮老师拿着教具走进教室；做值日生的时候，认真地做好每一件服务的工作；看见有同学欺负其他同学或做出一些违反纪律的事，主动挺身而出制止；在班上主动积极地承担各种为班争光的好事，比如办板报呀，做清洁呀等等；在各种比赛中，你取得了好成绩，为班级为学校赢得了荣誉；还有，在校外过马路时，你主动搀扶老爷爷老奶奶，当别人问你是谁时，你就说："我是武侯实验中学附属小学的学生！"你在公交车上给需要帮助的人让座时——就像刚才音乐剧中，大家给那位盲人叔叔让座，你也代表了武侯实验中学附属小学！

做好这些点点滴滴的小事，而且每天都做，你就在老师在同学在他人的心目中留下了你美好的印记，你就显示了你的重要，你的善良，你的可爱，你的纯真！你的重要，就在于别人因为你的存在而感到了幸福！我今天所说的"你很重要"，实际上就是用每一天平凡的行动实践我们的校训——

让人们因我的存在而感到幸福！

我今天的演讲结束了，谢谢同学们，谢谢老师们！

讲到一半，雨突然越来越大了，我只好匆匆结束了我的讲话。

升旗仪式结束后，我专门给有关老师说："今天的升旗仪式不错，但也有一点点让我不舒服。就是主持的同学开头的称呼是：'尊敬的各位领导，各位老师，各位家长，各位同学……'这个不怪孩子，因为他们是照着主持稿读的，而主持的话都是老师写好的。今天我们操场上，站着的绝大多数都是我们的孩子，为什么要先说什么'尊敬的各位领导'，这领导不就是我和几位副校长吗？如此官本位，给孩子的影响太不好了！所以我上去讲话，是先称呼孩子。这不是故作姿态，而是我真的认为，在学校，孩子最重要！"

善良是一切美德的源泉

虽然武侯实验中学上周五就开始上课了，但今天才举行正式的开学典礼。

经过了一个暑假，今天站在操场上的老师们和同学们都非常有精神。特别是我们的老师，站在全校队列的最前面最中间，一个个都精神抖擞，给我一种享受！

崇尚劳动，尊重普通的劳动者，是我一贯的教育追求。把普通的劳动者请到学校演讲，是我校的一个传统。我们设立了一个"百姓讲坛"，先后请了"卖菜哥"，请了学生家长来我校开学典礼演讲。今天，我们又迎来了一位普通的劳动者做新学年开学演讲。

这位演讲者叫刘刚，是一个 20 多岁的小伙子。几年前曾经在我校实习，据他说，当时就对武侯实验中学留下良好深刻的印象。大学毕业后，由于种种原因，他并没有从事教育，而是自己创业。但他一直情系教育，一直惦记着武侯实验中学。上学期，他对学校表示，想拿出一笔钱资助我校的贫困学生，标准是每个月都捐助三千元，长期坚持下去。他的条件有

两个：第一，只要孩子有困难，不管他的成绩如何，都资助，也就是说，这笔奖金不是只资助“优秀贫困生”的，而是资助“贫困生”；第二，此事不宣传，不张扬，不公开他的名字。

因为他的低调，所以，请他今天来演讲，本来他都不愿意的，但经过反复沟通，他答应来讲，但还是说明，绝不公开他设基金的事，就是单纯的演讲。

刘刚的演讲内容是谈责任——

各位同学、各位老师，大家早上好！

今天非常高兴能够再次站在咱们武侯实验中学的舞台上。记得第一次站在这里还是五年前的2007年9月，那时我还是名实习老师。短短两个月的实习时间里，这所学校给我留下了深刻的印象，以至今天有缘再次站在这里与大家交流。

今天学校让我和大家谈谈责任。首先，在此非常感谢学校对我的信任，当然，这也给我出了一个难题，因为每个人对责任的理解不一样。今天，我谈谈自己的想法。责任是一种生活态度，来源于内心深处的感动，同时还是一种不求回报的付出，但它实际回报的却又是一种精神动力。在每一个人学习、成长的背后都有一个故事，今天我和大家分享下我的故事——

在我刚上初中那会儿，特别调皮，成绩又差，班上倒数，我自认无可救药，老师也不会对我抱什么希望。可到了初中二年级，有几件事情彻底改变了我的想法，以至改变了我未来的人生。

第一次是周末到学校上课，我正和我们班上第一名的同学（男）在学校操场玩，我们的物理老师（女）看到后让我们去帮她提一桶水。我的成绩差，这些活理所当然地就该我来做，所以一桶满满的水我就一个人从食堂提往老师的住处，食堂距离我们老师的住处有两百米的距离，而且我们老师住六楼（无电梯）。我们班上成绩第一名的同学也就一直跟着我走，当我把一桶满满的水提到六楼的时候，大概洒出来十分之一，全洒在我身上，那会儿个子小，基本上是抱上去的；那会儿也是刚上课的第一天，身上的校服也是要穿一个礼拜才能换。我们的物理老师见到此番情景后，就责怪我们班第一名那个同学，为什么不帮我提。我当时非常诧异，这种活应该由我们这些成绩差的学生来做。这让我第一次感觉到老师还是在意我的，当时心里感到非常温暖。

第二次是在一次临时物理测验上，当时我和我们班第一名的同学都坐在第一排，恰巧我们俩又都没有可用的笔，我们的物理老师又恰巧在阅卷。在这种情况下，无论如何，我们的老师也不可能把笔借给我用，要么自己继续阅卷，要么给成绩第一名的同学，因为他成绩好，而我成绩差。但却出人意料，我们老师把笔借给了我，天啊，真是难以置信，从这次起，我就暗自下定决心，我要把物理学好，不为别的，就为了感谢我的物理老师。

第三次，是在接下来的物理月考上，那会儿我们一个班人数四十至五十人，所以考试都把桌子搬到操场上考。不巧的是发到最后试卷不够，部分同学没有准时拿到试卷（也包括我），为了不耽搁我们的考试时间，我们物理老师一路小跑到办公室去给我们拿试卷。要知道，那会儿她正怀着宝宝，七到八个月大，是绝对不适合大量运动的，我当时感动得快要哭了，只为给我们争取一点点时间。自此以后，更加坚定了我学习物理的决心，不为别的，就为了感谢我的物理老师。所以在以后的学习中，其他课程我都可以不听，我就专心学习物理，课前认真预习，课中认真听讲，课后反复消化。在接下来的一次章节考试中，我从原本每次的不及格，考到了九十三分，基本上属于班上最好的分数。后来发现，原来学习也没那么难，所以在以后的学习中，其他科目我也就慢慢按此方法，成绩有了迅速提高，期末考试，从班上倒数（四十至五十人），考出了班级第九名的成绩，以至后面成绩越来越好，考上了高中，上了大学。算算时间都是十五年前的事情了，在这里，我要感谢这位负责任的老师，是她改变了我的将来。

还有一个真实的故事。三年前一次和朋友出差去攀枝花，走出火车站，在公交车上遇到一个四十岁左右的中年男人（残疾）。当时公交车上相当拥挤，他提着个布满灰尘的大包坐在角落里，埋着头，生怕被别人看见似的，看样子应该是从外地打工才回来。当售票员走到他跟前要两块钱车费的时候，他很不好意思地站起来，艰难地说道："对不起，我没有钱，我已经两天没有吃东西了。"售票员语气生硬地质疑道："没钱给就不要上车。"那个中年男人流下了眼泪，是一种无辜，无奈，心如刀割，回到自己的家乡，不但不能给自己的妻儿买点什么，连两块钱的公交车费对他来说都成了难题。这一幕被我的朋友看在眼里，他把售票员喊了过来，递给售票员一百块钱，说道："这是他给你的车费，请将余钱找给他。"中年男人拿到找回的九十八块钱，再次热泪盈眶，而此时此刻的泪水却是温暖的，因为有人为他挽回作为一个男人而给不起两块钱公交车费的尊严。下车的时候，那个中年男人非要留下我朋友的电话和地址，希望将来能感谢他。我朋友婉言谢绝，并祝福他将来能过得好，在别人需要帮助的时候，能同样去帮助别人，就是对他最大的感谢。这就是一种生活的态度，它来源于内心深处的感动，化成对那个中年男人的帮助，成就了所谓的社会责任。

责任无大小，每个人的理解不一样，但它永远是生活的一部分。今天，大家在这样一所充满爱和责任的学校学习、成长，那是幸运的，我也希望大家能在以后的学业中，以此来回报我们的老师，做一个对自己，对家庭，对社会负责的人。谢谢！

刘刚演讲完毕，一个女生代表全校师生向他献花，然后我上台赠送他一套刚刚出版的《李镇西文集》。我对全校师生说："我现在心里憋着一句话，很想说，但刘刚不要我说，所以我只好不说。但我还是想说，刘刚为我们学校做出了重大贡献，而且这份贡献将长久地持续下去。让我们再次向他表示敬意！"

接下来是全校老师在徐芬老师的带领下向全校学生宣誓——这也是我校坚持多年的传统了。

教师宣誓之后，是全校学生举起右手向老师们宣誓——

我是一个有良知的人
我将无愧父母的养育之恩和老师的良知用心
我是一个坚强的人
我将勇敢面对生活中的一切困难和挫折
我是一个有骨气的人
我将通过自己的努力去改变人生

我是一个无私的人

我愿意与他人分享生活中的经验和快乐

我是一个珍惜时间的人

我决不让时间从我身边溜走

我是一个热爱学习的人

我要时刻铭记理想，在奋斗中成长

作为武侯实验中学的一员

我要让人们因我的存在而感到幸福！

教育，有时候需要一些庄严的仪式。比如，我们每学期开学典礼上的师生宣誓，这是师生互相致以良知的承诺。

最后，升旗仪式在全校师生齐呼校训中结束——

让人们因我的存在而感到幸福！

开学典礼结束后，采访我的记者问我："您怎么想到要让普通的劳动者来学校演讲呢？"

我说——

我们强调的，都是我们这个社会和时代所缺乏的。其实，我也请了名家来学校演讲，比如魏书生、朱永新、流沙河等等，但我更多的是请普通的劳动者，比如去年的"卖菜哥"，还有学生家长。我之所以这样做，是因为我感到现在的中国，普遍看不起普通的劳动者。中国教育，很久不给学生讲要热爱劳动人民了。相反，我们的教育总是给学生一种暗示甚至明示：劳动是可耻的！"你不好好学习，以后只有去蹬三轮扫马路！"还有所谓"吃得苦中苦，方为人上人"，现在被相当多的校长和老师堂而皇之地用来作为课堂上给学生进行教育的话。这句话，早在八十多年前，就被陶行知批得体无完肤了。陶行知说，我们绝不能培养"人上人"，而要培养"人中人"！我们现在的教育，其实还不仅仅是教育，整个中国都是这样的，人们太势利，眼睛直盯着那些所谓"成功人士""大款""明星"，而看不起千千万万普通善良的劳动者。而我认为，善良恰恰更多地存在于普通劳动

者中。善良，是一切美德的源泉。正义、责任等等美德都是从善良派生出来的。因为要捍卫善良，所以有了正义；因为想到要让别人因我的存在而感到幸福，所以有了责任，等等。所以，我请普通劳动者到我校来开设“百姓讲坛”。当然，等以后有那么一天，我们的社会都非常热衷于追捧普通劳动者，而冷落甚至看不起名人大家，那时我会强调，也要尊重名人尊重名家啊！呵呵！

记者在我们学校转，很有感慨地说：“这个学校就是和其他学校不一样！”我说：“有什么不一样？”她说：“让人感到亲切，感到一种朴素之风。”我说：“是的。你看你在我们学校看不到什么‘学风’‘教风’之类的口号，也找不到一张我的照片，也没有展示领导关怀之类的橱窗。相反，有我拍摄的我们老师的照片，我们孩子的照片。因为在我校，我一直主张，要突出普通的老师普通的学生！走进一些学校，迎面就是校长的大幅照片，然后是学校介绍，什么占地多少亩，高级教师有多少，主持了什么国家级课题之类。其实，这些都是写给前来参观的领导看的，和孩子没关系。而我们的学校是给孩子办的，领导什么时候才来一次啊？”

接受记者采访之后，我到小学分别找钟丽、杨芳和包虹婧谈心，聊完美教室的打造。他们都很有想法，特别是都读了不少书。钟丽说，她以前是不怎么读书的，可这个暑假读了不少书。杨芳也说假期里读了很多书，还写了读书笔记。杨芳说：自从跟着李校长搞新教育，现在真的觉得教育是一种享受。以前遇到差生犯错误，就特别烦，现在却想，又有故事了又有研究对象了！包虹婧也说了她的一些设想，包括在教室墙上画一棵树，用来展示孩子们的进步；还有她打算加强孩子们的科普阅读。我觉得这些想法都非常好。

我说，我打算本周三，专门为你们三个班的家长开一次家长会，我给家长们讲讲新教育和完美教室，让尽可能多的家长理解并支持你们的工作。

背起书包上学堂

早晨七点二十，天还没完全亮，我来到附小门口，迎接上学的孩子们。

也许还比较早，上学的孩子不是很多，三三两两，稀稀落落。每一个孩子看见我，都给我问好："李校长好！""李老师好！""李镇西校长好！"

天越来越亮了，上学的孩子也越来越多了。

大多数孩子都是自己背书包的，但我发现有好些个家长——有的是爸爸，有的是妈妈，还有老奶奶——帮孩子背书包，到了校门口再把书包给孩子。

一个男孩从奶奶手里接过书包，跑向校门。

"李校长好！"他给我招手。

我说："小朋友好！"然后给他说："从明天起，你自己背书包，好吗？就是奶奶要给你背，你也不要。好吗？"

他点头："好的。"

"嗯，真乖！"我摸了摸他的脑袋。

还有一位母亲把书包从自己身上卸下来给女儿背好后，还陪着女儿走到校门口。我叫住了母女俩。我蹲下身子，问小女孩："刚才是你自己背书包上学的吗？"

她说："在路上是妈妈帮我背的，现在是我背的。"

我笑了："真诚实！不过，从明天起，在路上你也自己背书包，好吗？"

她说："好。"

我站起身，对年轻的母亲说："别帮孩子背书包，就让她自己背。培养孩子的自立精神，就从这里开始。"

她有些不好意思地笑了，并点点头。

不一会儿，又过来一位母亲。她更厉害，左肩右肩都分别挎着书包，同时两手各牵一个男孩。

我迎上前去："都是你的孩子吗？"

她笑着点头。

我说："真不容易啊！"

她又笑笑，然后把书包卸下来分别交给两个孩子。

我问她："为什么不让孩子背呢？"

她说："不要紧，我不累。"

我说："这不是累不累的问题，让孩子自己背书包，也是教育。从明天起，都让孩子背，好吗？"

她说："好。我知道了。"

我注意到有一位母亲牵着女儿的手，快到校门口时，她停下了，把身上的书包卸下来，给女儿背上，然后给女儿挥手再见。

小女孩走到校门口，向我问好，她没戴红领巾，估计是一年级的小朋友。我回礼之后，叫住了她："小朋友，刚才书包是你自己背的吗？"

她摇头。

我说："从明天起，你自己背书包，不要让妈妈背，好吗？"

她不说话了，看着我，很紧张的样子。

我蹲下，说："好吗？"

她一下子哭了起来。

这下我紧张了："小朋友不哭，不哭，我没有批评你，只是建议。"

她还是继续哭，我没办法了。

看着她哭着进了校门，我很难过——本来高高兴兴上学的，一到门口就被校长叫住批评。她当然要哭了。

看来我还吃不准小学生，特别是低段小学生的心理。

也许我应该这样对她说："小姑娘，你来得真早！真好！如果你明天自己背书包就更棒了！"

天已经大亮，上学的孩子们源源不断拥向校门。

"老师好！""李校长好！""同学们好！"……

叽叽喳喳的声音绵绵不绝。

和新生见第一次面

今天，是初一新生报道的日子。

应邀担任胡鉴老师所教的初一（20）班副班主任，今天我去班上见学生。

我一进去，孩子们的掌声就响起了。我看着大家一个个黑乎乎的，便问："你们怎么那么黑呀？"

大家说："太阳晒的。"

我问："你们怎么没事去晒太阳呢？还晒得这么黑！"

大家笑了："军训啊！"

"哦！"我故作恍然大悟，"那么，这黑黑的皮肤就是你们军训的收获了！"

大家哈哈大笑。

我接着问："军训一周，除了收获黑皮肤，还收获了什么啊？"

孩子们纷纷举手。

我抽了一个孩子起来说。她说："吃苦精神。"

我追问："吃苦表现在哪些方面呢？"

同学们说："不怕累！""不怕热！""坚持训练！"

我说："嗯，是的。这些都是吃苦。"

我又问："除了军训，还有哪些方面可以体现出吃苦精神呢？"

大家又开始七嘴八舌："认真上课！""还有认真完成作业，不怕困难。""打扫教室卫生不怕脏不怕累！"……

"嗯，说得好！"我说，"还有在家里的表现，比如，不挑食，对了，我问问大家，你们平时哪些食物不喜欢吃啊？"

同学们说："苦瓜！""鸡蛋！"……

我说："吃什么不吃什么，不能以你喜欢不喜欢来定，而应该根据身体

需要的营养来定。吃自己不喜欢但有营养的食物，也是吃苦。从今天起，回家吃饭，不许挑食！”

我接着说：“还有，帮爸爸妈妈分担家务，也是不怕吃苦的表现。有没有同学会做饭会炒菜啊？”

好几个孩子举手了。

我随便抽了几位。有的说会炒蕹菜，有的说会西红柿炒蛋，有的说会烧排骨……

我说：“好，希望我以后有机会品尝你们炒的菜。”

同学们笑了。

我又说：“我再调查一下，每天在家里饭后洗全家人的碗的同学举手！”

好多同学都把手举起来了。

我很高兴地表扬这些同学，并让他们站起来，叫全班同学为他们鼓掌。

我说：“希望从今天起，每个同学在家里都能够坚持每天洗碗！好不好？”

同学们说：“好！”

我继续说：“吃苦还有一个含义，就是每天坚持不做自己非常想做却非常有害的事。大家想想，这样的事都有哪些？”

同学们马上说：“上网！打电子游戏！”

“对！”我说，“其实，本来上网也好打电子游戏也好，也没有什么。关键是你们这个年龄缺乏自控能力，很容易上瘾，而且不能自拔。好多同学本来成绩很好，可因为沉溺于网络游戏，结果就一落千丈！”

我说：“一个人要进步很难很难，但要堕落则非常容易。堕落的方法有很多很多，这里给大家介绍两种。一种叫作快速堕落法，呵呵！”

同学们很好奇地看着我。

“怎样快速堕落呢？比如，学校大门对面有卖烧饼的，你冲过去抢一个烧饼就跑，马上警察就来把你抓住了，送进派出所。这不就快速堕落了吗？”

全班哈哈大笑！

我说：“还有一种不知不觉舒舒服服堕落法，比如，网络游戏，多么舒服，多么陶醉！”我表现出陶醉的样子，“啊，多幸福啊！但是，你已经堕落了！这就是不知不觉舒舒服服堕落法！”

同学们不笑了，若有所思。

我说：“所以，大家一定不要迷恋网络，控制自己不要打电子游戏，这就是吃苦精神！”

同学们点头。我知道，尽管大家都懂这个道理，但真正要做到，还不是那么简单。我不会那么盲目乐观。

时间不多了，我说：“我是你们的副班主任，以后每周都会给你们上课。最后我还要送你们一句话，这句话，其实不用我送，因为你们在军训时已经知道了，那就是我们的校训，让人们……”

同学们情不自禁跟着我大声读了出来：“因我的存在而感到幸福！”

离开同学们之前，我给大家唱了一首歌，就是三十年前谷建芬给我谱的班歌《唱着歌儿向未来》——

“蓝天高，雁飞来；青青松树排成排，我们携手又并肩，唱着歌儿向未来……”

唤醒沉睡的天赋

“每个孩子都是天才！”这是我看完这本美术画册后不由自主发出的惊叹。

这些画儿的作者，不就是平时在校园热情招呼我“李校长好”“李老师好”的那些普普通通的孩子吗？但我以前真没想到，他们身上竟然蕴藏着绘画天赋。

而这样沉睡的天才，在我们身边还有多少呢？

作为践行平民教育的成都市武侯实验中学，有88%以上的学生为当地失地农民和进城务工人员的孩子。比起市中心那些知识分子家庭的孩子，他们显然没有良好的家庭文化背景，更没有这样那样的早期“智力开发”

或“艺术启蒙”。如果真有所谓“输在起跑线上”一说的话，那这些孩子早就“输在起跑线上”了。但这本画册中的每一幅作品，都是对所谓“不要让孩子输在起跑线上”观念的批判。

基于“把每个孩子放在心上”的良知和“办适合于每一个孩子的教育”的理念，我校开始了课程改革。其中最重要的举措，便是开设了满足孩子兴趣和需要的各类选修课程，有美术的，有音乐的，有体育的，还有各类生活技能的。我们给孩子提供了各种选择，通过选择进而体验，通过体验进而重新发现自己。短短的时间里，已经有不少孩子在某些方面显露了天赋，并取得了连本人都无法相信的成绩。比如，在我们学校的舞蹈《家乡的味道》中，孩子们以其出色的表演才能，从区到市再到省，一路过关斩将取得佳绩，进而代表四川省参加全国比赛再次获得一等奖；最近，该节目又收到国际邀请，即将赴澳大利亚演出！过去，谁能想到进城务工人员的孩子居然能把舞跳到悉尼歌剧院？又比如这本画册中，点线面、吉祥图案、戏剧脸谱艺术、鱼的纹样、粮食画、钟表造型设计、漫画……一幅幅构思独特、线条奇妙、充满魔幻般想象力的作品，竟然出自学画时间并不长的平民子弟，过去谁又能想象得到呢？

我小时候也曾经对美术和音乐充满兴趣。我自学过素描、国画和水粉，还临摹过马克思的肖像。我也自学过笛子、二胡和口琴。但无论美术还是音乐，都是自娱自乐的瞎弄。最终因为没有专业老师辅导，而不得不半途而废了。如果有现在的条件，没准我在艺术方面真会有些出息呢！所以，我现在就特别重视给孩子们尽可能提供条件，让他们能够发现自己的天赋，同时发展自己的才能。尽可能让我们身边沉睡的天才及早苏醒。

我和同事们所执着追求的，正是当年苏霍姆林斯基的教育理想：“要在每一个人（毫无例外地是每一个人）的身上发现他那独一无二的创造性劳动的源泉，帮助每一个人打开眼看到自己，使他看见、理解和感觉到自己身上的人类自豪感的火花，从而成为一个精神上坚强的人，成为维护自己尊严的不可战胜的战士。……人的充分的表现，这既是社会的幸福，也是个人的幸福。”

从某种意义上说，教育，就是为每一个孩子提供其发展的多种可能性。孩子们抓住了某种可能性，便可能改变其一生。而人生发展的“门票”是不会过期的。只要开始，便永远不晚。我期待着我校的课程改革，为孩子们提供更多的发展可能性，更期待着越来越多的孩子成为真正的“自己”！

一件小事

课间，我从初一年级的教室经过，一个稚嫩的声音从后面传来：“李校长，李校长！”我回头一看，是一个小女孩。

我俯下身问道：“有什么事吗？”

她仰着脸对我说：“我想问您，为什么有时候我们表演的时候，你不看完中途就走了呢？”

“嗯？”我没明白她的意思，“能说具体点吗？”

她说：“比如，前次我们进行素质队列操总决赛的时候，您为什么提前走了呢？”

我想了想，嗯，是的，那天学校体育馆举行素质队列操总决赛，我在开幕式上讲了话就离开了现场，因为当时急着去开会。没想到半个月过去，学生们还记着呢。我说：“对不起，当时我要去开会。”

小姑娘很体谅地说：“哦，没关系！我明白了。”

但我却感到了内疚，我摸摸她的脑袋，似乎这样便可以减轻我的内疚，同时我认真地说：“下次，我一定认真看完你们的表演，好吗？”

她点点头：“好的。”

我又补充一句：“如果你们班上有什么精彩的活动，请通知我，我一定争取去看，好吗？”

她笑了：“好！”她又说：“李校长，以后同学们的节目你一定要看完，不然这是不礼貌。”

我说：“嗯，好的。但有时候我的确有重要事。不过，以后如果我实在有重要事，我一定给同学们做个说明。”

她点点头。

我问："你是哪个班的学生啊？"

她回答："初一（7）班。"

我看了看她胸前的校牌，上面写着"谢丹"。

"嗯，我记住了。我也记住了你今天给我提的意见！谢谢你，谢丹同学！"

真没想到，孩子们那么在乎我是否在乎他们。当时，我讲完话就匆匆离开赛场的时候，心里一点都没有想到在场的孩子会怎么想。平时我总是给老师们说，要"尊重学生"，可我自己却也有不尊重孩子的时候，而且自己当时浑然不觉。当然，当校长总有一些突然通知的会必须去开，但是，我走的时候，为什么不给全场孩子们做个说明并表示歉意呢？这说明在潜意识里，我对孩子的确不够尊重。现在，孩子给我提意见，让我感到歉疚。

最近在外面讲学，我都要说到细节处对学生的尊重，我总要以我在深圳讲学时看到的一幕为例：孩子们在校门口排成两列，对每一位来到学校参会的老师鞠躬问好，可少数老师却视而不见，径直就进去了！我这样评论道："表面上看，这些老师不理睬给他们问好的学生是因为忙，但真正的原因，是骨子里面的尊卑观念，是等级观念！请问，如果是胡锦涛给你问好，你也会以忙为理由而不理胡锦涛吗？别说胡锦涛给你打招呼，就是你的校长或你的同事给你打招呼，你都不可能不理睬！但是，为什么对孩子居然就可以不理睬呢？"

可是，我有时候又何尝不是这样呢？比如今天这个女孩就让我脸红。

其实，我心中还有一个更大的内疚没有给这个女孩说，因为我不好意思说——那天，我离开体育馆之前，特意走到前来参观这次决赛的教育局陈兵副局长做了说明："陈局长，抱歉，我要去开会，不能陪您了。"陈局长很理解地说："没事，你忙去吧！"我既然都能够给局长打个招呼表示歉意，为什么就没有想到给孩子们做说明并表达歉意呢？

可见，我骨子里面也有着连自己都浑然不觉的等级意识和尊卑观念。

我想到陶行知说过，因为千年封建专制的影响，每一个中国人内心深处都有专制的倾向。当我们在呼唤民主与平等的时候，我们自己对别人很可能恰恰缺乏平等的尊重。陶行知说："民主的时代已经来到。民主是一种新的生活方式，我们对于民主的生活还不习惯。但春天已来，我们必须脱去棉衣，穿上春装。我们必须在民主的新生活中学习民主。”而所谓“民主的新生活”，我理解就是对人——无论是对总书记还是对普通的小孩子——的尊重。

杜威认为，民主不仅仅是一种政治制度，而且还是一种生活方式，并渗透于人们生活的方方面面。这是对民主更为深刻的理解。将民主看作一种个人的生活方式，即认为民主不只是一种形式或者说外在的东西，而是一种内在的修养。这种内在的修养体现于日常生活和与人交往的过程中：相信人性的潜能；相信每个人不分种族、肤色、性别、家庭背景、经济水平，其天性中都蕴含着发展的无限可能性；相信日常生活与工作中，人与人之间是能够和睦相处能够真诚合作的。民主的生活方式，意味着自由、平等、尊重、多元、宽容、妥协、协商、和平等观念浸透于社会的每一个角落，体现于生活的每一个细节。

而这种“细节”，我们每天都会遇到。也就是说，我们每天每时每刻都可能接受某种“考试”。那次学校的队列操总决赛，我的“考试”没有及格。

第二天，我在全校大会上对老师们说了这件事。我说：“平时我给大家说了很多关于尊重学生的话，可我在行动上却没有完全做到。这很不应该。希望老师们从我这件事上吸取教训，尊重孩子，从细节做起。”

因为不得不提前离场，我能够给局长说声“抱歉”却没想到给全校学生说一句“对不起”，这只能说明我的头脑里有着根深蒂固的不平等意识。中国传统文化只有等级而没有平等。中国正在走向现代化，而我理解的“现代化”首先是人的现代化。这里的人，就是现代公民。因此，教育者的使命就是培养学生的公民意识，其中，最重要的一点，就是平等意识。对教育者来说，培养学生的平等意识，与其说是煞费苦心的“教育”不如说是潜移默化的“感染”，即通过教师本人心灵深处平等意识的自然流露，给学生以“润物细无声”的影响。教师走进课堂，学生起立齐声说：“老师好！”教师应该真诚地鞠躬回应：“同学们好！”需要帮助的学生被叫到办公室，教师首先请他坐下；校园师生相逢，教师主动招呼学生，或者面对学生的问好，教师也真诚问学生好；课余，教师和学生不妨一起嬉戏娱乐……这都是自然而然地体现出师生尊严上的平等。平等只能在平等中培养——今天的教师如何对待学生，明天的学生就会如何去对待他人。

半个月之后，学校举行一年一度的田径运动会。我在致辞中，预祝运动健儿们赛出风格赛出水平，结尾我特别说了几句话：

“前不久，初一（7）班的谢丹同学给我提了一个意见，批评我在学校队列操总决赛的时候，没看完同学们的比赛就中途离场了。在这里，我除了向谢丹同学表示感谢之外，还诚恳地向全校同学表示道歉！明天，我又不得不出差。但是，今天我全天都在学校，一定观看同学们的比赛！请同学们谅解！”

全校同学给我以热烈的掌声。

我们只要给学生表达出一点点起码的尊重，学生都会很感动。其实，学生对我们是非常宽容的。

做一个孩子不怕的校长

那天一个小姑娘给我提意见，说我不看完各班的体操比赛就中途离场。这虽然让我内疚，但同时我也有一点点开心，因为孩子能够如此直截了当地给校长提意见，说明她没把我当校长，而是当成她的一个同学甚至一个朋友——只有对同学和朋友才会如此直言；或者说，她依然还是把我当校长，但她不怕我，因为她觉得我这个校长不可怕，所以她能够坦率地批评我这个“不可怕”的校长。

做一个孩子不怕的校长，这是我给自己提的要求。这也是我读苏霍姆林斯基著作所得到的最重要的教诲之一。

早年读苏霍姆林斯基，更多的还不是受到什么“启迪”，而是被感动——感动于他和学生那心心相印的交往和水乳交融的情感。在《帕甫雷什中学》一书中，苏霍姆林斯基记叙了他想和学生一起进行“水上旅行”的事：“可是我们没有船，于是我从新学年一开始就攒钱，到了春天，我就从渔民那里买来了两条船，家长们又买了一条船，于是我们的小船队出航了。可能有人会想，作者想借这些事例来炫耀自己特别关心孩子。不对，买船是出于我想给孩子们带来快乐，而孩子们的快乐，对于我就是最大的幸福。”

我发自内心地爱每一个孩子

我曾读过一本评介苏霍姆林斯基教育思想的著作，其中谈到一个外国记者参观帕甫雷什中学时发现：“在帕甫雷什中学，学生不惧怕校长。苏霍姆林斯基在哪儿出现，哪儿就有一群孩子围上来同他说东道西。学校里无论开展什么活动，大家都能看到他兴致勃勃的脸庞，他那种专心致志的神情让你觉得好像学校里只有这一项工作。”（毕淑芝等编著《苏霍姆林斯基的全面发展理论》第 4 页，上海教育出版社，1991 年 7 月第一版）这个细节让我感动，并自然产生联想：在那一刻，苏霍姆林斯基的脸上一定会呈现出只有孩子才会有的纯真的笑容！

当时，我根本不可能想到若干年后自己也会成为一名校长，但读到这里我依然这样想，假如我是校长，我也要让孩子们不怕我。

其实，我读小学读中学时，校长是没什么可怕的，因为我刚进小学，便遇上“文革”，校长是“走资派”，我经常参加学校组织的对校长的批斗，曾亲眼看着校长弯腰低头站在台上，远处一个石头飞过去砸中校长的头，鲜血立刻涌了出来，顺着脸往下淌。后来学校没校长了，取而代之的是“革

委会主任”和“工宣队队长”，前者往往是后者兼任。因此，说实话，在我的印象中，我是没怕过校长的。但我知道，不少学生是怕校长的。有一次，一位电视台记者扛着摄像机来办公室采访我，课间几个学生走了进来，和我很随意地打了招呼后，便在我办公室的书橱里面选了几本书，看我正忙着，便笑嘻嘻地走了。记者大为惊讶：“我记得我读中学的时候，看见校长都要躲的。你的学生怎么对你这么亲热这么随便！”我当时没说什么，因为我不知道怎么给他解释，只是很得意地笑笑。

可以说，当校长四年多来，这已经是我生活的常态了：早晨来到办公室，常常会在门缝下面发现塞的一些信，这是孩子们给我倾诉烦恼或提出各种疑问希望我解答；中午，我在办公室，有时候会有几个同学来找我“玩儿”——其实就是随便聊聊天；平时，有时候还有同学来到我办公室向我借书看；平时我在校园里，总会有我叫不出名字的孩子笑眯眯地向我问好。有一次，我从初一年级教学楼层走过，刚好是下课，于是无数笑脸迎着我喊着：“李老师好！”“李校长好！”那是我最幸福的时候。

通过和孩子们直接交往，我了解到许多孩子在家里和爸爸妈妈发生冲突，其原因往往是家长教育方法不当，引起孩子的逆反。刚当校长第一个月的时候，一天中午，三个女孩子来我办公室找我，向我诉说爸爸妈妈对她们简单粗暴的教育，其中一个女孩子说着说着便泪流满面。后来我根据这几个女孩子所反映的父母教育问题，写了一封给全校学生家长的公开信，给家长们讲科学有效的家庭教育。后来这个女孩告诉我，她的爸爸妈妈转变了很多。还有一次，我在校园里碰到一个男孩子，他突然上来和我拥抱，说：“李老师，您是我崇拜的偶像！”我问为什么，他说：“因为我读过您的书，《做最好的家长》。”我忙接着问：“你爸爸妈妈读了吗？”他说：“没有。”我又问为什么，他回答：“爸爸妈妈说他们很忙，没时间读。”我马上严肃地说：“请转告你的爸爸妈妈，就说李校长建议他们认真读这本书，好吗？”过了大概一个月，我又在校园里碰见了这个男孩，他对我说：“李老师，我爸爸妈妈读过《做最好的家长》了！”我很高兴，问：“爸爸妈妈读了以后对你的教育有什么变化吗？”他说：“有的。以前我考不好，他们要骂我，甚至有时候还打我，现在不骂我更不打我啦，而是帮我分析原因。”那一刻，我真是特别特别开心！

有时候，有的孩子因为遇到困难而找我。不止一次，学生向我借钱。曾有一个男生找到我，直接说："李校长，你能借二十元钱给我吗？"看着他信任而迫切的目光，我问都没问原因便立刻给了他二十元钱。我是这样想的，如果他不是遇到特别大的困难，是不会找校长借钱的。还有一次，我的办公桌上放了一封信，是一个女生写的，她说最近生活困难，无法交伙食费，想向我借两百元钱。这可不是个小数，我打算先找这个学生聊聊，了解一下情况。没想到我还没来得及找她，第二天她又在我办公桌上放了一张纸条："李校长，我中午来拿钱，好吗？"呵呵，我乐了！这孩子这么不客气，还真把我当朋友了！后来我当然还是借给她了。也有个别学生借了钱而不还我，但我不后悔借钱给学生，因为我不能因为个别学生没还钱给我（何况可能还有特殊原因呢）而辜负大多数孩子对我的信任。而这份朋友般的信任，是再多的钱也买不来的。

上面说的这些孩子，都不是我直接教的学生。在我当班主任和任课的班上，学生对我更加亲热，我和学生的交往更加亲密。给他们上课，我感到非常开心，这也是他们最快乐的时光。有一次我出差几天没上课，回到学校走进教室，全班同学以热烈的掌声欢迎我！这场面让临时来听课的一位河南校长大为感动。其实，这样的场面对我来说已经不稀奇了，不止一次，因为临时换课上语文，孩子们都惊喜地鼓掌。我当校长很忙，但我一有时间便往教室里面去，和孩子们聊天。有一年放寒假，我带着一群孩子来到公园，和他们一起做游戏，打扑克。后来他们滑旱冰，我不会，但站在一旁看孩子们轻盈地飞来飞去，也是一种享受。有一年冬天，我和孩子们在学校后面的小树林里玩捉迷藏、丢手绢……回去的时候，全班同学一起喊："李老师，我们爱您！"上学期，因为搞绩效工资要均衡老师们的工作量，当然也因为我太忙，我终于没有再当班主任，但是，我依然常常找学生谈心，或去班上和他们聊天。有时候课间路过教室，我也走进去绕一圈，心里很舒服。上次，一个记者来采访我班的学生，一个女生说："我没有把李老师当成老师，更没当成校长，他就是我的朋友！"

有的校长认为，校长应该直接面对教师，然后通过教师去影响学生。这个观点是正确的，但不全面。我认为，校长既应该关注教师，也应该深入学生。这样做，至少有四个方面的意义：第一，给老师们做出教育示范。

陶行知说："真教育是心心相印的活动。"既然是"心心相印"，教育者就必须随时和学生保持情感的交流和心灵的沟通。校长，不仅仅应该是一个杰出的学校管理者，也应该是一个出色的学生教育者。我常常请青年老师们听我的课，或观摩我的班会课，就是想以此提升教师的成长。最好的管理莫过于示范。校长本人身体力行和学生的交往行为，胜过许多居高临下的苍白"号召"。第二，直接了解孩子们的心声。让一代又一代孩子全面发展，健康成长，这是办学校的根本目的。因此，真切地了解孩子们的喜怒哀乐，包括他们存在的问题，学校工作各环节是否真正有利于学生的成长，这是校长必须做到的。直接和孩子交往，和他们交谈或通信，深入班级，深入课堂，能够让校长尽可能全面而真实地掌握学生们的脉搏，了解学校教育教学的真实情况，进而为自己制定学校的大政方针提供科学的依据。我们学校正轰轰烈烈展开的课堂改革，起因就是我通过对许多学生的调查，深感大多数学生对课堂不满意，于是学校才做出了课堂改革的重大决策。第三，真实地理解教师的工作和他们的精神世界。学校搞课堂改革之初，有老师不理解，也提出了一些困难。我给老师们上研究课，也就是采用新的课堂模式上课。通过这些研究课，发现老师们说的一些困难还真不是借口，而是的确存在，比如进度呀，管理难度啊，如何体现出语文课的特点啊，等等。于是我们针对这些问题想解决的办法，调整我们的改革方案。初三老师们都很辛苦，我一方面在大会上鼓励老师们，也表扬老师们顽强拼搏的精神，但同时，我深入初三每一个班去上班会课，对学生们进行励志教育。我以此表明我和初三老师是在一起拼搏的。正是通过和学生接触，了解到了老师们的可敬与不容易。第四，让自己保持一颗纯真的童心。由教师而当校长，很容易疏远教学而"行政化"起来，过去善于感动的心，可能慢慢变得不那么敏感起来。我们往往更多的时候是和局长和其他上级领导打交道，想得比较多的是宏观的"教育理念""发展模式""社会品牌""国际影响""打造名校"……却往往忽略了或视而不见每天在校园里所见到的一个一个具体的孩子。在这里，"理念"提升了，"人"却失落了！校长直接和孩子接触，努力做一个孩子不怕的校长，能够让我们的纯真的教育心不至于被"行政职务"甚至被"官场"所锈蚀。而一颗纯真的童心，对于一个校长来说，是至关重要的！

写到这里，我不禁想到了苏霍姆林斯基曾在《给青年校长的谈话》中，把校长称作“主要教育者”，他说：“如果主要教育者只是教别人怎样教育而不直接接触孩子，他就不再是一个教育者了。”

小　珂

今天，初三一个女孩来到我办公室，说她感到学习压力太大，有点承受不了了，想让我帮帮她。

女孩怯怯的，非常含羞。我请女孩坐下，然后问她叫什么名字，她告诉我了。我说：“你名字中有一个‘珂’字，看你爸爸妈妈多爱你呀，把你当玉呢！”

她笑了，说：“珂就是玉一样的石头。”

我说：“不对，珂本身就是玉。我给你说，汉字中，凡是王字旁的字，都是玉。其实也不叫王字旁，应该叫玉字旁，因为最早‘玉’字就写作‘王’，‘王’就是玉，后来有了‘大王’的‘王’的意思，为了区别这两个字，便把王字加了一点，成为‘玉’字。”

“哦。”女孩点头答道。

几句话下来，女孩明显不那么拘束了。

我问：“谢谢你对我的信任啊！有什么需要我帮助的呢？”

她说：“我感到学习压力大。”

“具体说说，哪一科的学习压力大？”我问。

“英语，数学也是。”她的声音很小声，好像有些不好意思。

“嗯。”我沉吟道，想了想说，“具体的学科学习，你的任课老师比我更有能力给你指导，我不教英语也不教数学，不敢乱说。不过，根据我女儿以前学习的经验，英语就是多读呗，多记单词，熟能生巧。数学除了多练，就是要多琢磨典型的例题。我女儿以前就是这样的。她小学数学并不好，

但进中学后数学成了她的优势学科，方法之一就是没事爱研究例题。当然，还是刚才的那句话，具体的学科，你还是要多问你的任课老师。”

她点头。

我问她：“你以后想做什么呢？有没有考虑呀？”

她欲言又止：“我……我的想法有点不现实。”

我笑了：“没关系！随便说说，你以后有什么打算？”

“我想长大后搞搞心理咨询。”声音很小。

“好呀！你怎么想到以后要做心理咨询呢？”

她说：“我曾看到过我爸爸读一本书，就是心理咨询的，我觉得很有意思。”

我问：“你爸爸做什么呢？”

“开了一个铺子，做小生意。”

“妈妈呢？”

“也和爸爸一起做小生意。”

我说：“心理咨询，得读大学，大学里才有这个专业。你高中想读什么学校，想过吗？”

她说：“武侯高级中学。但不知能不能考上。”

武侯高级中学是重点高中，她现在对自己的学习没信心，这样说我能够理解。

我开始开导她：“你说你压力很大，我谈谈我的看法，供你参考。第一，从横的看，压力人人都有，全中国的初三孩子，全省的初三孩子，全市的初三孩子，都有压力，不是你一个人才有压力。想到这一点，你会感到不那么可怕，因为人人都有呀！如果大家都健康而你生病，你会非常难受，但如果大家都得了病，你心里会好受些。如果别人都有饭吃你却饿肚子，你会难受，但大家都一起饿肚子，你就不会那么难受了。压力也是如此。你要经常想想，大家都一样！从纵的看，现在、将来，直至终生，压力永远有，连我现在也有压力。想到这一点，你会感到压力是人生的常态。人在不同的阶段总有不同主题的压力。有压力是正常的，没压力才不正常。”

她认真地听着，不时点点头。

我继续说：“既然人人都有压力，那就看谁沉得住气。打个比方，我以前带学生去登峨眉山，那时没索道，全是走路上山，要在半山腰歇一夜，第二天继续登。快到山顶的时候，坡特别陡特别长，听那名字就恐怖，‘五里坡’‘七里坡’，还有‘钻天坡’！你可想想登山时的艰难，那时候大家都累了，几乎到了极限，根本就不想往上登了。我便对学生们说，现在没有人不累，就看谁沉得住气。沉得住气的就一步一步往上登，不管还有多高有多远，不去想了，反正走一步算一步。最后，我们便登上了山顶。而沉不住气的，便往回走，下山了。现在的初三就相当于快上山顶了，而你就属于那有些沉不住气的人了！”

她笑了，有点不好意思。

“所以，”我说，“你一定要沉得住气。大家都一样的，所有初三学生都和你一样有压力的。”

“另外，我想问问你，”我话锋一转，“你觉得初三最坏的结果是什么？”

她没反应过来，看着我，眼睛充满不解。

我说：“是这样的，我们做一件事，如果把最坏的结果想到了，而这个结果又能接受，我们就无所畏惧了。”

她明白了我的意思，说：“最坏的结果就是考不上普通中学，而去读职高。”

我问：“对读职高，你能接受吗？”

她毫不犹豫地点头：“能。”

我一拍大腿：“这就对了嘛！你还怕啥呢？大不了读职高！你这不就一下轻松了吗？”

她笑了，点点头：“是的。”表情开朗多了。

“把最坏的结果想到，然后朝最好的方向努力，豁出去了，拼了！即使没能如愿，这最坏的结果也不错，还有什么能够难住你的呢？”我说。

她继续不停地点头。

我继续说：“你读职高，选一个专业……”

她说：“职高没有心理咨询专业吧！”

我说：“嗯，好像没有。不过，你先选一个你能够接受的专业，然后可以自学心理学呀，以后可以去考心理咨询师的证书呀！以后的发展谁能说得定呢。其实，退后一步想，即使你没能考上大学，甚至也没能从事

你喜欢的心理咨询工作，只要你善良而勤劳，这一生你完全可以过得很幸福的。”

我想到了宁玮，说：“我给你讲讲我以前一个学生的故事，她叫宁玮，当年考大学落榜了，后来一路打工，二十多年来，过得很快乐。”我讲了宁玮如何在北京餐馆打工，如何赢得顾客的尊敬，如何为劝两个打架的顾客而被误伤鼻梁；讲她如何回到成都打工以自己的善良赢得领导的重用，如何辞去经理职务去为民工兄弟开餐馆，如何又以自己的善良赢得民工的尊重……

她听得很认真。我说：“宁玮是我一个普通的学生，现在也是一个普通的人，但她幸福。虽然按世俗的眼光，她并不出类拔萃，但是——幸福比优秀更重要！我想你以后不管做什么，也能因自己的善良获得幸福的！”

她不停地点头。想到宁玮，我起身从我的书柜里抽出一本书，说：“我送你一本我的著作，叫《爱心与教育》，这里面有宁玮的故事，还有我其他学生的故事，你一定会喜欢这本书的。”我一边说，一边翻开扉页给她签名，还写了一句话：“永远是朋友！”

我递给她：“你星期天可以看，一个月就可以看完。”

她说：“我今晚就可以看完。”

我说：“那你哪有时间做作业呢？还是慢慢看吧。”

我又接着刚才的话说：“包括你现在每一天的学习，同样要善于享受快乐。你的性格比较内向，应该多和同学交往，在交往中获得快乐；面对难题不退缩，最后攻克了难题，这也是一种快乐。每天早晨起来，想想开心的事，让自己心胸充满阳光，让自己的每一天都开开心心，多好！你想，假如——我说的是假如，你明年中考后的结局就是读职高，那么，你开开心心也是读职高，哭哭啼啼也是读职高，那还不如开开心心呢！还是那句话，幸福比优秀更重要。”

她又笑了。

我说：“我的意思不是不要你追求上进，而是说心态很重要。你放下包袱，轻装上阵，反而会获得比想象还好的结果呢。”

不知不觉一个小时过去了。我说：“我说的这些对你有帮助吗？”

她说：“有的，现在我的心情要轻松些了。”

我说:“我不可能帮你去掉压力的，但我希望你能够从容一些，开心一些。我要谢谢你对我的信任！你有什么困难，还可以来找我，随时都可以找我……哦，不对，我经常不在办公室，有时在听课，有时在上课，有时在小学，有时候在外面开会，你不好找的。呵呵！不要紧的，你可以给我写纸条嘛！对了，我把QQ号告诉你，你可以在QQ上给我留言嘛！”

我拿出一张名片，把我的QQ号写在上面递给她:“告诉你，我不轻易给别人QQ号的，因为我太忙太忙，全国各地的老师和学生经常都希望加我，可我实在不敢同意。但是，我的学生是例外。我再忙再忙也要帮你们的。”

我又故意说:“我给你说说我的QQ名。”

她赶紧拿出笔来记，我说:“不告诉你。”

她很惊讶地问:“为什么？”

我说:“好吧，那我给你说……不告诉你！”

她笑了，说:“那我自己查。”

我说:“不告诉你！”

她还没反应过来。

我说:“哈哈！我的QQ名就是‘不告诉你’！”

她大笑起来。

临别时，我再次感谢她对我的信任:“握个手！”

一只大手和一只小手握在了一起。

最后一班校门礼仪队

早晨，我来到学校，习惯性地在门口看潮水般涌进的学生。“李老师好！”“李校长好！”不绝于耳。我也不停地回道:“同学们好！”

大门里侧两旁，以标准的立正姿势站着身披佩带的初二学生，一男一女各一列，他们迎接着师生的到来。每来一个老师，他们便大声问好：“老师好！”并微微鞠躬。

已是冬季，尽管成都不是冰天雪地，但毕竟是早晨，气温还是比较低的。我想，这几天值周的孩子们一定很冷吧！

问他们冷不冷，他们都说：“不冷！”

孩子是可爱的。

但我想，为什么一定要这个所谓的“校门礼仪队”呢？

是为了培养学生对老师的礼貌吗？但现在好多老师都开车从专门供小车进出的学校后门进入学校，为了给少数几个老师问好，就不惜让孩子瑟瑟立于寒风中吗？

是为了检查上学的同学是否衣着整洁、是否戴校牌吗？这项工作值周老师就可以做的，为什么一定要值周学生做呢？

是为了营造早晨校门一种整齐庄严的气氛吗？早晨那么拥挤，潮水般涌进的孩子们不可能让校门口庄严，庄严的只是两列值周生。有这个必要吗？

……

近年来，媒体经常说，某某地方为了迎接领导前来视察，让孩子们停课站在路旁，或顶骄阳，或迎寒风。每天早晨学校这一幕，当然还没那么严重，但我认为，两者不过是“一百步”和“五十步”的关系，究其实质是一样的。

有的老师会说，每天早晨老师来到学校，听到孩子的问候，这是学生对老师的基本礼貌。而我认为，这种哪里仅仅体现在早晨这个时候。平时在校园，在教室，在课堂，师生互相问候，不更自然吗？

我刚来当校长的时候，校门口也是这样的学生礼仪队，用甜美的声音向每一位前来的老师问候，但相当一部分老师不理不睬，如入无人之境。我敢说，这样的情况，在许多学校都存在。两排孩子给老师问好，还鞠躬，老师理都不理，这叫什么礼貌？这叫什么教育？我看了非常难受。后来经过我在全校教工大会的提醒，我校老师非常好，不管是早晨进校门，还是平时在校园，只要学生问候，老师总会笑眯眯地回礼，很多时候许多老师还主动招呼学生。比如今天早晨，我就看到许多进来的老师几乎是同时和学生问好。

早晨的校门口站着两排值周生，这样的景观已经存在很久了，也不知从什么时候开始的，而且现在还在中国的几乎每一所学校存在，但为什么要存在，却很少有人想过。很少有人想过，便成了理所当然，天经地义。

然而，我认为这样的做法是不妥的。从大的说，不仅违背以人为本的理念，而且客观上是一种尊卑观念的体现；从小的说，没有必要，多此一举。

于是，先找书记说了我的想法，他表示同意。我又找了一些班主任征求他们的意见，我说我建议从下周起把值周生站校门口的惯例取消。最后又找来德育主任，谈了我的看法。他们都说这种形式已经失去意义了，还是务实一些好。

我说："但是，值周老师依然要站在校门口，目的不仅仅是学生的礼仪检查，更是为了用笑容迎接每一个孩子的到来！"

八点钟，撤岗的时间到了。我给孩子们说："你们辛苦了！你们是最后一班礼仪队。我给你们照个相做纪念吧！"

给他们照了相，他们说："李校长，我们一起照个相吧！"

当然可以。于是，在这冬日的早晨，我们依偎在校门口，留下了温馨的合影。

称　呼

亲爱的同学们，老师们：

大家好！

今天我在这里演讲的话题是"称呼"。

那天，唐剑鸿老师在和我聊天时说，有学生叫他"唐校助"，他感到不舒服。其实，我常常听有同学在校园里招呼"某主任""某校助"，心里总觉得别扭。别扭在哪里呢？本来，那个老师的确是主任啊，那个老师的确是“校助”啊！可是，这称呼用于一个天真无邪的孩子招呼他的老师，总觉得怪怪的。

为什么不称呼“老师”而要叫职务呢？背后的原因，还是中国人根深蒂固的官本位思想。中国人都习惯于叫干部的头衔，比如某局长、某校长、某科长，而且有趣的是，第一，从来都把副职叫成正职，比如王副市长，往往叫成“王市长”。第二，叫着叫着还把“长”给省略了，简称为“雷局”“胡科”“王队”之类，让人莫名其妙。

如果都以叫干部职务为时尚，那对同学的称呼，是不是也可以有“某班长”“某班委”“某主席”“某书记”“某部长”“某副部长”呢？若真这样，那学校则成了官场了，学生干部之间则应该互称“同僚”，在老师面前则应该自称“卑职”！多么可笑，又多么可怕！

中国现在是共和国，每一个国民都应该是公民——注意，我这里说的是“应该”。公民，就意味着拥有民主情怀和平等思想。这种民主情怀和平等思想，可以体现在大的方面，也可以体现于生活细节，比如称呼。作为理应成为现代公民的每一个同学，都应该唾弃任何具有封建色彩的官本位思想。在校园，学生之间只应该有一种正式称呼，叫“同学”——一起学习；所有教育者，无论他是班主任还是任课教师，或者是主任、校长，在同学口中也只有一种称呼，叫“老师”。“同学”和“老师”是校园最美的称呼，既平等又尊重。

我还听到有个别同学背后对老师直呼其名，这也不好。虽然名字本来就是给人叫的，但作为学生，直呼老师的名字，这不是平等，而是缺乏礼貌，缺乏教养。而礼貌和教养，也是现代公民的基本素质。

顺便说一下，我来这里当校长第一天，就给老师们提出了要求，希望不要叫我“校长”，而叫“老师”，这不是一般意义上的谦虚，更不是故作谦虚，而是希望从称呼上在学校倡导一种平等意识。六年了，的确有老师一直叫我“李老师”，但很遗憾许多老师一直叫我“李校长”。我希望以后老师和学校干部之间，都互称“老师”，这是一种真正的尊重。而且互相为师，彼此学习。这是人与人之间的一种境界！

公民意识，从细节体现；平等观念，从称呼开始。希望同学们从今天起，纠正对别人的不恰当的称呼，让“同学”“老师”的称呼成为我们学校永远的时尚！我也希望，从今天起，再没有同学叫我“李校长”，而是叫“李老师”。

谢谢！

留住童心

2009 年 4 月 16 日上午，第一节课，我去唐文老师班上上班会课“留住童心”。

走进教室，有同学趴在桌上，有人虽然没有趴在桌上，但东张西望。一看就是一个纪律涣散的班。大家见我进来了，却没有人鼓掌。后来，让唐文对我做了介绍，大意是说，班上最近情况不太好，李校长在百忙中来给我们谈心，让我们对李校长表示欢迎。同学们才不太热烈地鼓掌。

我就从掌声说起：“我到过很多班上课，这是第一个没有鼓掌欢迎我的班。我不怪大家，因为如果大家违心地鼓掌，我也不舒服的。但是，我希望我今天这堂课结束的时候，同学们能够发自内心地鼓掌。”

同学们还是漠然地看着我。我想，必须先用一个话题吸引大家。

“我先考大家一个问题，”我说，“请问‘儿童’是指多少岁以下的人？”

果然，这个问题引起了大家的思考，不少同学纷纷发言：“8 岁！”“6 岁！”“12 岁！”……课堂上开始活跃起来。

我说：“都没说对。关于‘儿童’的概念，有国际标准和国内标准。国际标准是 18 岁以下的人。比如,《国际儿童公约》就是这样界定‘儿童’的。国内标准呢，是以 14 岁为界，因为年满 14 岁就可以入共青团了。那么，请已经满了 14 岁和今年满 14 岁的同学举手！”

同学们都把手举了起来。

“嗯，那就是说，在座的同学已经告别或即将告别儿童时代。”我说，“然而，我们在告别童年的时候，是否把童心也告别了呢？今天，李老师给大家带来的话题就是——”

我一边说一边在黑板上写下四个大字：“留住童心”。

我说：“每天看报，都会看到一些关于犯罪分子的新闻。比如最近，报上就说一个警察喝了酒，与人发生纠纷，他拔枪就把对方杀害了，最后被判死刑。我看到这些新闻就想，难道这些人生来就是犯罪分子吗？最近我班的孩子对我说，初三一些哥哥姐姐抽烟，行为习惯不好。那天在公共汽车上，几个初三的姐姐把脚放在前面的椅子上，弄脏前面坐着的阿姨的衣服，阿姨批评她们，说你们老师没有教育过你们要有教养吗？几个姐姐不接受批评，还说‘没教过没教过’。我想，这些孩子从小就是这样的吗？无论是犯罪分子，还是行为习惯不好的学生，包括我们每一个人，来到这个世界上的时候，都是纯洁无瑕的。我现在还保留着我几个月大的照片，照片上的我白白胖胖，傻乎乎的。其实每个同学都可以拿出这样的照片。照片上的婴儿，就是‘赤子’！这里的‘赤’不是红色的意思，而是纯洁的意思。我们每一个人来到这个世界，都是一样的纯洁。可是——”

我开始放慢语速，缓慢深沉地说：“我们是什么时候，在什么地方，通过什么事开始慢慢变得不那么纯洁甚至开始堕落的？每年初一的孩子进校，都是那么天真无邪。我现在都还能够记得去年我迎接我班孩子的情景，在教室里，刚进中学的孩子们用一双双明亮清澈的眼睛看着我，让我感动。其实，你们当初也是睁着这一双双明亮清澈的眼睛走进我们学校大门的。可是，从什么时候开始，这明亮清澈的目光，开始变得浑浊起来？什么时候开始，你习惯于用不屑的表情乜着眼睛看人？从什么时候开始，你变得什么都满不在乎变得玩世不恭起来？什么时候开始，你的言谈举止你的发型穿戴变得像个社会上的小痞子？”

同学们都抬起头看着我，专注谛听着。每双眼睛闪烁着清澈的光泽。

“现在，我再做个秘密调查。所谓‘秘密调查’，就是每个同学都不知道其他同学的答案。这样吧，每个同学都趴在桌子上，把头埋在胳膊里，然后听我说题目，举手或不举手表达你的意愿。”

同学们乖乖地趴在桌上了，都把头埋下。有个别同学埋下头之后又抬起头，好奇地看别人。我说：“快把头埋下！如果你看别人，就是作弊。”于是，每一个人都把头埋下了。

我开始说调查题目："第一，你是否愿意做一个善良而上进的人？请想想再举手。"慢慢地有同学举手了，一个，两个，三个，五个……最后大多数同学都举手了。我数了数，共 39 人。

我继续说："第二，你对自己满意吗？"这次绝大多数同学都没有举手。只有两个同学举起了手。

"第三，"我接着说，"你是否愿意自己的班是一个充满正气的班集体？"多数同学渐渐举起了手，我数了数，共 44 人。

"最后一个问题，你对自己的班集体满意吗？"也只有两个同学举手。

调查完毕，我请同学们抬起头，坐直。

我说："非常感谢同学们和我配合完成了调查，你们能够表达真实的意愿，我很高兴。不过，我现在还要继续调查，请大家拿出纸和笔，书面回答，你为什么对自己不满意？"

同学们开始写了。我问一个男生："请问你为什么对自己不满意？"

他说："我行为习惯不好。"

我说："能具体说说吗？"

他说："我吸烟。"

我说："吸烟是不好，但现在我要表扬你，第一，你认为吸烟是不好的行为，第二，你公开承认自己的错误，第三，你向校长承认错误。所以我表扬你，因为你童心未泯。请坐。"

我又问另一个女同学："你能说说你为什么对自己不满意吗？"

她说："我学习不认真，很懒。晚上回家不想做作业。"

"嗯，"我说，"我也要表扬你能够认识到自己的不足。"

我对同学们说："这两个同学，一个说的是对自己行为习惯不满意，一个是对自己学习态度不满意。这两个方面刚好代表了我们平时两个大的不足。"

其他同学在写纸条。

我又问："你们为什么对自己的班不满意呢？请你说说，好吗？"我走到一个男生的面前，向他示意。

他站起来说："我们有些同学爱欺负人。"

我又请另一个男生回答，他也说："有同学老欺负人。"

我问他："你欺负过同学吗？"

他说："没有。我老被人欺负。"

我说："嗯，欺负同学，这的确非常不好，人与人之间都是平等的，没有任何理由不尊重别人，更没有理由欺负别人。"

在我和几位同学对话的时候，其他同学的纸条都写完了。我请几个同学帮我收了上来。

我说："同学们能够看到自己和班上的不足，这就表明你们有进步的愿望。我们今天的主题是'留住童心'。有童心的人，有教养，懂礼貌，有上进心，尊重别人，善良，正直。遗憾的是，现在并不是每一个学生都是这样的。随着年龄的增长，他们的童心并没有留住。"

我开始谈到我女儿的感受："我女儿现在在法国留学，她刚去法国的时候需要租房子，结果她发现，好多法国人不愿意租房子给中国学生，而宁愿租给日本人、韩国人。因为我女儿的模样有点像韩国人，她又会说韩语，所以法国房东真以为她是韩国人，所以她比较顺利地租到了房子。法国人为什么不愿意租房子给中国人呢？因为现在的许多在海外的中国留学生形象实在太糟糕，在法国人眼里，中国人没有教养，谈吐粗俗，不讲卫生，缺乏诚信，不求上进，只图享乐……这些中国学生的言行给中国人丢脸，也让外国人看不起中国人。我们不要怪法国人看不起中国人，要怪我们自己不争气啊！十年前，我去法国参观巴黎圣母院，排很长的队，终于走到圣母院大门口了，我看到门口上方挂着一张大纸，上面写着两个大大的汉字'沉默'。我当时没有多想。多年后，我的一个朋友从泰国旅游回来，对我说，在泰国好多地方都有'请勿随地吐痰''请勿乱扔果皮纸屑'等提示的牌子。开始他还很得意，想，看来外国人也不讲卫生。结果导游提醒他，看看有没有非中文的提示牌，他一看，果真没有，导游说，这是专门写给中国人看的，因为中国人最不讲卫生。我听的时候猛然想到那年在巴黎圣母院看到的那张写有'沉默'的纸，也只有中文，没有其他文字的提醒。看来也是专门提醒中国人的。你们看，这就是他们眼中中国人的形象。"

教室里非常安静。我继续说："好，我把话题转回到咱们班，每一个同学想想，懂礼貌，讲卫生，勤奋好学，尊重别人，这是不是从小就懂得的道理？你现在还保留着你小时候的纯真可爱吗？"

我把话题一转："当然，我们也不是没有过善良上进的时候，但我们没有能够战胜自己。每一个人的心灵深处，都有两个自我……"我在黑板上写下"两个自我"四个字，"一个高尚，一个卑下；一个勤奋，一个懒惰；一个勇敢，一个懦弱；一个善良，一个邪恶……著名翻译家傅雷在翻译《约翰·克利斯朵夫》的时候，在扉页上写道：'真正的英雄不是没有卑贱的情操，而是永不会被卑贱的情操所征服；真正的光明不是没有黑暗的时候，而是不会被黑暗所湮没。'说的也是两个'我'的搏斗。关键是哪个'我'占了上风。举个例子，晚上在家学习，你想玩了，心里就开始犹豫了，学习呢，还是玩儿？很多时候，你会对自己说，还是休息吧，身体是革命的本钱啊！再说，我是去喝水嘛！我是去吃水果嘛！你就找许多理由安慰自己，原谅自己。到客厅喝水的时候，你手里端着杯子，眼睛却盯着电视节目。一晃时间就过去了，学习任务也没完成。你们看，这时候，懒惰的'我'，就战胜了勤奋的'我'。"

我给他们讲我过去的一个学生的故事："我以前教过一个学生，叫邹冰。这个学生缺点非常多，打架、旷课、不做作业，等等。但我就给他反复讲'两个我'的道理，讲战胜自己的道理。后来他决定战胜自己，可是又管不住自己，便要求和班长坐，请班长监督他。慢慢地，经过班长的帮助，我也多次教育他，当然，更重要的是他自己战胜了自己，他终于进步了。虽然我多次狠狠批评他，可他对我感情很深。高中毕业的时候，他没考上大学。那时候我已经到盐道街中学外语学校工作，他便给我打电话说要到我学校插班补习，继续做我的学生。我对他说，我现在教高一没教高三，他说，不要紧，只要每天能看见老师就行。于是我便联系他来到我所任教的学校补习，我还请他到我班上来给同学们讲他以前班上的故事，讲同学们怎么帮助他。再后来，他当兵去了。有一年回成都，下了火车他打的回家，特意让师傅绕道到我家来看我。门一开，我看是邹冰，连忙叫他进屋，可他不进来，说出租车还在下面等他，他就来看我一眼，说过几天再和其他同学来看我。看着他离去的身影，我非常感动！这个孩子当初多么气我啊，可他终于有出息了！"

同学们听我讲的时候，非常专注，都凝视着我。整个教室一片宁静。

"我今天给大家讲邹冰，就是想告诉大家，只要你有上进心，肯定就能够进步！老师帮助你，真的都是为你好。现在你不一定能够理解老师，但你长大后懂事了就一定能够理解。邹冰来看我，曾说，哎呀，以前李老师批评我，我不理解。现在知道了老师是为我好。我当初怎么那么糊涂啊！现在唐老师也经常批评你们，你们应该理解唐老师的一片苦心。不要等到将来才理解唐老师。我告诉大家，唐老师是一个非常优秀的老师。在我们区都是很有名的物理骨干教师，所以经常有些学术活动需要他参加，去年我对唐老师说，作为一个真正优秀的老师，还必须当班主任。唐老师说，好啊，下学期我就当班主任。可是没想到，唐老师当你们的班主任当得很痛苦，因为同学们太不懂事了。唐老师特别善良，脾气也很好，一片好心来当你们的班主任，付出得太多，你们知道的，唐老师的孩子还很小……”

我说到这里，许多同学都点头，表示知道。

“那么，你们这样不听话，气唐老师，这不是太欺负人了吗？再说了，唐老师即使痛苦也不过就一年多了，你们也就毕业了，到时候他也就解脱了。可是耽误了学业，你们一辈子吃亏啊！所以同学们一定要珍惜唐老师，听唐老师的话。”

我又说到我自己：“没有人不犯错误的，李老师也不例外。你们想听听李老师中学时犯过的错误吗？”

同学们都说：“想听。”

“好，那我就讲讲。”我说，“你们说，李老师那时会犯什么错误呢？”

有同学说：“逃课！”

我说：“不可能。李老师从小学到大学，成绩都很好，从来不会在学习上犯错误。而且一般情况下，李老师当时也算是一个优秀的学生。记得初一的时候，我们班很烂，于是到了初二，学校便把我们班拆散了。我是被我后来的班主任作为优秀学生抢过去的。但我也犯过错误啊！我曾经在农村上学，我母亲把我送回老家农村读书。有一次，老师要求我们为学校养猪场割猪草，还规定了任务，每个学生上交10斤猪草。那是严冬时节，我的手长满了冻疮，肿得像个馒头，而且我在城里长大，也不认识什么叫猪草，所以，尽管对其他农村同学来说，割10斤猪草是很容易完成的任务，但对我来说，却比登天还难。但我也不能不去割呀！于是，我拿着一个竹篼和镰刀走出学校来到田野，四处游逛，却很难找到什么猪草。我听说猪要吃油菜叶，于是只好在油菜地里摘一些发黄的油菜叶往竹篼里扔，但离10斤的任务还远得很！手越来越痛，我实在受不了了，便灵机一动，捡了两块砖头，放在竹篼下面，然后将油菜叶覆盖在砖头上，这样，我的任务便‘完成’了！回到学校，把我割的猪草拿去过秤，居然蒙混过了关。但是，下午我的作弊便败露了，养猪的大伯在切猪草时发现了我的砖头，我遭到了班主任严厉批评。校长专门找到我，同样给我严厉的批评。校长是我父亲的同学，也是我父亲的入党介绍人，我父亲是一个非常正直的人，在我9岁时便因病去世了。记得校长当时说了一句在我看来很重的话：‘李镇西，做人第一！我不指望你将来长大后成为多么有出息的人，只希望你成为不给你父亲丢脸的人！’校长这话让我无地自容，觉得自己真是对不起我父亲。”

听到我把油菜叶当猪草，同学们都笑了起来，但听到后来我挨批评，大家的表情也严肃起来。我继续说：“后来读高中，我还犯过一次错误。当时我的成绩很好，班主任张老师非常喜欢我。因为我文章写得好，张老师经常当着我的面向其他老师夸耀：‘这是我班的秀才！’我受宠若惊便难免得意忘形。为了取笑班上一位年龄较大的农村同学，我在他桌子上赫然写下一行毛笔字：‘祝你安度晚年！’张老师知道后非常气愤，当着全班指着我的鼻子勃然大怒道：‘李镇西！你简直被我惯坏了！……’当时我伏在桌上痛哭很久。但知道我是把自己的快乐建立在别人的痛苦之上，并且我从此知道了人的尊严都是平等的，任何人都没有理由伤害另一个人的尊严。”

同学们依然听得非常专注。

我说：“本周星期一，我在升旗仪式上批评了骂人说脏话的同学。同学们想想，难道我们生下来就会说脏话吗？当我们说脏话的时候，我们的童心已经丢失了！同学们一定要知道啊，你说脏话就等于在撕自己的脸皮啊！我生气和心痛的，还不仅仅是有同学说脏话，更因为这些说脏话的同学，在说的时候丝毫没有害羞的样子，那么自然那么心安理得。他不知道，他每说一句脏话，就等于在向别人宣布：我是一个没有教养的人！我的爸爸妈妈也没有教养！其实，同学们养成了说脏话的习惯也是可以改正的，这依然需要毅力，需要战胜自己。也可以让同学监督提醒你。我们班也有很多同学说脏话，但现在可以非常骄傲地说，我们班说脏话的现象大大减少，不敢说全校，至少我们初一年级，是说脏话最少的年级！因为同学都互相监督提醒，每天专门有同学记录说脏话的同学，还有谁说脏话的次数，然后及时批评提醒。因此，班上说脏话的现象就越来越少了。我相信，你们也做得到！”

时间过得很快，我看快下课了，便给同学们读了一段资料——

美国一个叫福尔姆的哲学家写了一本书《我们得回到幼儿园》，其中写道——

1987 年 5 月，75 位诺贝尔奖获得者在巴黎聚会。有人问其中一位老人：“您在哪所大学学到您认为最重要的东西？”那位老人平静地回答：“在幼儿园。”“在幼儿园学到什么？”老人回答，在幼儿园学到：

要乐于同别人分享你的一切东西；

要公平正直、光明正大地与别人竞争；

永远不要打人；

把你找到的东西放回原处；

你弄乱的一切要由你来负责整理得井井有条；

不要拿不属于自己的东西；

在你伤害别人时要道歉；

吃饭之前要洗手；

要知害羞，要有廉耻之心；

热牛奶有利于身体健康；

要让生活过得丰富多彩；

不仅在每天都要有所学，有所思，还要在工作的同时作作画，唱唱歌，跳跳舞；

每天下午要小睡一会儿；

在踏入社会的时候，要随时注意交通安全；

要互相团结，彼此扶助；

要始终保持一颗惊喜、好奇的心。

面对同学们一张张专注的面庞，我说：“最后，我赠送大家一句话，这句话是英国剧作家萧伯纳说的……”

同学们赶紧拿出笔开始记录——

“一个人感到羞愧的事越多，他就越高尚。”

我说：“对这句话我就不多解释了。非常感谢同学们这么认真地听了我四十分钟的讲话。我没有想过这一番话就能够使你们和班级发生翻天覆地的变化，如果那样，教育也太简单了。但是只要你们能够在听我的话的同时，庄严地想想自己曾经有过的童心，并有所醒悟和悔恨，我就满足。以后我不太可能再给你们上课，但我会关注你们的，关注你们每一个同学的进步！谢谢大家！”

教室里爆发出热烈的掌声。

课后，我把学生写有调查结果的纸条给了唐老师：“你可以看看，我是为你做的调查。”

今天的班会实录

昨晚九点左右，我看到一个名叫“壮士凌云”的网友在我的博客上给我发的一个纸条：

李校长，明天我想请你到我班上一堂班会课……主题是队列素质操后的思想工作……虽然我班级因为一个口令员失误而与一等奖失之交臂，但是我两个月的训练、比赛目的达到了——班级荣誉感、班级使命感、每位学生的学习积极性、行为习惯规范等等太多太多，我无法述说。现在心里像打翻五味瓶一样，不知道是什么滋味。

我肯定要去的。但我不知道这是哪位班主任，尽管我肯定这人是我校老师。我便在后面跟了一句：“请问哪位？”

不一会儿，手机短信来了：

李校长，明天我想请您到我班上一节班会课，不知道您有没有时间？今天的队列素质操比赛，因为口令员的一个低级错误而与一等奖失之交臂……全班大部分同学都落泪了……虽然名次不重要，过程已经使13班63颗心紧密地连在了一起，比赛的目的已经达到，我倍感欣慰。而且13班的三大发展步骤已经在9月月考实现了第一步，不过我作为13班的班主任，仍然觉得我失职，不配做这个班的班主任。我肩上的担子太重，唯有认真做好每一秒每一分，我才觉得我无愧于自己，无愧于领导对我的信任。第五名，无疑是对我的最大刺痛。不管将来怎么样，我必将全力付出，为13班尽自己最大的努力……

再次恳请李校长明天到我班上一堂班会课。

龚林昀敬上

我马上给龚林昀打过去："没问题！明天我是很忙，但我的意义就是在老师们需要我的时候，我能够帮你们！这是我的正事！"

龚林昀不住说谢谢，他说知道我很忙，所以犹豫了很久，最后还是给我提出了这个请求。

我说："你太见外了，以后有什么需要我的，随时跟我说！"

我通过他给我发的纸条头像，点开了他的新浪博客。他是最近刚刚开通的博客，只有三个帖子，一个是《优良的传统必须传承下去》，一篇是《想念我的2011级7班》，还有一篇就是一首诗《无题》。这首诗写得很朴素，很让我感动——

我的教育，只是一种付出吗？
不，不是付出，
有时，觉得自己多么的渺小，
难道——爱，不需要付出？
有时，觉得自己多么的可悲，
难道——爱，没有收获？

但不管怎样，
我已经知足了。
因为有一群天真的孩子陪伴着我，
因为有你们在我身边，
让我感受到每天的充实与幸福……
每天都是播种的季节，
爱，在你们心中飘荡、传递……
傻傻地，等待收获的季节。

这首诗有淡淡的幽怨，但更多的是明知困难依然甘心付出的情怀。这是龚林昀现在真实的内心。

我在后面跟了一句："老龚，我爱你！"

平时在学校，我们都爱和他开玩笑，叫他"老龚"。

龚林昀可以说是我看着成长起来的年轻班主任。我到这学校当校长五年来，他有过挫折，情绪也有过低落——甚至可以说是几乎有点消沉，但是他一直没有放弃追求。我多次找他谈过心，当然也批评过他，但是在指出他问题的同时，我也热情地鼓励他。为了帮他，我曾应他的要求担任他班的副班主任。他特别让我感动的是，不管他遇到了怎样的挫折，都没有放弃班主任工作。就凭这一点，我就要竭尽全力地帮他。

在老师最需要我的时候给老师以智慧和力量，就是我这个校长的分内事。

今天早晨，我先去酒店接北京来的"新教育实验"专家王胜到学校，我和他聊了聊有关我校新教育实验项目，然后处理了一些学校杂事，便开始备课，写班会提纲。第二节上课铃响了，我来到初二（13）班。王胜说要听我的课，我说可以啊。他走进教室，坐在后面。

我走进教室，面对已经坐得端端正正的孩子们，煞有介事地大声说："掌声有请李校长！"

孩子们"哄"地大笑，同时掌声无比热烈地响了起来。

我也笑了。

我说："我以前给你们上过课吗？"

孩子们说：“上过！”

大家异口同声地说：“《一碗清汤荞麦面》！”

我说：“今天是龚老师请我来的。昨晚龚老师在我博客上发出邀请，我后来也去龚老师博客上看，给他留了一句……”说到这里我故作女人声，装嗲声嗲气地说：“老龚——我爱你——”

全班爆笑！

等大家笑声平息了，我继续说：“龚老师为什么要请我来呢？当然是因为昨天你们的比赛。昨天你们比赛成绩如何？”

同学们脸色黯淡了下来：“不好。”

我问：“几等奖？”

多数同学不好意思说，少数同学说：“没有获奖。”

我说：“我知道这个结果了。但是我问大家，比赛的目的是什么？”

同学们没思想准备，开始思考。

我启发道：“学校组织各种课外活动究竟是为什么？比如，举行运动会难道是为了培养奥运冠军吗？组织歌咏比赛难道是为国际声乐大赛输送人才吗？昨天我们举行队列素质操比赛难道是培养天安门广场的仪仗队吗？”

同学们说：“不是。”

我问：“那是为什么呢？”

同学们说：“为了培养我们的集体荣誉感。”“还有凝聚力。”

“对！”我说，“那么，重要的不是获奖，而是增强同学们的集体荣誉感和凝聚力！那么这个目的达到了吗？”

同学们说：“达到了！”

“这就对了嘛！”我继续说，“获奖当然好，但那不是我们的唯一目的，甚至不是主要目的。得了奖，应该是意外的收获。打个比方，我们饭后散步，目的是放松，是健身，但在路上居然碰到一位多年未见的老朋友！这是惊喜，是意外的收获很好。如果没有遇到，我们也不会觉得失落。所以对于昨天的比赛也要这样想。我们的目的达到了，就很好了。”

同学们认真听着，有的还频频点头，表示同意我的说法。

“班级凝聚力的确太重要了，”我继续说，“但是，这个凝聚力的体现是多方面的，不只是在体育比赛的时候。下面我给大家读一篇文章。我先说说，这篇文章选自我十多年前给我教的高九五届一班的学生编的一本书。这本书叫《恰同学少年》，是我班的班级史册，展示了我班从高一到高三走过的成长足迹。说到这个班，真的让我骄傲，这是一个很有凝聚力的班，当时我们还有班训呢！”

下面的学生纷纷说：“我们班也有班训呢！”

我说：“是吗？”

我正准备让他们说说班训，可大家已经情不自禁整整齐齐朗读了起来——

“互助互爱，积极向上，睿智进取，协作奋进！”

“好！真好！”我由衷赞叹道，“我继续说这篇文章。当时，我给学生讲了茅盾的《风景谈》，这是一篇高中语文教材中的课文。学了这篇课文之后，我班一位叫夏亚卉的女同学便模仿茅盾的文章写了一篇《班级风景谈》，展示我们班的风采，当然，还有这位同学对集体的热爱。大家听听，我相信你们会产生共鸣的。”

我开始朗读，并不时点评——

班级风景谈

夏亚卉

奔腾的江河、苍翠的群山、缤纷的花朵、清澈的小溪；蓝天、白云、清风、鸟语……这些是多美妙的风景啊！江山如画，身处其中，整个身心都会为之深深陶醉。（这位同学先写了自然界的美，这是为后面做铺垫，为我们班的美丽做铺垫。）但，不知你是否体验过这样一种美，一种蓬勃向上，充满了青春活力的美，一种更富内涵的美！而这美丽的风景恰恰处在一个看似平常的班级。

（好，接下来，作者就要展示班级的美丽风景了。）

这是一个很平凡的早晨，一个很普通的场面。金色的阳光透过玻璃窗的映射，洒在教室中，映在我们的脸上，映在一张张充满朝气，充满希望的脸上，那神情是如此专注。啊，是我们正在晨读。太阳使劲向天上跳，一会儿室中就更加金碧辉煌了——太阳也想晨读呢，想跟我们一块儿凑热闹。“零……”上课铃响了。“起立！”猛地，我们齐刷刷站了起来，整齐

笔挺，脸上带着笑，更映着一片灿烂的金光。看着面前五十六个被朝阳映射，生机无限的学生，李老师大概被这青春之美震撼了，禁不住脱口而出：“我面对着五十七轮朝阳！”有比五十七轮朝阳共耀人间更壮美的景象吗？没有！

（这段描写勾起了我的回忆。这是我的亲身经历，但我已经忘记了。读了这个同学的文章，我回忆了当时那普通而美丽的场景。当时教室的讲台是面对东方，我站在讲台上，刚好太阳升起，在窗外格外辉煌，加上整齐站着的朝气蓬勃的同学，所以我那样说。的确是五十七轮太阳，外面一轮，里面五十六轮。）

冬末春初，早晚天色特别暗，若再停电，更是“暗无天日”。这天下午，同学们正上着课，日光灯倏地一下灭了，大家抱怨起来。一会儿，李老师拿来了十几根蜡烛，折断，点上，放在教室中阴暗的地方。光明又回来了！教室中恢复了宁静。烛火跳跃着，将一个个埋头攻读的身影飘忽忽地映在墙上。室中如此宁静，大家都在聚精会神地听着课，只有那摇曳的光影，飘舞着，缭绕着，碰碰这个同学，摸摸那个同学。同学们映着烛光的眸子凝视着老师，烛光中，老师讲课的身影朦胧而辉煌！这是一幅如诗如梦的风景画！如此温馨，而又洋溢着无法抗拒的魅力与活力。

（如果是班风不好，一旦停电，那还不乱套，肯定有许多同学欢呼，以为可以不上课了。但我们班不是，停电了，我们依然继续学习。不经意间，留下了一道别致的风景，永远难忘。）

讲台上，放着一张漂亮的大贺卡，里面是我们五十六个同学的签名。我们签上了对李老师深深的敬爱，签上了对老师诚挚的祝福，只为表达对老师这一年来辛勤耕耘的感激。但，这份情又岂是这张贺年卡所能装得下的！上课了，李老师神采奕奕地走了进来。“祝老师新年快乐！”我们激动地喊着。看着同学们用心写出的贺卡，听着同学们用心喊出的祝福，老师的眼眶湿润了，李老师的声音哽咽了：“谢谢同学们！祝同学们新年快乐，学习进步！”“哗……”掌声响起来了，五十六个人都被这感人至深的场面深深打动了。

（读到这里，我再次感动，我回到了那美妙的一刻，这就是当老师的幸福！我现在在想，这些可爱的学生现在在哪里呢？他们在做什么呢？）

一个普通的时刻，一个平凡的地点。升旗仪式正在进行，操场上站着全校师生。可场上并不太安静，少数同学在兴奋地谈论着什么，旁若无人。看到这，你可能会皱起眉头。然而，当你走到队伍的后面，忽然，你会眼睛一亮：这边有一个班级怎么如此肃静呢？男女两列纵队中竟无一人乱动，无一人交头接耳，而是一律立正，昂首挺胸，目光前视，仰望着蓝天上那和太阳一起冉冉上升的国旗……看到这两排齐如刀割的队列，你想到了什么？你也许会想到钢铁长城吧？——雄壮挺拔，巍然屹立。这是怎样的凝聚力，这是怎样的一颗颗中国心，这又是怎样一幅壮美的风景！

[不知道我们初二（13）班每周一的升旗仪式上是否也站得非常端正。同学们都说："是的，我们站得很端正！"那好，我相信也是的。这是向我们的祖国表达爱，也是展示班级的风采。希望大家保持。]

但是，如果你是成都市玉林中学高九五届一班的同学，你就会觉得这实在算不得什么——因为，我们每天都在创造最美的风景！

作文读完了，教室里一片安静，没有掌声，因为同学们都因感动而陷入了沉思。

我说："同学们一定想到了你们同样可爱的班集体吧！这就是凝聚力！"

我又说："每一个同学都是班级的形象，同学们的言行都代表了班级风貌。我突然想到一点，就是礼貌的问题，这是我们学校的好传统。不过，你们每次上课给老师问好的时候，都是'老师好'，我建议，从下节课开始，你们给老师一个量身定做的问候，比如下节课——下节课是什么课？"

同学们说："是英语课，李老师上。"

"好，你们问候的时候应该怎么说呢？"我问。

同学们说："李老师好！"

"对。然后赵老师上课，就说赵老师好。这样，老师听到的问候不是格式化的问候，而是同学们专门对自己的问候。这样一来，每个上课老师走进咱们班，都会觉得咱们的风采咱们同学的风貌就是不一样。对了，你们刚才还没来得及给我问好呢！"

有同学说："我们现在就说。"

我说："不用，一会儿下课要说再见的，到时候你们再说吧。"

同学们点头。

稍微停顿了一下，我说：“我问一个问题，一个班的凝聚力除了表现在课外活动，表现在升旗仪式等等方面，主要还表现在什么地方呢？”

同学们说：“学习上！”

我说：“对，学习上。那我继续问大家，咱们班的学习风气呢？不要一起回答，每个同学想想再说。这样，我搞个调查，对自己学习状态还比较满意的同学，请举手。”

有七个同学举起了手。

我说：“嗯，那么说其他同学对自己的学习状况都不太满意啰。”我向一个可爱的男孩走过去：“你对自己的学习为什么不满意呢？”

他站了起来：“我上课有时候管不住自己，要说话。”

我又问：“回家作业自觉吗？”

他说：“有时候不自觉。”

我说：“对了，我问问大家，你们在家做作业一般做到晚上几点？”

有的说九点多，有的说十点多，有的说十一点多。

我说：“应该说，作为初二的学生，作业做到十点左右是比较正常的，过了十一点就不正常了。九点呢，早了点。不过，如果九点做完了作业可以看点课外书。”

同学们点头。

我又问：“在学习上，你们对自己有信心吗？有信心的举手。”

绝大多数同学把手举起来了。

我问一个没举手的男生：“你为什么没信心呢？”

他说：“我考不好，就没信心。”

我继续问：“你哪门功课考不好？”

他说：“英语。”

我说：“哈哈，我告诉你，英语是对人的智力要求最低的学科。”

人家笑了起来。

我说：“真的，初中英语，主要是多记多读。所以，你学不好，不是你智力有问题，而是投入不够。”

他点头。

我又说：“同学们，就智力而言，大家几乎没有什么区别，学得好不好，就看你的非智力因素，所以没有半点自卑的理由。要相信自己，只要努力，肯定能够学好的！”

停了片刻，我说：“刚才有同学说到管不住自己，我送大家四个字：战胜自己！”

下面有同学接着说：“不找借口！”

“对的。不要找任何借口！战胜自己，隐含着一个理念，就是任何人的内心深处都有两个‘我’，大家知道是什么意思吗？”

同学们说：“知道。就是一个好的自己，一个不好的自己。”

我说：“具体些说，就是任何一个心灵深处都有一个高尚的我和卑下的我，勇敢的我和懦弱的我，勤奋的我和懒惰的我，等等。这两个我经常打架。比如，早晨闹铃响了，你是起床上学呢，还是继续睡懒觉，这两个我就开始打架了……”

我一边说一边模拟表演：“勤奋的我说该起来了，要上学了。”我说得精神抖擞，“懒惰的我说，唉，在被窝里多舒服啊，再睡一会儿。”我说得懒洋洋的，眼睛闭着，做出一副要赖皮的样子。

学生们哈哈大笑。

“勤奋的我继续说，不，一定要起来，马上起来！”我说得斩钉截铁，“懒惰的我说，不嘛，不嘛，我再睡一会儿嘛，就五分钟，五分钟……”我说得迷迷糊糊有气无力。同学们爆笑。

我说：“你们看，如果勇敢的我占了上风，那就马上起来，如果懒惰的我占了上风，那就继续睡，而且一辈子都会养成习惯，那就长眠不醒啰！”

同学们又哈哈大笑起来。

我说：“我以前有个学生叫杨嵩……”我开始给大家讲杨嵩中学时代战胜自己的故事，正是“战胜自己”四个字，不但让他克服了自身弱点，进入了名牌大学，而且也让他现在事业有成。

杨嵩的故事让同学们惊叹不已。

我继续说：“除了希望大家保持自信和战胜自己，在学习方面，我再给大家提三个建议。第一，”我一边说，一边板书，“不要用粗心来原谅自己。”

我解释道："经常有这种情况，拿着发下来的试卷，发现这道题其实能做的，但居然错了，于是你会顿脚，嘿！这道题怎么都错了呀！这样的题，我把它叫作顿脚题。"

同学们笑了。

"或者你不一定顿脚，但会捶胸，我的妈呀，我怎么搞的，这道题明明能做嘛，怎么会错呢？这就叫捶胸题！"

同学大笑。

我说："然后同学们会这样安慰自己，说不要紧，我就是粗心，下次注意。但下次依然会做错。什么原因呢？那是因为根本就不是所谓'粗心'，或者说，所谓'粗心'是一个伪命题，真正的原因不是所谓'粗心'，而是知识没有真正牢固地掌握，你懂了，但不熟练，所以出错。相反，如果你对知识真正掌握得很熟练，即使你粗心大意地做也不会错。"

同学们表情有些惊异，好像不相信，或者不理解。

我说："我们马上做个试验。请一位同学起来背九九表，谁愿意背？"

一个女生站了起来："一一得一,一二得二……"

我打断她："请问你叫什么名字？"

她说了自己的名字，然后接着背："一三得三,一四得四……"

我又问："别忙，再打搅一下，你家住什么地方？"

她突然被打断，回答了我的问题，又接着背……

背到中途，我叫她停止："可以了，请坐。同学们，"我对大家说，"她刚才背错没有？"

同学们说："没有。"

我说："你们看，她在背的时候，我不断打搅她，干扰她，也就是说，她是在不断被干扰的情况下背诵的，却没有背错，为什么？因为她对九九表太熟练了。所以，我说从来没有粗心一说，只有知识不熟练。知识必须熟练到成为一种本能，瞬间就能做出正确的抉择。这就是我对大家的忠告，千万不要用粗心原谅自己。明明是没有熟练掌握的知识，你却认为掌握了，而不去认真思考牢记联系，'粗心'二字，掩盖了你的知识缺陷，下次还要犯同样的错误。"

同学们都很认真地听着。

“第二个建议，最好的学习是给别人讲。”我依然将这几个字板书在黑板上，“以前有个学生中学时数学并不太好，但有一次他做对一道题，同学们都很惊叹，以为他数学很好，便纷纷请教他。他不得不给同学们讲题。因为要讲题，他听课特别认真，复习特别认真，给同学讲题，又是一次理清思路的过程，这样慢慢地，他的数学越来越好，最后竟然成了一名数学家。他的秘诀就是，不断给别人讲题。我女儿也是这样，小学数学并不好，但后来高中和大学，数学成了她的优势学科。在法国留学的时候，学的是金融学，经常在课堂上被老师请到台上给同学们讲数学题。原因何在？就是她读初中开始，我就不断给她说，最好的学习是给别人讲，既帮助了同学，自己也巩固了知识。不但数学如此，所有学科都如此。因此，同学们一定要多多和别人讨论难题，要乐于帮助别人。”

有同学一边听一边记。

我继续说：“最后一条建议，把练习当考试，把考试当练习。这是什么意思呢？为什么经常有这样的情况，明明平时做作业时能做对的题，考试时却不会做呢？这是因为练习和考试不一样。什么不一样？第一，作业练习时没有时间限制，而考试有时间限制；第二，作业练习时不会做可以翻书或问别人，而考试不行。所以你们做练习的时候当然能做，反正磨磨蹭蹭慢慢想，再不行就翻书。可考试不行，所以就不会做。但如果我们每天晚上在家都把作业练习当作考试——做题前先认真复习，就像考试前的复习一样，然后定时而且独立完成，决不翻书。每次如此，长期训练，你就有了时间观念，速度提高了，独立思考能力提高了，到了考试的时候，自然就轻松了，不就是几道练习题嘛！有什么了不起的。你的心态放松了，更加从容自信了，自然就会做得好。”

教室里鸦雀无声，同学们都在认真听着。

快下课了，我说：“今天给大家提了三个学习上的建议，大家可以试试。马上要下课了，我给大家读一首诗。这首诗的作者是……”

我故意卖关子，停下了，同学们的表情都很着急。我“咳咳”几声，说：“龚林昀！”

同学们异口同声地惊叫：“啊！”

“别看你们的龚老师教数学，可也会写诗呢！”我说，“这是我昨晚上

在龚老师的博客上读到的。诗不长，也很朴素，但感动了我，我想也会感动同学们的！”

我开始饱含深情地朗读起那首《无题》。

读完后，片刻宁静，然后是暴风雨一般的掌声。

我说：“龚老师是我的好朋友，也是我们学校一位普通的优秀老师。本学期初二不止一个班换班主任，有的班因为换班主任，同学们不接受，可13班的同学却这么喜欢你们的龚老师，足以说明龚老师的优秀！我有个想法，想写写龚老师的故事，然后发表在《中国教师报》，让全国的老师都知道你们龚老师的优秀！”

“啪啪啪啪……”雷鸣般的掌声再次响起。

“但是，我一个人对龚老师的故事了解是有限的，所以，请你们给我提供素材，给我讲龚老师的故事。今天是星期四，明天是星期五，这样，下周一来，每个同学们都交一篇文字给我，就写龚老师点点滴滴的故事，让你感动的故事，好不好？”

同学们大声说：“好！”

有同学说：“李老师，你能把你邮箱告诉我们吗？我们直接发到邮箱里吧！”我说：“好呀，这样，我干脆把我的QQ号告诉大家！”

大家一片欢呼。

我说：“实话实说，我从不把QQ号告诉其他人，因为我太忙太忙，但你们是我的好朋友嘛！”

我把QQ号写在黑板上。

课间操的音乐响起了，最后我说：“好了，不说了，下课！”

同学们站了起来：“李老师再见！”

走出教室，王胜对我说：“真是行云流水！”

我也不谦虚地说：“面对这样的孩子，我也很开心！”

我会帮你的

昨天晚上，打开QQ，看到郑萍老师的留言，她说昨天队列素质操比赛，她班遭遇了不公平，结果没取得任何名次，她很郁闷。

我给她回复道："把这当成一次教育契机吧，引导孩子正确对待挫折。如果需要，我可以到你班上去给孩子们上一堂班会课。如果需要我做什么，我会帮你的！"

我至今记得八月下旬初一军训时，烈日炎炎之下，作为班主任的郑老师陪着学生。她让母亲把幼小的宝宝送到学校来，给孩子喂奶。她的精神让许多老师感动。

现在她遇到困难了，我当然要帮她。我想到去年龚林昀也是因为班上的队列素质操比赛失利，向我求助，我便去他班上鼓劲。遗憾的是，我今天上午要在继续教育中心开会，下午要出差，没时间给她班上上班会课了。

但我一直惦记着郑萍。今天早晨起来，我给分管德育的唐剑鸿副校长打电话，我说了郑萍的情况，我请他代我找她谈谈，鼓励鼓励她，我特别说："像郑老师这样没有编制的招聘老师，我们更应该关心，何况她那么敬业，让我们感动。"

在继教中心开会的时候，我一直心神不宁。于是，我悄悄地中途退场，驱车回到学校。回到学校正好是课间操。我来到操场，正碰到初一年级主任龚林昀，我给他说了郑萍的情况，我说："她和你去年一样，也是因为班上的素质操比赛郁闷。去年我是到你班上去上班会课，可惜我今天没有时间给她班上上班会课了。但你从年级主任的角度找她谈谈，开导一下她。"

正说着，朱应芳老师走过来了："李校长，你可答应过要给我班孩子上课的，我班孩子可都盼望着呢！"

我说："哎呀，这几天我总是在回忆，上周我是答应的哪个班呢？一直想不起来，原来是你班呀！好，我一定上。"

朱老师问我："什么时候呢？"

我一看时间，想了想今天的安排，咬了咬牙，说："就今天上午吧！就第三节吧！你能够安排出来时间吗？"

她说："没问题，第三节刚好是我的课，你就上吧！"

我又问她昨天的素质操比赛她班的成绩，她有些遗憾地说："三等奖。"

我说："没关系的，关键是孩子们的精神面貌很好。"

我继续走到操场中间，我想找郑萍，哪怕给她说几句也好。一路走过去，看到各班的孩子们精神抖擞地做操，真是一种享受。

路上碰见王柯娟和唐丹，我向她们问好。唐丹说："李校长，我要表扬王柯娟，她每天都在帮助我如何当班主任，我从她那里学了不少东西呢！"我说："好，我就喜欢听老师之间互相表扬。嗯，王柯娟的确很优秀，值得你学习。不过你也很优秀的，还有你们小熊老师也很优秀，这次素质操比赛前的训练，他付出了不少。"

我问她俩的班昨天素质操比赛的成绩，唐丹说："第一名！"王柯娟说："第一名！"原来她俩的班都得了一等奖。

我说："好呀，你俩是好朋友，比赛结果也一样，呵呵！"

说着说着，我看到郑萍老师在操场那边学生队列的后面站着。我穿过正在做操的学生的队列，走到她身边："看到我给你 QQ 留言了吗？"

她情绪还不太好，说："还没有呢！"

我开导她："不要纠结了，要引导学生正确对待。有空我去你班上上课。你什么时候可以给我安排时间，我就尽量什么时候去你班上。"

她想了想，说："今天中午好吗？ 12：20 开始。"

我一想，我最迟一点钟就得去机场，说："好吧！那我吃了饭就去你班教室。就这样说定了！"

学生做操完毕，各班在操场做小结。我特意来到郑老师班的队列前，我说："孩子们，听说你们昨天没有取得好成绩，还受了一点点不公正。我要说，结果已经不可能改变了，但这件事本身对你们也是锻炼。人要有一种宽阔的胸襟，而这胸襟正是靠一个个委屈撑大的！你们已经表现出对集体的爱，表现出你们的精神风貌了，我要表扬你们，为了向你们表示敬意，一会儿中午，我去给你们上一堂课！"

孩子们鼓起掌来。

唐丹老师过来对我说："也给我班孩子说几句吧！"

我走过去，先故意说："听说你们班昨天比赛没取得好成绩，我来安慰你们的。"

孩子们大声说："我们一等奖！"

我乐了："呵呵，我逗你们呢！你们为什么能够取得一等奖呢？一方面是同学们的认真训练，还有嘛，就是你们的班主任是我们学校最优秀最漂亮的唐老师！"

大家哈哈大笑起来。

我说："希望大家保持这种精神风貌！有空我给你们上课去！"

大家鼓掌表示欢迎。

我正要走，蔡萍萍老师又过来，请我给她班的孩子说几句话，我又来到她的班上："我知道咱们班的同学特别有上进心，我也看到你们特别可爱，你们的蔡老师是我最欣赏的老师。我会关注你们班的，如果大家欢迎我，我抽空去给你们上课。"

同学们啪啪啪鼓起掌来。

第三节课的时间到了。我匆匆赶到朱应芳老师的班上。一进门，孩子们就鼓掌，并叽叽喳喳地说："李老师好！""李老师好！"

我说："我问大家一个问题，这个问题有点考智商——我为什么要来给大家上这堂课呢？"

有同学马上举手："因为我们很乖！"

有同学说："因为李老师喜欢我们！"

还有同学说："因为我们班很优秀！"

……

我说："嗯，说得都很好！这说明你们的智商都很高。我要说，今天我来，是为了祝贺你们昨天队列素质操比赛获得了第一名！"

同学们纷纷说："不是，我们是三等奖！"

我说："不对不对，你们就是第一名！"

孩子们和我争论起来。

我说："昨天你们拿到的奖状是三等奖，这个我不否认，但我说的是，

在我心中，你们就是第一名！我现在还记得，国庆大假期间，那是 10 月 5 日下午，我来到学校，看到你们在朱老师还有体育杨老师的带领下，一遍一遍地刻苦训练，我当时相当感动！被你们的精神所感动！当时我就想，无论你们最后的名次是多少，我心里已经给你们打了高分了！既然是比赛，肯定就有一二三等奖的区分，但咱们班的精神风貌，绝对是第一名！我正是为了向大家表示敬意，今天才来到班上，给你们上这堂课。”

教室里一片安静，同学们都睁着亮晶晶的眼睛看着我。

我说:“今天我给大家带来一篇日本小说《一碗清汤荞麦面》。说到日本，大家可能会想到最近很敏感的钓鱼岛问题。是的，作为中国人，当然要捍卫自己祖国的主权。但前段时间，有人打着爱国的旗号打砸抢，显然不是真正的爱国。今天我读这篇日本小说，也冒着被打被骂的风险啊，呵呵！但是我要说，一个伟大的民族，总是勇于向自己的对手学习。何况日本民族的确有值得我们学习的东西呢！你们没进我们学校之前，我就对以前的学生说过，我的愿望是，我要让成都市武侯实验中学的每一个学生都‘吃’《一碗清汤荞麦面》！这篇小说非常生动，有吸引力，其中内涵也是很丰富的……”

接下来，我一边朗读一边讲解，同时在这过程中，孩子们不断参与讨论，课堂气氛活跃，每一个人都被感动了。

中午吃了饭，我匆匆赶到郑萍老师的班上。孩子们同样以热烈的掌声欢迎我。

我首先说:“我知道大家都很爱你们的郑老师，我想知道，大家为什么这么爱你们的郑老师？”

同学们纷纷举手说:

“郑老师很爱我们！”

“郑老师的课上得很好！”

“郑老师对我们每一个同学都很公正！”

……

我就是想通过这种方式，让郑老师当面亲耳听到孩子们对她的爱戴之词。

我笑了，说:“是的，我也能够感到郑老师对你们的爱。昨天晚上，郑老师在 QQ 上给我留言，说了她因咱们班素质操比赛遭遇不公正而郁闷。郑老师的郁闷正是对同学们的爱。大家想想，没取得好成绩究竟关郑老师什么事呢？难道我会因此而扣郑老师的工资吗？当然不会。郑老师的难受是因为她觉得同学们没有取得应有的成绩，这不是她对你们的爱吗？”

我又说:“关于所谓‘不公正’，我想说的是，不会有人刻意整你们班的，只是因为客观上昨天比赛时，出现了一些对咱们班不利的因素，这是事实。但我要说，你们现在才十一二岁，未来的人生路上，还会经历多少这样的挫折呀！我们当然要争取好的成绩，但经历挫折，这对我们何尝不是一种磨炼呢？何况，我们同学在整个比赛前后，包括你们的训练中，已经表现出了积极的上进心。这一点可不能因为这次失利而丧失啊！我相信你们不会的。”

我转到今天要讲的内容上:“上午第三节课，我在另一个班也上了一堂课，是讲日本小说《一碗清汤荞麦面》，我现在给你们也讲这篇小说。我早就说过，我要把这碗‘面’端到每个班去，让所有孩子都尝尝。因为这碗面太好吃了！”

我自然又说到关于如何看待日本的话题:“狭隘的民族主义绝对不是爱国，打砸自己同胞更不是爱国，那是在帮日本鬼子残害自己的同胞！过去日本鬼子在中国的土地上烧杀抢掠，现在他们不可能来了，便通过一些中国人做他们现在做不到的事，打砸抢。我想到韩寒的话了，说本来的逻辑应该是，你打我，我就打你，你欺侮我兄弟，我就欺负你兄弟，可现在有些中国人的逻辑是，你欺负我，我就欺负我兄弟！”

同学们都笑了起来。

我开始给同学们一边朗诵《一碗清汤荞麦面》，一边讲解，同学们也参与讨论。我们品味着作品所蕴含的善良、孝敬、慈爱、坚强等品质。结合他们昨天的比赛，我特别强调“面对人生的挫折自强不息”。

每一个孩子都受到了震撼，都被感动了。

告别了孩子们，我匆匆赶往机场。这次是去北京参加吴正宪老师教育思想学术研讨会。我尊敬的吴老师邀请我去，我当然无论如何要去。

在路上，想着一上午的经历，我感到很充实。

在我校，几乎所有事务性工作我都放手让书记去做，让副校长们去做。

我呢，就腾出时间走进课堂，走进孩子，走进老师。特别是帮助每一个需要我帮助的老师。那天和许忠应老师聊到这点，她也很赞赏我这种状态。

我经常对老师说：“我会帮你的！”这可不是一句空话。

我校的开放式书吧，孩子们随时都可以阅读

励志班会

早读课刚开始，我手持一束花来到黄韵老师班上，孩子们正准备上早读。黄老师在前门，我从后门进去，说：“同学们，今天是黄老师的生日！”

同学们一听，欢呼起来，同时热烈鼓掌。

我提议大家给黄老师唱首《生日快乐歌》，于是歌声响起了：“祝你生日快乐……”

我说：“从掌声和歌声中我感到同学们是非常爱戴你们的黄老师的。我希望同学们用行动让黄老师和所有老师每天都享受生日的快乐！”

第一节课应邀去饶振宇老师班上上班会课。她教初三，感到学生们有理想却缺乏毅力和行动。希望我给大家讲讲。

我看到主持人是陈亚春同学。这孩子在初一的时候我曾给他照过一张相。当时我路过操场，看到他坐在操场边回头看我，特别可爱，我就抓拍了一张。现在两年过去了，他长大了。我赶紧调出那张照片，放在课件前面。

孩子们先是唱了一首歌《我相信》——

想飞上天
和太阳肩并肩
世界等着我去改变
想做的梦
从不怕别人看见
在这里我都能实现
大声欢笑让你我肩并肩
何处不能欢乐无限
抛开烦恼
勇敢的大步向前
……

旋律激越，歌声响亮。

唱完了，大家鼓掌欢迎我讲话。

我先打出一张陈亚春同学的照片，大家一看是陈亚春初一的照片，都笑了。

我说：“有一句歌词很著名，我能想到最浪漫的事，就是和你一起慢慢变老。套用这句歌词，我想说，当老师最幸福的事，就是看着孩子们怎么样啊？”

同学们说：“慢慢长大。”

我说：“对的。你们看，陈亚春两年前的照片，和现在一比，显然他长

大了。同学们也长大了。刚才听大家唱歌，感觉大家比较内敛，有些害羞。可你们小学时不会这样，那时候天真烂漫，活泼可爱，落落大方。当然，现在你们也很可爱，只是表现方式的确和过去不一样了。时间过得真快！好像你们刚刚才进初中，可一晃已经初三了。今天的主题是‘理想目标行动’，我理解，所谓理想是一辈子的追求，是一个人生的方向；目标是近期要实现的一个愿望，相对要具体些；行动，就是要达到目标的路径，或者说桥梁。人与人之间的差距，其实不在有无理想，有无目标，除了极个别人，应该说，绝大多数人来说一般都是有理想的，但有行动的人就不多了。于是，人与人之间的差距便显示出来了。今天，我想给大家谈谈我中学的经历和我女儿的学习经历。”

我拿出一个很旧的塑料口袋：“这是我今天特意带来的东西，大家猜猜，里面装的什么？猜中有奖，奖励西装一套！”

大家很认真地猜了起来：

“文物！”

“李老师小时候用过的东西！”

“李老师以前的学生写给你的贺卡！”

“是李老师以前做的英语卡片！”

……

最后一个女同学的回答，让我很惊讶：“你猜对了！完全正确。”

说着，我脱下西装，走到这个女孩的面前，将西装套在她身上，然后又脱下来，说：“我说话算数，凡是猜对，奖励西装一套。大家看，我已经给她套了一套了。”

大家都笑了起来。

我穿好西装，继续说：“这里面装的，是我读博士期间所做的英语卡片。当年我已经四十多岁了，但为了攻下英语，我除了白天正常的英语课程学习之外，每天晚上还自学新概念英语，为此花了大量精力。这就是我当年做的卡片。当初从苏州大学回成都时，看到这么多的卡片，我很是感慨，便没有扔，带回来保存了下来。每次看到这些卡片，我就想到当年的勤奋。”

我把卡片掏出来，给大家展示。

我继续说:"看到你们现在，我想到我的初三了。我读中学时，正是'文革'，国家很乱，学校也很乱。初一我那个班是全校最糟的班，上课时老师转过去写黑板，全班男生从后面溜出了教室，跑到河里游泳了。我当时在班上应该说是老师眼中的优生，但也跟着出了教室，因为同学们说谁不去谁就是叛徒，谁愿意当叛徒呢！于我也跟着跳进了大渡河。到了初二，学校便把这个班打散了，同学们被分散在各个班。我在中学的成绩一直很好，当然，有一段时间英语不好，刚开始学的时候，我考试只有 38 分。后来老师对我说，你其他学科都学得那么好，怎么英语会学不好呢？我也发奋努力，那段时间几乎全泡在英语中，家里的墙上、床头、桌子上，凡是目光所及，全是英语单词。那时候经常举行全校集会，会的内容很枯燥，都是批判会之类，我就把英语单词写在大腿上，开会的时候，我一低头就看到英语单词，就读就背。一学期后，再次考试，我的英语得了 83 分，连老师都很惊讶。后来我的各科成绩都很好。"

"但后来我没能读上高中。原因不是成绩不好，而是我被工宣队队长的儿子挤下来了。什么叫'工宣队'，要给你们解释还真吃力。'工宣队'就是'工人毛泽东思想宣传队'的简称。那时候讲所谓'工人阶级必须领导一切'，所以学校的一把手就是工宣队队长，就是工人。他儿子小学就和我同班，初中也同班，成绩极为糟糕。小学时一次写作文，一堂课下来只抄了一段毛主席语录，气得老师把书包给他扔到窗外。后来读初中，他就坐我身边，一次数学测验，一堂课下来，他一个字没写，气得老师又把书给他扔出了窗外。可这个同学，却因为爸爸是工宣队队长，所以居然读上了高中。我永远记得那一天，我从学校回家的路上，天下着大雨，我撑着伞。外面雨水在流，里面我的脸上的泪水在流。我把伞撑得很低，把脸遮住，我怕别人看见我的流泪。回到家里，妈妈知道了只是叹气。我父母都是教师。50 年代，我父亲先在农村教书，书教得很好。后来在教育局工作，但我九岁时父亲便去世了。母亲也是小学教师。于是，母亲带着我回到老家找以前教过的学生，或者我爸爸的同事学生等等。大家听说我居然没有机会读书，都很气愤。我父亲的一个同学，是一个农村中学的校长，姓李，对我母亲说，让孩子到我这里来读书！于是，我才得以读到高中。因为读了高中，后来高考恢复时，我才有信心去考大学。所以我一直很感谢这位

李校长。刚好今天下午我要去仁寿，我一定要去看望李校长。你们现在多好，只要你愿意读书，只要你成绩好，读高中读大学都没问题。”

我又说：“你们现在是初三，可能觉得很累，压力大，但我要告诉你们，这个累，这个压力，不只是你们才有，全成都，全四川，全国的初三学生，一样累，一样有压力。就看谁沉得住气，谁有顽强的韧劲和毅力。就像我们去登峨眉山，登到洗象池、五里坡、钻天坡，大家都很累了，但谁沉得住气，一步一步往上，谁就赢到了最后。这一步一步，就是实实在在的行动。”

我打出课件在投影仪上：

《女儿的初三》

根据提纲的文字，讲女儿初三的故事。PPT 上的提纲文字如下——

进入初三后，女儿说得最多的一句是：“唉，我的命比黄连还苦！”

……

我请女儿看看《花开的声音》中的同学是怎么对待初三的——

初三是青春的摇篮！它让我们去拼搏，去友爱，去战胜自我。“沧海横流，方显英雄本色！”让我们这些青春的同学，扬起风帆，冲破重重阻碍，共渡中考难关！让我们携手共进，去热爱，更去挑战这青春的初三！

——崔涛

初三是一场比赛，初三是一场战斗。初三，就是这样，不是你把它打倒，就是你被它打倒，只能在胜利与失败之间做出选择。当别人在窗外打羽毛球时，我不能；当别人在面对卡通片发呆时，我不能；当别人在音乐中享受快乐时，我不能，因为我们是初三的学生！老师们常在耳边说：“人生的路很长，可关键的只有几步！”谁又愿在这关键的几步中“一失足成千古恨”呢？于是便有了这暴风雨般的初三。此刻，我们分明听到了高尔基笔下的海燕在呐喊——“让暴风雨来得更猛烈些吧！”

——潘琴

我们也曾拼命地诅咒“应试教育”惨无人道，但我们躲不开又怎么办？

与其坐以待毙，不如奋起抗争！再从另外一个角度想，不妨把这苦难当成人生的磨炼吧！就像孟子所说："故天将降大任于是人也，必先苦其心志，劳其筋骨，饿其体肤……"是呀，天降大任，唯有拼搏！

——杨璐

第二天我问女儿："读了《花开的声音》，感觉如何？"

她说："你们班的学生真幸福！"

于是，我再给了她一本《恰同学少年》，这本书与《花开的声音》属于同一类型，是我为我教过的高95级学生编撰的，里面有一章《决战高三》。《"上甘岭精神"》《六月的主题》《烈火金刚》《我们的进行曲》《吃苦的意义》《这就是人生》《冲锋号吹响了》……仅看书中这些小标题，就足以感受到当年我的高三学生是怎样一种豪迈乐观昂扬奋进的风采了！我相信，我女儿一定会被主人公们的精神所感染所打动。

女儿初三的一篇文章——

感谢中考

前不久听爸爸说，盐道街中学一位已毕业的学生写了一本反映他高中生活的书，书名为《感谢高考》。刚听到这书名时，我感到不解：高考多残酷啊，许多人骂它都来不及，他居然还要"感谢高考"？但仔细一想：嗯，高考的残酷正磨炼了人的意志，从这一点讲，的确应该感谢高考。而我现在正面临中考，中考又何尝不值得我感谢呢？

相信进入初三的同学都感觉到了初三的紧张和沉重。课本知识越来越难，不只是语数外理化五门主科，连政治、历史也越背越头痛了；考试几乎是天天与我们见面，一张比一张难的试卷铺天盖地向我们扑来，同学们都叫苦连天；睡眠时间由十小时减为八小时，又由八小时减为六小时、五小时，每个同学上课时都精神恍惚；还有那残酷的体育考试，让我们在精神上饱受折磨之后，又多了一项身体摧残……是的，这一切看来都是那么"惨不忍睹"，但这只是事情的一面，而它的另一面可能我们并没有看到——

课本知识越来越难，就使我们不得不刻苦地去钻研它们，正是在同学习困难的较量中，我们的知识渐渐转化成了能力；天天考试，使我们习惯于把考试当练习，多了一份轻松应考的心态，不再有考试恐惧症；睡眠不足，又要专心听课，让我们每个人都多了一份战胜自己的毅力；为通过体育考试而进行的每天 800 米长跑，又让我们体会到了“天降大任于是人也”的含义……

爸爸经常对我说：“老天对任何一代人都是公平的。我们读中学时学习很轻松，但我们不得不接受上山下乡的锻炼；你们虽然不会上山下乡，但现在的充满竞争压力的学习同样是一种锻炼。”我感谢中考，并非是要否认现行教育制度的种种弊端，而是觉得，当我们不得不面对它时，当我们被初三紧张的学习压得透不过气的时候，我们不妨这样想一想——

中考固然残酷，但如果能够经受考验，我们便变得坚韧起来，而这份坚韧将使我们在以后的人生中笑傲任何困难！所以，不管中考结果如何，我们也要坚持到底，因为这个过程本身就是一笔财富。所以，我真诚地感谢中考！

我亲爱的同学们，准备好了吗？向中考进军！

最后，我送大家八个字：“战胜自己，创造奇迹！”

全班同学都精神饱满地大声呐喊——

“战胜自己，创造奇迹！”

最后一课

孩子们还有几天就要中考了，我打算去班上给他们上最后一课。

走进教室，同学们纷纷向我问好。我说“上课吧”，值日生刘雅妮大声喊道：“起立！”全班同学整整齐齐站了起来。我给同学们鞠了一躬：“同学们好！”全班同学响亮地说：“李老师好！”

同学们坐下了，我说：“大家要毕业了，我今天给同学们上最后一堂课。

我首先问大家一个问题，你们猜猜，李老师现在的心情如何？用两个字回答。”

同学们开始七嘴八舌地说开了：“激动”“不舍”“感慨”“幸福”……

我一一否定，然后继续逗大家：“猜对的，我现场奖励一百！”

同学们又开始猜：“难过”“忐忑”……

我说：“哈哈，我知道你们不可能猜中，我才说奖励一百元的，因为这一百元不可能奖励出去的。”

同学们笑了。我认真地说：“告诉大家，我的心情是‘内疚’。因为三年前你们进校的第一天，我是打算三年都当你们班主任的，但可惜因为种种原因，我只带了一半，从初二下学期开始就没当你们班主任了，虽然后来也给你们上课，但毕竟对你们关心不够，这是我最内疚的一点。再次向同学们表示真诚的歉意！”

同学们没说话，静静听我说着。

我打开电脑，桌面上是同学们三年前进校第一天照的照片。照片勾起我们共同的回忆。我评论道：“你们看，陈玉龙当时虎头虎脑，陈玉龙是我们班的学号第一名，当时我给大家发信，大家还记得吗？陈玉龙是第一个上来的。憨憨的，朴实得很，可接过信就是不给我说谢谢，呵呵！现在如果我给你送东西，你会说谢谢吗？”我走到陈玉龙身边问他，他不好意思地说：“会的。”

“嗯，毕竟长大了，有礼貌了。很好！”我接着说，“后来第二个上来的是代腾，也不给我说谢谢，直到谁上来接过信才给我说谢谢，这位有礼貌的同学是谁呢，大家还记得吗？”

“高微！”同学们说。

“对，你们看，三年过去了，大家还记得这个细节。是的，是高微。但是高微当时没有双手接，一直到谁才双手接呢？”同学们想了想，想不起了，我说：“好像是黎娜同学，是第一个双手接的，以后的同学都双手接了。”

我接着评论照片：“你们看吴仁杰笑得多欢！哈哈，我想起来了，吴仁杰创造了我班的一个‘第一’呢，大家知道什么‘第一’吗？”

同学们说：“第一个打架！”

我说：“就是，呵呵！当年多调皮啊！现在不打架了。咱们继续看，哦

哟，周蓉怎么笑得倒下了？哈哈！还有廖凯和李俊，单独站旁边，就是台湾岛一样，和大陆隔海相望。”

同学们又笑了起来。

我说：“说到廖凯，我想起你犯的一个错误，要不要我说啊？”我走到廖凯面前，他说：“随便。”同学们却说：“说！”

我说：“有一次我收周记本，这个廖凯，把以前写的周记裁下来粘在本子上，冒充是刚写的，还一本正经写上当天的日期，呵呵，结果没有成功，被我识破了！”

同学们哈哈大笑。

我说：“这些小错误以后长大了想起来，也是那么亲切。人不可能不犯错，错误是你们进步的阶梯！关键是要不断战胜自己。”

我打出初二的照片：“同学们长大一岁了，但依然那么开心。你们看陈玉龙，居然笑得仰面倒在我的怀里，哈哈！”同学们也大笑不止。

一张又一张的照片继续展示：“你们看，这是我和李新生、付钟、张雪、郭锦秀、黎娜同学在学校后面的草丛中照的，你们看，大家多开心啊！再看这一组，我们在哪里做游戏的照片……”照片上显示，我和孩子们在草丛中捉迷藏、丢手绢……开心极了。“你们看，王淼，呵呵，连捉迷藏也像在跳舞，还有刘雅妮姿势多优雅！”

大家不停地笑。

我说：“这片荒地草丛现在没有了，在那里已经建成了我们学校的体育馆，所以这份浪漫有趣，以后的学生再也不能享受了。你们多幸运啊！”

然后我打出我新书《我的教育心》的封面图片，同学们一下惊叫起来，因为封面上正是我和孩子们的笑脸。大家七嘴八舌地指认着照片上的同学：“刘雅妮、姚顺、王淼、张奇、戢云辉……”

我说：“本来出版社还有另外几个方案，应该说这些方案都不错，而且从艺术性上说，其他方案还更好，但我还是坚持选这个，因为这个方案最能展示我和同学们的笑容！以后这本书出版后，我会给每一个同学送一本的。”

同学们都说好，有的同学还鼓掌。

我继续说：“你们也许是我最后一批当班主任的学生了，因为以后我很难再当班主任了，也就是说你们可能就是我的关门弟子了。时间过得真快，三年很快过去了。你们就要中考，要离开我和刘老师了。我现在要向你们索取一件礼物……”

同学们愣了一下，我说：“请大家拿出纸条，写这样的内容，你认为李老师应该保持哪三条优点？你认为李老师有哪三条缺点应该改正？帮助李老师不断进步，就是给我的最好礼物！这是我向历届毕业班索取的礼物。”

同学们开始写了起来，有的同学还小声讨论。

不一会儿，纸条交上来了，我随便抽几张读了起来——

亲爱的李老师：

您给我留下了很多的美好回忆。这些回忆帮我总结出了您的好与您的不足。

您的好——

1. 为人和蔼和亲；

2. 是个有文化、有学识的完美男人；

（读到“完美男人”四个字，全班爆笑。）

3. 讲课风趣。

……

您的好太多太多了。在这我实在没法一一说明了，不过我也要说说您的不足哦：

1. 这三年您给我们的关爱越来越少了。

……

唉！您的不足我只能找到这么多，希望您保持您的好，改掉您的不好。

祝您长命百岁，开开心心！

爱您的柳柱

2011 年 6 月 8 日

读完之后，我说：“柳柱说得对，我对你们的关爱越来越少，特别是没当班主任之后，毕竟我是校长啊！这是我最感内疚的。再次向大家表示歉意！”

我继续抽纸条读，读的时候总是伴随着同学们的笑声。

孩子们给我说的优点主要有：上课幽默，轻松；有爱心，仁慈，脾气好，对同学们很真诚；有童心；知识渊博，等等。给我指出的缺点主要有：越来越胖了，“太肥”，身体不好，太善良，发型不好（建议中分），工作太拼命，个子太矮了……

哈哈！孩子们说的这些优点和缺点都让我开心！

有两个同学提的意见引起了我的高度重视：“答应请陈岳叔叔没有来”“不诚信——陈岳叔叔”。

我想起来了，初一刚进校的时候，我答应过同学们，只要大家有了进步，我就把陈岳叔叔请来和大家见面，大家当时开心得不得了。陈岳叔叔是谁？他是成都电视台著名的少儿节目主持人，在我们这儿可大名鼎鼎，堪称成都的“鞠萍姐姐”或“董浩叔叔”。虽然我说过，但是因为我后来没当班主任了，就把这事淡忘了。可孩子们没忘。

我对同学们说：“这个意见提得好！我马上给陈岳叔叔打个电话。”于是，我拨通了陈岳的手机：“喂，陈岳吗？”孩子们一起对着我的手机说：“陈岳叔叔，我们等你等了三年啦！”

陈岳弄清楚怎么回事之后，很爽快地说：“没问题！什么时候来比较好？”我说：“明天吧！”

同学们又对着手机说：“谢谢陈岳叔叔！”

我说：“你们看，李老师接受大家的批评意见，马上就改正了。”

我在黑板上写了三个词：“友情”“学习”“善良”。

我说：“同学们要毕业了，我送大家三个词。第一，友情。希望大家永远不忘记彼此之间三年来的友情。以后每一个人从事的职业都不一样，社会地位也会有不同，有的可能是国家栋梁之材，有的也许只是一个普通的劳动者，但无论如何大家之间的人格是平等的，更重要的是，因为是同窗同学，我们便有了情感与尊严的平等。记住，不管你以后是做什么的，都没有任何理由看不起任何同学！愿同学们把这份纯真的友情保持到永远！第二，学习。学习不只是在学校的事，我说的是一辈子的学习。这应该成为我们的生活方式。我当年下乡当知青的时候，根本没有考大学一说，一般的知青都不看书的，只有我每天做三件事，一是练毛笔字，二是看书，三是写日记。那时候谁知道以后会考大学啊，我那样做没有任何功利目的，就是喜欢，就是兴趣。后来国家突然恢复高考，农场的人几乎都不敢报名，但大家都鼓励我去，说你这么爱读书，不去考大学可惜了。所以我一考便中，成为共和国77级大学生，这是最令我自豪的事。所以，我告诉大家，不管以后你做什么，一定要把学习当作生活本身。第三，善良。这点我说过很多次了。我们班的同学最大的特点，就是朴实善良有童心。记住，善良能够让你永远立于生活的不败之地。两周以前江苏卫视的《非诚勿扰》大家看没有？”

有同学说看过。

我说：“上面有个咱成都的‘卖菜哥’……”我讲了讲这个“卖菜哥”的故事，然后说：“本来他似乎并不被看好，但他的善良与勤劳感动了大家。因为他善良，所以虽然辛苦却很快乐，他自己说，以前的买主搬家走了还来他这里买菜，有的大妈弄了好吃的还专门给他送来。为什么一个卖菜的人这么受人尊敬？因为他的善良！所以，同学们永远不要丢掉自己的童心、自己的善良，要永远记住我们的校训——”

同学们大声说：“让人们因我的存在而感到幸福！”

我说：“三年前进校的时候，我们在苏霍姆林斯基雕像前照了一张相，我们现在再去那里照一张相吧！”

同学们和我一起来到苏霍姆林斯基园，围着教育家的雕像留下了富有纪念意义的镜头。

最后，我们约定，明年寒假期间，我们举行第一次聚会。

陈岳叔叔来我班

昨天，我在班上给孩子们承诺，今天一定把陈岳叔叔请到我班来。今天，陈岳叔叔果真来了。

陈岳叔叔对其他地区的人也许不算知名，但在四川特别是在成都，无数孩子为他痴迷，多少人为了见他一面而不惜代价。因为多年来，他所主持的少儿节目特别是《陈岳叔叔讲故事》不知迷倒了多少孩子！

陈岳刚进校，就被一群孩子认出，一阵惊呼之后连忙要求合影。我想起有小学校长告诉我："只要陈岳叔叔一进校，那简直要发生地震！"所以我赶紧护送他来到我办公室。在办公室，王露霖同学正在代表同学给陈岳叔叔写信。信写好之后，陈岳叔叔送给王露霖一个礼物。

来到教室，孩子们欢腾了。签名——有孩子还要求在衣服上签名，说以后不洗了，还有合影，等等。上课了，郭锦秀先代表大家朗读了送给陈岳叔叔的信，然后王露霖代表同学们送给陈岳叔叔一个精美的相框——让陈岳叔叔以后好珍藏我们的照片。

接下来，同学们起立为陈岳叔叔唱了一首歌，就是我们的班歌《唱着歌儿向未来》。陈岳叔叔听着显然被感染了，他轻轻用手打着拍子。我听这首歌，更是回到了28年前，那时我刚参加工作不久，怀着理想和热情投入了工作中，走进了孩子的心。我写信给素不相识的谷建芬同志，请她为我们谱班歌，没想到，作曲家居然就欣然答应了！于是，这首歌一直唱到今天。

成都电视台著名主持人陈岳叔叔来我班

陈岳叔叔也给同学们带来了礼物，每一个同学一张印制精美的《三字经》卡片。陈岳叔叔将礼物一一发给每一个孩子。我注意到，每一个孩子都用双手接，并说“谢谢”。礼物送完后，大家用掌声感谢陈岳叔叔。我对陈岳叔叔说：“三年前，我给同学们发信，很少有同学双手接，也很少有同学主动说谢谢。刚才每一个同学都很有礼貌。三年过去了，同学们的确懂事了，更加有文明修养了！”

陈岳叔叔给大家讲话了，他说了三点：第一，感恩。他要同学们永远不要忘记老师，不要忘记给过自己关爱的所有人；第二，乐观。在以后的人生中，任何时候都要充满希望，不放弃理想。第三，阅读。要把阅读当作充实自己生命的方式，伴随一辈子。

讲话结束后，陈岳叔叔给大家朗诵了一首诗，李白的《将进酒》：“君不见，黄河之水天上来，奔流到海不复回……”不愧是专业主持人，陈岳叔叔激情澎湃，音色浑厚，抑扬顿挫，极富感染力。同学们完全被征服了，不住啧啧赞叹。

我们来到校园，来到陶行知塑像前，和陈岳叔叔一起照了毕业照。

陈岳叔叔要走了，同学们还舍不得，有同学还前来要求签名合影。

最后，同学们不得不挥手和陈岳叔叔说再见。

回到教室，我站在凳子上，打算指挥同学们重唱一遍班歌。我对同学们说：“你们是我做班主任的最后一届学生，也许你们是最后一批唱班歌的同学们。这首歌已经唱了28年。我将把你们现在的演唱用摄像机拍下来，然后制成光盘，给谷建芬奶奶寄去，让她听听，她28年前为一位小伙子的学生谱的班歌，一直唱到今天。”

同学们精神抖擞，在我有力的手势指挥下，放开了歌喉——

蓝天高，雁飞来，青青松树排成排。
我们携手又并肩，唱着歌儿向未来。
…………
比高山，比大海，比不上我们对祖国的爱。
历史的火把接在手，唱着歌儿向未来！

毕业照

今天，是初三学生照毕业照。

我班是初三（1）班，自然是第一个照。我和其他老师来到同学们的队列前，队伍的前面整整齐齐放着一排椅子——当然是供校长和老师们坐的。这似乎是天经地义的——全中国（也许还有全世界）哪个学校的毕业生照毕业照不是让领导和老师坐前排呢？但我实在看不惯。

我说："把椅子撤掉！老师们都到学生中去，想站哪儿就站哪儿！"

很快，椅子撤掉了。我站到了孩子们中间，各位主任、老师也见缝插针，穿插在了孩子队列中。

我叫同学们都用两只手竖起兔子耳朵，面带笑容——"咔嚓"，新颖别致而又自然朴实的毕业照诞生了！

接下来的十七个班，都像初三（1）班一样，没人坐椅子，我和老师们都和孩子们融为了一体。

我对老师们说："这才是真正的师生情！以前，总是领导老师坐着，领导还坐中间，而孩子们站着。一坐一站，显示着等级。官本位的气息居然弥漫在校园，我们却浑然不觉。千千万万所学校的毕业照都是这样照的，大家都不觉得有什么不妥。而封建等级观念就这样不知不觉渗透进了孩子的心灵中。"

现在这样照多好！师生平等，相亲相爱，亲密无间，心灵相融！

今天照毕业照，还有一点让我开心，那就是老师们早早站在照相的地方了。我说这个，是因为我以前批评过一些老师："都说爱学生，可是为什么照毕业照的时候，学生都站好了，不少老师却不在，还得让孩子们四处去请。烈日下，孩子们都站整齐了，可不是这个老师还没来，就是那个老师还没来，直到学生去请，有的老师才慢吞吞地姗姗而来，全然不顾孩子们晒得可怜。为什么不提前，或者至少和孩子们一起站好呢？都说爱学生，可这个爱应该体现在细节处。”今天，几乎所有班的孩子都没等老师，一站好，老师们便穿插进去了。干净利索，仅用了一个小时，十八个班就照完了！

提前进入职高就读的施雪梅、沈小雨、梁小凤也回来。我看到三个小姑娘特别亲切。照完相，我来到教室，特意把她们三个请到阳台上聊天。我问她们感觉如何，她们都说好。我给她们讲四点：第一，不要自卑。每个人的成才与成功都有属于自己的路径，不同的人成长的道路不完全一样，找到最适合自己的路很重要。你们已经在为自己的未来学习生活的技能了，很光荣，何况职高也可以考大学。所以你们完全没有必要自卑，而要自豪。第二，保持童心。现在有的职高风气不太好，你们要守住自己的童心，守住善良、正直与勤奋。特别是接触人很重要，千万不要和那些不三不四的人交朋友。一定要为母校争气，为李老师争气！第三，努力学习。你们的学习既是掌握生存本领，也是为考大学做准备。一定要争取在学业上取得尽可能优秀的成绩，这也是你们的尊严所在。第四，保持联系。我的手机号你们也有，电子信箱也告诉你们。多回母校看看老师。李老师也会永远想着你们的。不管你们以后做什么，你们永远是李老师最喜欢的学生。

过了一会儿，我再次走进教室，模仿歌星向大家挥手，并语速极快地说：“成都的歌迷们大家好！”同学们欢声雷动：“李老师好！”我拿出口琴说：“三年了，你们还不知道李老师会吹口琴吧？呵呵！你们要毕业了，今天我就给大家露一手！”同学们又鼓起了掌。

我说：“可吹什么呢？我会的老歌，你们不会；你们会的歌，我又不会。这样吧，还是吹我熟悉的曲子。”同学们说：“好！”我先吹了一段《梁山伯与祝英台》，悠扬的旋律在教室里回荡，同学们的掌声又响起了。

然后我给大家说：“下面我给大家吹《火车向着韶山跑》。”我开始吹了：“呜……轰轰轰轰，隆隆隆隆……”我用琴声模拟着火车开动的声音，孩子们完全听傻了。然后我又分别用伴奏音和颤音变换着效果，把孩子们带进风驰电掣的列车，最后——“轰隆隆！”戛然而止。教室里有几秒钟鸦雀无声，继而“哗——”雷鸣般的掌声几乎要把房顶掀开。

孩子们要我再吹几首，于是，《听妈妈讲过去的故事》《我爱北京天安门》《莫斯科郊外的晚上》等旋律飘荡在教室里。最后，我吹起了我们的班

歌旋律，孩子们情不自禁随着旋律轻轻哼了起来：“蓝天高，雁飞来，青青松树排成排……”

我把口琴收起来，说：“给大家唱几首歌吧！”孩子们简直喜出望外，直鼓掌。“你们说，唱什么？”有学生说：“唱刘欢的歌。”好，我唱起了《怀念战友》：“天山脚下是我可爱的家乡，当我离开它的时候，好像那哈密瓜断了瓜秧……”掌声之后，我又应同学们的请求唱起了《敢问路在何方》：“你挑着担，我牵着马……”还有《在那桃花盛开的地方》，唱到最后一句“我愿驻守——在风雪的边疆”，高亢的声音直奔云端，孩子们尖叫起来，整个教室在沸腾！

……

太开心了！孩子们开心，我也开心！和孩子们在一起，的确是我最快乐的时候。尤其是每个学生都成了我的铁杆粉丝，那是我最大的荣耀！

扑面而来

无法预约的精彩

不把教师当“刁民”

苏霍姆林斯基在谈到“一个好教师意味着什么”的时候，说道：“首先意味着他热爱孩子，感到跟孩子交往是一种乐趣，相信每个孩子都能够成为一个好人，善于跟他们交朋友，关心孩子的欢乐和悲伤，了解孩子的心灵，时刻都不忘记自己也曾经是个孩子。”

这段话虽然朴素，但很深刻。从教三十余年，我一直以此告诫自己，一个优秀的教师，一刻也不要忘记自己曾经是个孩子。所谓“一刻也不要忘记自己曾经是个孩子”，就是要多站在孩子的角度思考问题。或者用陶行知的话说：“我们要变做小孩子。”于是，我成了一个比较受学生欢迎的老师。

当校长后，我同样告诫自己，一个优秀的校长，一刻也不要忘记自己同时依然是一个教师。这话的意义在于提醒我，不要如鲁迅所说的“一阔脸就变”，要多站在老师的角度思考问题。多想想自己当普通教师时对校长的期待——当初自己最反感校长做什么，现在就尽量避免；当初我最喜欢怎样的校长，现在就尽量去做那样的校长。

比如，我做普通教师时，最反感校长不信任教师，总把教师当“刁民”，现在我就告诉自己，一定要无限地相信教师，不要把教师设为“假想敌”。

把教师当作“刁民”的校长当然不是大多数，但这样的校长的确是有的。这样的校长潜意识里面把管理当作“管制”甚至“统治”，对教师处处时时事事都有一种防范心理，每出台一项规定都着眼于“制约”，总觉得教师“欲壑难填”“得寸进尺”，于是在管理中更多的是“铁腕”，是“防患于未然”，是“不轻易让步”……既然把教师当“刁民”，这样做当然是理所当然的了。

校长把教师当“刁民”，教师必然把校长也当“老板”甚至“暴君”。无形的心灵鸿沟，使教师也不信任校长。言谈之中，不是“我们校长”怎样怎样，而是“他们”怎样怎样。即使校长是真心为教师好为学校好，教师也不轻易相信，总怀疑校长有什么猫腻，甚至“有罪推理”地揣摩校长“肯定又得了什么好处”或“吃了多少黑钱”。如果真是这样，校长别先叫屈，而要反省教师为什么会把自己想得这么坏。要知道，教师对校长的这种不信任首先是因为校长对教师不信任。

不可否认，任何一个学校都难免有个别不通情理或素质不高的人，但校长为什么能够因为个别人有这样或那样的问题，便对所有老师不信任呢？校长对教师说得最多的话之一，就是“要信任学生”，可是校长信任老师吗？管理在某种意义上说就是一种感染——校长的感染也是一种有效的管理，因此没有对教师信任的校长，就很难有对学生信任的教师。这话也可以正面说——

只有校长无限地相信教师，教师才可能无限地相信学生！

写到这里，我自然想到学校好几位曾经让我特别头疼的老师，比如李青青。当时，确实让我头疼啊！时不时会有家长举报，说李青青“体罚学生”“侮辱学生自尊”呀什么的;学校也不时有人给我反映李青青这样不好，那样不对；我亲自收到过一封学生的信，要求撤换李青青。那年，区教育局领导把我和书记叫到办公室，拿着一封举报信给我们看，然后说:“这样的老师必须处理！”

找李青青谈心，给她说“体罚学生无论如何不对”，结果她比我还雄辩。几句话不对劲，她居然摔门便走。即使在这种情况下，我还想，我再耐心一点吧，说不定能出现转机呢！我一次次给她写信，每封信都很长很长，我真的是把心掏给她了。

后来我想，必须给她一点信任和重任，让信任融化她的看似坚硬的心灵，让重任激发她深藏不露的潜能，于是我力排众议让李青青做班主任。尽管我的想法并没有得到所有干部的赞同，但我还是少有的“专制”了一次。我心里有底。

因为即使我在大会上公开批评她的时候，我内心深处也从没把李青青当作不可救药的坏人，相反，我一直认为青青其实很单纯，单纯到把什么都看得很简单，她那次被家长举报“侮辱学生自尊”，其实就是她和学生开玩笑过分了一些，学生倒不觉得什么，家长却“引起了重视”。这份单纯，

有时候会让她犯了错却浑然不觉。而且，青青很有组织能力，更不乏爱心——她对工作异常投入，常常把学生留下来义务辅导作业待到天黑。就凭这些，她就可以当班主任。

我至今记得当时我找李青青说学校决定让她当班主任时她的感动。她说她没有想到学校不但不“处理”她，反而还委她以重任。她说，她虽然从没当过班主任，但一定要当好，一定要做出个样子来证明自己！

李青青后来的进步当然不是一帆风顺的，但我这里只说结果——现在李青青成了最让我欣慰和自豪的优秀班主任，她时不时还被全国各地邀请去“讲学”呢！去年她走进了中央电视台《小崔说事》节目，她的故事把崔永元逗得嘴都笑歪了！

在一篇题为“和孩子一道成长”的随笔里，李青青老师这样写道：“集体在变化，学生在进步，而我也在这过程中成长——曾经我把巴掌印在孩子脸上，呵斥灌进孩子耳里，今天我把爱刻进孩子心中。而这‘爱’的含义，首先是尊重与理解。我愿意用我的大手牵起孩子们的小手，让欢笑与汗水陪伴我们继续共同成长！”

在我们学校，几年来，像李青青这样因为宽容和信任而迅速成长的年轻老师还不是一个两个，而是一批。我见证了他们的成长，并从中感到了一种做校长的成就感。也正是他们的成长，坚定了我的一个信念——

的确要无限地相信每一个老师的潜力！

当校长六年多来，我不是没有碰到过“蛮不讲理”的老师，已经“知天命”的我，哪里不懂“作为成人的老师毕竟不像儿童那么单纯”的道理？但是，无论遇到怎样的困难，我都对自己说：“尽可能和老师们沟通，以心换心。”我不奢望能够转变每一个老师，但面对心灵，我可以做到我能够做到并尽可能做好的一切。

是的，校长的确担负着义不容辞的管理责任。但这里的“管理”需要被管理者——广大教师的配合和参与。只有把教师当伙伴当朋友，和教师建立一种真诚信任互相理解的平等和民主的关系，校长才能真正实现有效的管理。多和老师商量，多听取老师的建议，善于和老师妥协，勇于承认自己的失误并及时修正错误，让每一位老师都有一种被信任的尊严感，同时对校长也充满信任和理解——如果干群之间形成了这样的关系，如果一个学校形成了这样的风气，即使有个别不太讲理的人，也不会有市场。这样，校长快乐，教师温馨，学校必然和谐而充满勃勃生机。

那些让我们感动的老师

今天上午，学校接待了一个参观团。客人们走后，全体中层以上干部留下开总结会。好久没有开会了——我不太习惯频繁开会，今天正好总结总结半学期以来的工作。

先是何书记总结半学期以来的工作，然后我补充了一下。半个多小时会就结束了。大家开始闲聊。半学期以来学校的中层干部工作非常得力，虽然好多都是新上来的干部，都是些年轻人，但很快受到学校老师们的认可和好评。想到这些，我不禁说："以前我总是表扬我们的普通老师，而很少表扬我们的干部，特别是中层干部，这点我做得不好，何书记也曾经提醒过我，要我多多表扬中层干部。我以前总是严格要求大家，而很少表扬大家，因为在我看来，老师的认可才是你们应有的表扬，而不是我这个校长表扬你们，我说了不算。但是今天，我要说，我们干部真的是好样的！尽管才半学期，但不少老师已经向我表达了对你们工作的认可。不容易啊，当中层干部不容易。许多矛盾和问题，还有困难，你们是直接面对，但做出成绩，人们往往容易想到校长。有时遇到不理解你们的老师，还会有许多委屈。正是因为你们的辛勤工作，帮我承担了许多琐事，我这个校长才有精力去听课，去上课，去找老师谈心，去读书，去思考并写许多教育文章……今天我向你们表示敬意！"

我特别表扬办公室代理主任唐燕在学校突然被调走两个校级干部，特别是学校行政办公室主任也突然调走的情况下，服从学校安排临时接任办公室代理主任的职务："唐燕并不想当行政干部，因为她在上学期中层竞聘

时根本就没有报名，我知道她只想当好班主任和语文老师，但是当学校希望她临时接任办公室工作时，她没有考虑个人得失，很爽快地答应了。她这种行为，让我想起了杨明老师，杨明为了学校荣誉，努力说服教研员和有关领导，将全区的陶艺大赛放在我校举行。无论唐燕还是杨明，都发自内心地热爱学校！”

初三年级主任许开旭接过我的话说：“说到杨明，不知李校长知不知道，他的父亲身患癌症，杨明每天回家都要照顾老父亲，压力很大。”

唐燕说：“就是。可是杨明从没耽误过一节课！”

我说：“我还真不知道。他父亲在哪个医院？我抽空去看看。”

分管办公室的闫副校长也说：“我们去看望一下杨明的父亲！”

许开旭说：“好像从医院回家了。”

我又说：“杨明曾经写过一篇文章，说他有一个梦想，就是开个人画展。我想，在条件成熟的时候，我们在学校为杨明开一个个人油画展！”

许开旭继续说道：“李校长刚才说到了龚林昀的进步，分析了他的性格特点，真是说准了。他以前就是很情绪化。”

我校杨明老师和学生的陶艺作品获得了特等奖

我说："是呀，前几年很让我头疼操心呢！"

初一年级主任唐真说："龚林昀的变化确实很大！他和我是同学呢！"

我问："啊，是吗？哪里的同学？"

唐真说："大学。同学四年呢！"

德育处副主任张唐森说："其实龚林昀的变化不是最近才开始的。"

我说："是。我现在记得，两年前他给我发短信，想和我搭班，当时我是一班的班主任，他想教我班数学。后来虽然没有能和我搭班，但他担任七班的班主任，非常尽心尽责。"

党支部书记何光友感慨道："龚林昀现在足足担任了两个人的工作量啊，教两个班的数学，还当一个班的班主任，同时还担任年级管理员。可他毫无怨言，依然尽心尽力。关键是心态调整好了！"

许开旭又说："要说变化，张绍黎也很让我感动。当初搞课堂改革的时候，他不太接受，曾经给我说，老许——他总是叫我'老许'——我不想这样上课。但现在特别认真。中午，主动到教室辅导学生，真的非常认真。"

我说："张绍黎老师能力是很强的，以前在57中还担任过年级主任呢！"

许开旭说："他是全才啊！他自己都说过，如果他教数学，会比教语文更好。他书法特别棒，还擅长乒乓球，精通象棋，还有麻将……"

大家笑了起来。

校长助理兼教务主任郑聪说："龚林昀也很有才！会拉二胡，国画特别好，他的师傅是张大千徒弟的徒弟呢！"

"就是徒孙嘛！"我说，"真想不到龚林昀还如此有才！我想起了，我校有才的老师还不少呢！潘玉婷也会画画，而且还画得很不错！哎呀，我突然有一个想法，什么时候我们在学校搞一个教师个人才艺展示，让这些有才华的老师向全校师生展示他们的才华！"

何书记说："孙明槐也很让人感动！她不是干部，连教研组长都不是，但前次扬升芳老师上公开课的时候，她尽心指导，陪着扬升芳去听物理的公开课，学习人家的长处。"

教科室主任尹长青说："就是就是。孙老师确实令人肃然起敬。经常为了守初三学生晚自习，连饭都顾不上吃。有一次，都七点钟了，我看到她在教室里，餐盘放在讲台上，她一边吃饭，一边看着学生自习。”

许开旭说：“反正我知道，孙老师曾经为了在中午辅导学生，连续三天都没有吃午饭。”

那一刻，我非常感动！我赶紧拨通了孙老师的手机：“孙老师，我们刚刚开完干部会，正在闲聊，大家聊着聊着，聊到了你，都在说你的事迹，你让我们很感动。我特地给你打个电话，向你表示敬意！”电话那头，孙老师有些惊讶，说：“没什么，这真的没有什么，都是应该做的。”

所有干部都看着我，听我和孙老师通话。

我说：“谢谢你！你一定要多保重啊！”

放下电话，大家竟然沉默了几秒钟。然后，不约而同地说：“孙老师确实让人感动，让人敬佩！”

光友又说：“特别是在培养和指导年轻老师方面，孙明槐做得非常到位。她不是教研组长，但作为一名富有经验的老师，她支持组长谢肖明的工作，默默无闻。”

说到谢肖明，我插话：“谢肖明以前也是很让我头疼的老师，这小伙子曾经因为上班打电子游戏被我狠狠批评，可现在真是变了个人了！”

张唐森说：“就是就是！他工作特别细心，而且总是主动为别人着想。”

何光友说：“那次我去听化学组的课，结束后他们开会，谢肖明拿出记录本，非常认真严肃地给组内老师传达学校的教学要求。我看并不是所有教研组组长都会这么认真的，但人家谢肖明就做到了。”

初二年级组长范景文说到了卫述香：“卫述香老师也是年级备课教研组组长，也特别认真，让人感动。”

我说：“我知道。卫述香老师性格内敛，低调，但人特别好！”

有人又说起了张清珍老师：“要说认真，张清珍老师也是认真得要命……”

如果这样聊下去，还会有许多老师被大家说起。我看时间不早了，不得不打断大家热火朝天的聊天：“今天我非常感动，非常感动，不只是感动这些老师的事迹，还感动于大家能够发现老师们的事迹。那些让我们感动的老师，就是我们学校的脊梁！我经常说，作为干部，一定要欣赏老师！今天大家说的谢肖明啊，龚林昀啊，卫述香啊，都是我们学校非常普通的老师，正因为普通，才具有代表性。我想，下次教工大会安排一个内容，每一个中层干部发表一分钟的演讲，就讲一位老师的一个细节，让你感动的细节。好不好？”

大家都说：“好！”

我说：“还有，我要给你们布置一个书面作业，今天回去以后，把感动你的老师的事迹写下来，交给我！星期一就交！有多少老师让你感动，你就写多少，不一定要写多少字，但一定要有细节！”

大家表示一定认真完成这份作业。

我说：“我当校长时间不长，但我有一个切身的体会。最近我在想，学校干部和一般老师相比，究竟有什么不同？是教育思想吗？不是，有的老师教育思想也很先进。是教育智慧吗？不是，有的老师同样富有教育智慧。是敬业精神吗？也不是，有的老师敬业精神让我们感动。是教育艺术吗？更不是，好多老师比校长比主任的课还上得好呢！那么是什么呢？我认为，第一，是宽容的胸襟；第二，是欣赏的眼光。当校长当主任，一定要比老师胸襟更博大，要宽容老师。我们一定要善于发现老师们的长处和闪光点，要学会欣赏老师，要经常被老师感动。生活在感动中，我们就幸福了！”

散会时，我的心情比任何一次开完行政会都舒服。

让普通老师成为学校的名片[①]

2006 年 8 月，我出任成都市武侯实验中学校长。当时，有记者问我：“你认为你自己怎样做才算是成功的校长？”我回答：“教师的成长，是我

① 本文是2011年9月为《民主教育在课堂》而作的序言。

当校长成功的唯一标准！”

今天（2011 年 9 月 11 日）早晨我在微博又重复了这句话，有老师和我商榷：“那您把培养学生放在什么位置呢？”这让我想到李希贵曾写过一本书，书名就叫《学生第二》，当时也有人质疑他：“办学校居然把学生放在第二位，不妥当吧？”前不久，李希贵又出版一本书，书名叫《学生第一》。有人感到他前后矛盾。他解释说：作为校长，从管理上讲，应该“教师第一”；从教育上讲，应该“学生第一”。

实际上，当我把教师的成长作为我当校长成功的唯一标准时，我是从校长管理的角度说，因为只有培养了教师，才能培养学生；没有成长的教师，就没有成长的学生。我们现在经常说“以人为本”，在校长眼中，这里的“人”首先是教师，其次才是学生。只有校长以教师的成长为本，教师才能以学生的成长为本。

所以，当校长五年来，我花了大量的精力在培养教师方面，我通过各种方式促进教师发展。怎么培养教师呢？

这个问题对我来说，首先不是理论问题，而是实践问题。我很朴素地想，我是怎样成长的，就把自己的体验和经验告诉老师们，给他们提供借鉴与参考。比如，我觉得自己从教近三十年，主要就是坚持每天做好“五个一”：上好一堂课，找一个孩子谈心，思考一个教育问题，阅读一万字的书，写一则教育随笔。这“五个一”不是每个人都能坚持做下来的。所以，我在学校并没有强迫每一位老师必须做，我只是倡导。尽管是“倡导”，但还是有不少老师真的在做。有的老师只做了“四个一”或“三个一”，也不错了。只要行动，就有收获。

在这“五个一”中，首先是“上好一堂课”。因为教师的成长就在课堂之中。无论有多么伟大的理想，多么澎湃的激情，多么先进的理念，多么科学的设计，最终都必须体现在课堂上。一堂课只有四十分钟，可这四十分钟正是教师生命的流淌，当然也是孩子青春的燃烧。善待课堂，就是善待我们自己的生命，也是善待孩子的青春。上好一堂课，不仅仅是四十分钟的事，还有课前的思考研究，以及课后的反思总结，这都是成长本身。教师的教育爱心、教育智慧、教育技能、教育艺术……都在课堂上呈现。所以，我说教师的成长主要在课堂，应该是站得住脚的。

在我校，“素质教育”和“平民教育”是互相重叠的概念。前者是就培养目标而言，后者是就培养对象而言。我们的学生大多是平民子弟，当我们对平民子弟进行素质教育培养的时候，我们的教育也可以叫“平民教育”。我们通过什么方式来实施“平民教育”呢？那就是“新教育实验”。所以说，“新教育实验”是我们实施“素质教育”或是说“平民教育”的途径。

“新教育实验”的抓手，是教师素质的提升，是教师队伍建设，是教师成长。“新教育实验”有五大理念：无限相信学生与教师的潜力；教给孩子一生有用的东西；重视精神状态，倡导成功体验；强调个性发展，注重特色教育；让师生与人类崇高精神对话。“新教育实验”的六大行动是：“营造书香校园”“师生共写随笔”“聆听窗外声音”“建设数码社区”“构筑理想课堂”“锻造卓越口才”。大家对照看看，新教育实验在我校实施五年来，营造书香校园是最突出的，这不仅仅体现于我们的开放书吧，更体现于我们许多老师（当然不是百分百的全部）不同程度地养成了读书的习惯，好多老师特别是年轻老师的确成长起来了。

在新教育实验六大行动中，我们着力探索“构筑理想课堂”，所以近几年来，我校开展了课堂改革。我们根据我们学生的特点，学习借鉴各兄弟学校的经验，再结合我们学校的实际情况，提出了以民主教育为核心理念，借鉴高效课堂“五步三查”为模式，以“导学稿”和“小组合作”为载体的课堂改革。比起崔其升等著名校长，我不是强人，缺乏一言九鼎的行政强势，因此我校的课堂改革相对比较“温柔”，有时候还有曲折与彷徨，但毫无疑问的是，总体上讲，我校的课堂改革已经并将继续稳健推进，而且不可逆转。

我们学校的生源比较特殊。我校地处城郊接合部，学生的 80% 是当地失地农民和进城务工人员的孩子。从总体上说，学生既没有纯粹农村孩子的吃苦精神和靠知识改变命运的强烈欲望，又没有城里孩子开阔的视野和多方面的人文素养。这样的孩子决定了我们课堂教学的难度，但我们正是面对挑战，迎难而上，开展着我们的课堂改革，也决定了我们的课堂改革既要学习洋思中学，学杜郎口中学，学东庐中学，但不可能完全等同于洋思中学、杜郎口中学和东庐中学。爱心、鼓励、尊严、放手、引导……是我们课堂改革操作中每每要注意的关键词。

我和老师们所追求的“民主课堂”，不是固定的模式，不是具体的操作，而是贯穿于课堂的一种理念，一种氛围。通俗地说，充满民主教育理念的课堂，意味着教师对学生能力与潜力的无限信任，意味着教师必须尊重学生原有的基础与个性，意味着师生是在探求知识真理道路上志同道合的同志和朋友，意味着还学生自主学习的权利，意味着让学生成为课堂的主人……“民主课堂”是建立在师生人格平等基础上的课堂，是以师生积极交流对话生成为主的课堂，是学生真正成为学习主人的课堂，是充满生命幸福与人性光芒的课堂！

这本书中的一则则教学小故事，就是我校老师们课堂改革一个个瞬间的原生态展示。也许很肤浅，但很真实。这是我校老师们在课堂改革中的真实写照，也是他们成长的足迹。在阅读这些故事的过程中，我感受到了老师们的探索精神和成长的喜怒哀乐，感受着一颗颗年轻的心是怎样为教育而跳动。

除了故事，还有一些老师写的成长经历。这些经历都是属于每一个老师的，但也表现出教师成长的某些共通性：理想、热情、坚韧、实践、研究……我相信，几乎每一个老师都会从中读到自己，进而产生一种共鸣：我的成长并不孤独，因为还有无数和我一样的教育者和我同行！

有的老师并不擅长写作，但我总是鼓励这些老师：“不要紧，写出来再说，有我嘛！我愿意做你的秘书！”读着老师们朴素的文字，我很感动！尽管文字我做了一些润色，但故事所凝聚的感情，所蕴含的智慧，完全是属于每篇文章的作者的。

现在好多人一提起“成都武侯实验中学”都会自然而然想到，哦，那个学校有李镇西。我真诚希望，几年后，人们再提起“成都市武侯实验中学”的时候，会想到，那个学校不仅仅有李镇西，还有孙明槐、潘玉婷、张清珍、郭继红、胡成、许忠应等一大批名师！我知道，一个学校的名师毕竟是少数，但是，挑战自己，潜心课堂，不仅仅是少数名师脱颖而出，还有更多的年轻教师成长起来，成为孩子由衷爱戴的老师，成为我们学校的名片。

这正是我做校长的梦想与追求。

平凡不普通[①]

我们是一群平凡却不普通的教育者。

我们平凡，因为我们都是学校一线的老师。现行教育体制下，我们承受着学生人身安全、教学质量要求、升学率任务以及家长过高的期待值等巨大的压力。因此，和中国所有教师一样，我们每天早晨迎着太阳或冒着风霜雨雪匆匆赶到学校，然后上课、批改作业、找学生谈心、接待学生家长；晚上拖着疲倦的身体回到家里，还要在灯下备课、阅读或写教育随笔，反思自己一天的工作。我们有着来自教育的困惑，或来自生活的烦恼，也因此而叹息乃至流泪……

但我们毕竟不普通。这里的“不普通”当然不是指我们外在的什么“耀眼光环”或“显赫地位”，而是在这物欲横流的时代，我们内心还燃烧着理想主义的熊熊火炬——

坦率地说，我们对中国教育并不乐观，但我们不愿意只是埋怨（有时候当然也忍不住发些牢骚），而想通过我们每一天点点滴滴的努力，从上好每一堂课开始，从带好每一个班开始，从和每一个学生谈心开始，从走访每一个学生家庭开始……改善进而（或许能够）改变我们身边的教育——我们当然不敢奢望改造中国教育，但是我们坚信，如果中国每一个教师都这样做，中国教育一定会得到改造的！

很多年前，我写过这样一段话——

茫茫人海，如蚁人生，我们个人的确太渺小，但作为知识分子，我们可以自己使自己的灵魂接近高尚，使自己的心灵自由地飞扬。鲁迅曾经说过：中国历史上从来不少埋头苦干、拼命硬干、舍身求法的人，这些人是中国的脊梁。我以前都把这只当作“名人名言”，但今天，我愿意和所有教

① 本文是为《李镇西教育团队丛书》而作的序言。

育界的有志者一起，实践这句话——让我们也成为中国的脊梁!

现在看这段话，我依然激情澎湃。

不过，悲观一点地说，哪怕我们最终也没能改造中国教育，可我们至少能够让我们和我们的学生过一种新教育实验所追求的“幸福完整的教育生活”。其实，我们当中许多人，并不是主动选择的教育，而是由于种种原因不得不当了教师。只是，既然成了教育者，我们就不愿苟且地混日子，或者唉声叹气地怨天尤人，而希望在每一天的工作中，享受职业和人生的快乐。

我们知道，教育的艰巨有时候出乎我们的意料，我们的教育对象无法选择；面对我们不甚满意却无法改变的客观现实，能够改变的只有两点：职业，或职业心态。我们选择了后者。于是，在有的教师盲目而麻木地重复每一天单调的教育的时候，我们却通过思考，通过创造，通过阅读，通过写作，让我们的教育生活尽可能有滋有味。于是，课堂成了我们挥洒生命的舞台，学生成了我们心心相印的伙伴。甚至我们遇到的每一个难题，包括每一天都会给我们带来“悬念”的后进生，都成了我们的课题，我们从中获得了科研的愉悦，教育的乐趣，人生的幸福。

无数个普通日子里无数普通的思考、普通的情感、普通的人物、普通的故事、普通的智慧……便凝结成我们不普通的记忆。这套《李镇西团队丛书》，便是这些温馨记忆的结晶。

写到这里，不得不解释“李镇西团队”这个概念了。“李镇西团队”是一个比较模糊而宽泛的概念，其内涵主要是指和我有密切联系、志同道合因而心心相印的教育者——主要包括我身边的同事，以及我教育之旅上和我携手并肩的志同道合者。以“李镇西”命名这个团队，是因为我相对年长一些——按中国传统的习惯，长者为尊。仅此而已。

作为一群平凡的教育者，我们没有想过青史留名。我们知道，我们这些朴素的文字，很难成为什么什么的“里程碑”或“开创”了什么什么的“经典之作”。在人类漫长的历史中，我们的文字连如彗星扫过夜空都谈不上，最多昙花一现。但即使如此，我们也心满意足，毕竟我们的生命和我们学生的生命一起芬芳过，璀璨过。

我们并不自卑。我们坚信，无数和我们一样的教育者忠实记录自己心灵的文字，汇合在一起，便构成了我们这个时代气势磅礴的教育交响曲。

能够成为这伟大壮美乐章中的一个美丽音符，我们很自豪。

谢谢你打开这套丛书，谢谢你倾听我们的心音！

艰辛而快乐[①]

一个月的呕心沥血，这本书终于编完了！我长长地舒了口气。

本没有想到写什么“跋”，但编完之后有些话想说。

我可以非常自豪地说：“我是一个好的班主任！”也可以非常骄傲地说：“我是一个好的语文教师！”（今天上午，前来我校参观的河南许衡中学的张璧宏校长想听我的课，他目睹了这样的一幕：预备铃响后我走进初一（3）班教室，孩子们看到我竟然欢呼起来！）但我却不敢说：“我是一个好的校长！”我对自己的校长工作很不满意。不是说我不尽责——其实，当校长三年来，论工作的投入和辛苦，远远超过了我单纯做语文教师和班主任的时候，何况我现在依然上着课并做着班主任。

我对自己不满意，绝不是谦虚，而是因为我觉得自己远远没有达到我心目中“好校长”的标准。那么，我心目中的“好校长”应该是怎样的呢？

回想三年前的8月22日，我第一次以校长的身份在全校教职工面前亮相的时候，我说了这样的话：“可能大家对我抱有很高的期待，期待着因为我而提高待遇，期待着因为我而改善生源。但我可能让大家失望。第一，我们是公办学校，我手里没钱，我也没有带印钞机，不可能靠我一个人一下子就给大家多发钱；第二，我们的学校区位，决定了我们面对的学生永远都是本地失地农民的孩子和进城务工人员的孩子，生源永远都不可能按我们的想法去改变。那么，我这个校长是来做什么的呢？我当然要尽可能争取提高大家的待遇，但不做承诺；我也会带着大家尽可能提高我们学校

① 本文为《把心灵献给孩子》的后记。

的教学质量，但这是一个艰苦的过程。我到这个学校来做校长，有一个明确的目标，就是带领老师们成长。我希望我以后离开这个学校的时候，我们的老师也成长起来了，而且很优秀，甚至成为名师！”

不但自己优秀，而且让老师们也优秀，这就是我心目中的好校长。

用这个标准来衡量我三年的工作，我当然不满意，因此我不敢说我是“好校长”。

当然，这并不是说三年来我校的老师就一点积极的变化都没有；相反，相当多的老师都在自己原有的基础上有了不小的进步。我引领老师们成长的办法就是，以自己的经历和经验去影响老师们。让我欣慰的是，的确有不少老师成长起来了。

回想我的成长过程，我觉得我无非就是坚持做好“五个一”：每天上好一堂课，每天找一个学生谈心或书面交流，每天思考一个教育问题，每天读不少于一万字的书，每天写一则教育随笔。从1982年春天参加工作的第一天开始到现在，我一直坚持这样做。于是，我便从一名普通老师成长为别人眼里的所谓“教育专家”。既然我是这样成长起来的，那么，现在我当了校长，也就倡导老师们也这样做——注意，是“倡导”而非“强迫”。我的“五个一”后来被成都市教育局作为教师专业成长的“经验”而推广，结果我就时不时听到一些老师发牢骚：“我们校长要求我们每天做‘五个一’，累死了！都怪那个李镇西！”

真是冤枉！就是在我校，我也没有要求老师们每天必须做到“五个一”。当然，课肯定是要争取上好的，找学生谈心和思考问题也是可以而且应该做到的。只是是否每天必须读书一万字和写一则教育随笔，则视每个老师的具体情况而定。尤其是写作，并不是每一个老师都能做到每天都写的。因此，“五个一”对我来说是“必须”，而对老师们来说，是“倡导”。只要老师们结合教育教学，随时阅读和写作，就可以了。这样做，主要是引导老师在思考的状态下工作。既然是“倡导”，写了当然会有奖励；既然不是“强迫”，不写也不批评更不处罚。事实上，我们多数老师能够保证一个月写两三篇或者更多。还有不少老师和我一样，几乎每天都写教育随笔或教学反思，比如班主任日记等等。让我很是感动。于是，三年来，我校老师共写教育随笔一万余篇。所以，也就有了这样一本书。

坦率地说，编辑这本书艰辛而快乐。

因为时间很紧，一个月来，我不得不每天 12 点钟以后才停止劳作，凌晨 4 点便起来继续编辑。有一天醒得太早而不小心惊醒了身患晚期癌症同样睡眠不好的母亲，为了不影响母亲的休息，那以后我不得不很早就离开家门，然后把车停在学校外面的围墙边（不好意思惊动还在熟睡的门卫），坐在驾驶室里给每一篇随笔写点评。白天在学校，除了上课和完成非做不可的事，我都一个人躲在车里，关闭手机，以求不受打搅地编辑。好多点评甚至是周末出差途中，我在飞机上或在高速公路的小车里写成的。因为我希望出版社能在本期期末成书，所以我就不得不加快节奏。到了最后，因为临时又出了一点差错，需要修改一些稿件，我不得不连续熬了两个通宵。如此工作，要说不辛苦，那是假话。

但是，我觉得这样的辛苦是值得的。平时零零碎碎看老师们的随笔，虽然也常被感动，但这次集中地读（而且读得这么仔细）老师们的文字，感受到的心灵冲击是前所未有的。我并不认为老师们的这些文字有多么优美，但这些文字都是来自每一天普通而鲜活的生活，并从老师们的心灵自然而然地流出，朴素而真诚。读这样的文字，的确让我快乐。我常常在读了某篇文字后，情不自禁地想象作者的模样：嗯，这个老师看起来不咋样，平时默默无闻，在校园里可以说是微不足道，可内心深处却有着如此深沉的教育思考，并拥有让我惊叹的教育智慧！实话实说，并不是所有老师都在一个水平上，有的老师在思想上至今还比较懒惰（请原谅我这个词可能用重了一些），但是，我们学校毕竟大多数老师已经“动”了起来。待遇依然还不满意，生源依然还不理想，但既然改变不了我们无法改变的现实，那就试着改变我们能够改变的心态和我们的精神世界吧！

作为校长，我深知自己的短处与长项。我缺乏学校管理经验，缺乏协调与应酬的能力，缺乏行政思维，缺乏“政治头脑”，但是，我热爱教育，热爱学校，热爱老师，热爱学生。我还有一个特有甚至是独有的资源，那就是我结识中国许多一流的教育专家，并有许多编辑朋友。于是，我利用自己的这一点长项，尽量为老师们的成长乃至成功提供机会，创造条件，搭建平台。我请来了朱永新、魏书生、程红兵等教育名家到学校做报告，和老师们“面对面”。我请《班主任之友》杂志为我校老师全年开辟专栏，

并给我校所有班主任赠送该刊。北京《班主任》杂志80年代创刊之初便给我以帮助扶持，所以该刊主编李汉生既是我的老师，又是我的铁哥们儿。那天他来电话要给我做封面，我便和汉生兄“谈判”并提出“苛刻条件”：“每期都给我们学校57位班主任赠送杂志吧！”于是，我校班主任每个月都能读到获赠的《班主任之友》和《班主任》杂志。（在此，我向这两家杂志表示真诚的谢意！）西南大学出版社要我给他们书稿出版，我说我现在确实没有书稿，但我问他们：“我主编的书可以吗？”他们说可以呀！那好，我便组织我校潘玉婷等五位老师写成并最终正式出版了《给新教师的建议》。我经常想，我们的老师除了日复一日地教学，还可不可以有点来自课堂但又是课堂以外的乐趣？我引导老师们进行基于实践的写作，并帮老师们发表和出版这些文字，就是想让老师们获得一种职业的成就感。这是我能够做到的，那我就要尽量做到，并做好。

我为这本书倾注了心血（从某种意义上说，编辑这样的书，评点老师的文字，远比我自己写书更费力），但我获得了如同我自己著作出版一样的喜悦和成就感。何况编辑这本书，我并非孤军奋战。和我一起为这本书倾注心血的，还有我的几位助手：刘显勇老师、邓永辉老师、叶志庆老师、潘玉婷老师、郭继红老师、胡成老师、张绍黎老师、汤明月老师。他们协助我一遍又一遍地疏通语句、校对文字。特别是刘显勇老师、叶志庆老师和邓永辉老师，承担了更多的编辑杂务。这八位老师的劳动，在一定程度上减轻了我的负担，我要向他们表示真诚的谢意！

最该感谢的，还有漓江出版社的文龙玉老师。一个多月以前，我给她去电话希望她帮我们老师出版随笔集，我说：“我想帮我们老师出书，请你帮我一把！”她毫不犹豫地答应了：“没问题！”我知道，这本书不太可能给出版社带来经济效益，我也知道现在某些出版社为了经济利益出卖书号，所以漓江出版社能够为我校老师义务出版著作，令我和我们全校老师感动。文老师的义举，也表明了她同样具有真诚的教育情怀，彰显了漓江出版社的品位与境界。

最后，我要感谢所有阅读这本书的人——感谢您对我们学校的关注！成都市武侯实验中学远远还谈不上辉煌，我们的老师也远远谈不上卓越，我这个校长更远远谈不上优秀。但是，有了您和无数人的关注与关怀，我们便有了走向辉煌、卓越与优秀的动力与信心。

（在写这篇文字的过程中，接到一个老师的电话，她特别向我表示感谢，感谢我为她写的点评，要我“别太累了”。刚放下电话不久，又收到一位老师的手机短信：“李校长，相信你还在劳作。别太累哦，为大家保重身体！”关上手机，我想，为这样的老师们劳累，值！）

和孩子一起编织故事[①]

在我校教学楼墙上，有一句苏霍姆林斯基的名言：“每一个儿童都是一个完整的世界。”每次看到这句话，我都会想，这一个个“完整的世界”里，充满了多少精彩的故事啊！

前不久，有一位老师在我的博客上留言，推荐美国2009年的全国年度教师托尼·马伦的获奖感言。“感言”中有几句话让我特别感动——

最优秀的教师有一个共同的品质：他们知道如何读懂故事。他们知道走进教室大门的每一个孩子都有一个独一无二、引人入胜，但却没有完成的故事。真正优秀的教师能够读懂孩子的故事，而且能够抓住不平常的机会帮助作者创作故事。真正优秀的教师知道如何把信心与成功写入故事中，他们知道如何编辑错误，他们希望帮助作者实现一个完美结局。

这里所说的“故事”，并不单指“事件”和“情节”，而是指孩子成长的过程；或者打个比喻形象一点说，这里所说的“孩子的故事”，指的是孩子生命的河流。

这条河，每天都在向前流淌。有时平缓舒展，有时急速湍急，有时汹涌浩荡，有时又曲折回旋……于是，孩子的一生便摇曳多姿或惊心动魄起来。

---

① 本文为《每个孩子都是故事》的序言。

那么，面对这条河，每一个教师是什么呢？

有时候，教师是泳者，他在水中畅游，被水浸泡着，亲吻着，抚摸着，享受着水的清澈与清凉；有时候，教师是船夫，他被河水托着，悠然自得，欣赏着河面的浪花和两岸的风景；有时候，教师是漂流者，他驾驭着并征服着汹涌的河水，劈波斩浪，一泻千里；有时候，教师还可能是清污者，清除水面的污染物，或者排除河底障碍——如果有必要甚至还可能引导河水改道……

在生命的河流里，教师走进了孩子的故事。这个故事如河流一样不可逆转，而且每一天的风景都不可预知——或令人欣慰，或令人惊叹。故事的原创是孩子，但编辑是教师。如托尼·马伦所说，教师帮助孩子“把信心与成功写入故事中”，为孩子“编辑错误”，并“帮助作者实现一个完美结局”。

作为高明的“编辑”，教师一定要读懂每一个孩子的故事。什么叫“读懂”？我理解，就是陶行知所说：“我们必须会变小孩子，才配做小孩子的先生。”所谓“会变小孩子”，就是用童心去感受童心。一个真正的教育者，总是有着纯真的童心，并能够用儿童的眼睛去观察，用儿童的耳朵去倾听，用儿童的兴趣去探寻，用儿童的大脑去思考，用儿童的感情去热爱……对此，陶行知先生还有一段十分感人的话：“您不可轻视小孩子的情感！他给您一块糖吃，是有汽车大王捐助一万万元的慷慨。他做了一个纸鸢飞不上去，是有齐柏林飞船造不成功一样的踌躇。他失手打破了一个泥娃娃，是有一个寡妇死了独生子那么悲哀。他没有打着他所讨厌的人，便好像是罗斯福讨不着机会带兵去打德国一般的怄气。他受了你盛怒之下的鞭挞，连在梦里也觉得有法国革命模样的恐怖。他写字想得双圈没得着，仿佛是候选总统落了选一样的失意。他想你抱他一忽儿而您偏去抱了别的孩子，好比是一个爱人被夺去一般的伤心。”

只有这样，才能真正读懂每一个孩子。

而一般的阅读不同，“读懂”孩子的故事，并不意味着教师仅仅是一个旁观者。不，教育是我们和孩子生命和生命的相遇，因此我们自然而然地进入了孩子的故事，和孩子一起创作，推动情节的发展，并期待着一个完美的结局。生命的交融、心灵的相通，让教师和孩子一起在生活的河流中奔涌、漂流、探险……

同时，教师还是这个故事的整理记录者——用文字留住孩子的成长，也留下自己的成长。教师所记载的故事，绝不仅是故事，里面蕴含着教育的情感、思考、智慧与幸福。因此，这样的写作促使教师更快地成长。

这正是“新教育实验”所提倡的基于实践的叙事写作。不到三年，我的年轻的同行们，通过记录自己的教育故事，积累着教育智慧，享受着教育幸福。于是，这本《每个孩子都是故事》诞生了。

最近一个月，在修改、点评这些故事的时候，我常常熬到午夜，而凌晨四点多便起来继续修改、点评。这不是因为我勤奋，而是我实在被老师们的故事所吸引了:《李方洲的故事》《破茧化蝶》《我做班主任惊心动魄》……读的时候真的是欲罢不能，不禁忘记了时间。老师们的智慧让我不止一次地赞叹:“太有才啦！”

我从中读到的不仅仅是智慧，更读到了老师们的教育生活状态:实践、阅读、思考和写作。在我看来，写作不仅仅是单纯的写作，它必然伴随着实践、阅读与思考。它与实践相随，与阅读同行，与思考为伴。实践是它的源泉，阅读是它的基础，思考是它的灵魂。我经常给老师们说:“只有做得精彩，才能写得精彩！而且通过精彩地写，可以促使我们更精彩地做！”

读懂孩子，就是读懂教育，就是读懂自己。在这里，孩子和教师已经通过教育融为一体——帮助孩子成长，也是帮助自己成长；成就孩子，也是成就自己。这种师生之间的互相依存又是以故事的方式呈现出来的。从某种意义上说，教育就是和孩子一起编织师生的生命故事，并追求一个“完美的结局”——注意我这里说的是“追求”。实际上，很多时候，我们故事的结局并不完美，那也不要紧，在追求完美的过程中，我们的职业更加精彩，我们的生命更加明媚，我们的人生更加辉煌。

孩子每一天的故事不可复制，教师每一天的生命也不可重现。教育的严酷与责任都在于此。读懂孩子，并和孩子一起愉悦而谨慎地编织故事，让教师和孩子的生命互相重叠与交相辉映。这是教育的意义和幸福所在。

教育，是一种悲壮的坚守①

我越来越觉得教育是一种悲壮的坚守。因为在现行教育体制下，我们很多时候不得不在良知与现实之间进行艰难的抉择。

比如，面对一个由于家庭教育或以前所受教育的缺陷，也由于他自身多年养成的恶习，还由于他本身存在的学习接受能力方面的缺陷（我实在不愿意说出“智力缺陷”这样的词，但不好意思，终于还是忍不住在括号里说出来了），这个孩子不但表现很差，而且成绩糟糕。如果凭着“让每一个孩子抬起头来”或“一个都不能少”的教育良知，我们当然会对他倾注爱和智慧，让他有进步，至少“学会做人”。但是“上面”的升学压力，可能会让我们不得不放弃这个孩子而“面向多数”。如果我们执意要给这个孩子以真诚的关爱，哪怕并没有耽误对大多数学生的正常教育，周围也有人会觉得我们不可思议：“有什么用啊！白费劲！”是的，教育的复杂性就在于，并非面对所有的孩子都能够“只要行动，就有收获；只要坚持，就有奇迹”的，有时候辛辛苦苦好几年，却颗粒无收——说“颗粒无收”是指“应试成绩”而言，事实上，我们会这样安慰自己：尽管他的成绩不好，但通过几年的努力，我已经把真善美的种子播进他的心田，在将来的岁月里，这些种子会开花结果的。

然而，很多时候这种自我安慰会被更多的惴惴不安压倒。当这个孩子离开我们流向社会，或者勉强升学之后，我们心中会有无比的惦记更有无限的忧虑：在社会，他的将来会怎样？在新的学校，他会遇到善待他的老师吗？而这种惦记和忧虑同样会让周围的人不可理解：“人都走了，关你什么事儿啊？”是的，现在教育体制，就是引导老师们“只要目的，不择手段”，“只管眼前，不管将来”，因为“分数才是硬道理”！分数成了所有学

① 本文为《与李镇西同行丛书》的总序。

生的人格标签，也成了所有教师的全部光荣，或者耻辱！

在这种情况下，你还能坚守你的教育良知吗？

很多时候，刚踏上讲台并且依然还燃烧着教育理想主义激情的年轻人，正是在这样的艰难抉择面前，犹豫了，彷徨了，退却了。如果他一定要坚守他透明的教育理想和纯洁的教育良知，那么伴随他的很可能是孤独以及来自周围的冷眼，甚至包括校长的指责。

——我所说的"悲壮"就在于此。

读者可能已经隐约感觉到了，上面那个沉重的"比如"，就是我自己的经历。我是在写自己。

熟悉我的读者，已经从我的《爱心与教育》中认识了万同，从《李镇西和他的学生们》中认识了陈鑫，这都是让我和所有老师头疼甚至有时候感觉简直就是"十恶不赦"的学生。这样的学生毕业离开我的时候，从应试的角度看，无论万同还是陈鑫，并没有取得让我感到稍微满意一点的成绩。实际上，从第一眼见到这样的孩子开始，我基本上就断定，他的升学是无望的。但是，我依然没有放弃。我曾经对许多老师说过："明知这个孩子考不上大学，还依然锲而不舍地爱他，这才是真爱。因为这份爱超越了任何功利！"

要命的是，很多时候在我的班上，这样的学生不是一个两个，而是一群，乃至全班——我曾经教过一个班，是由年级考试成绩排名最后的六十三名学生组成。在这种情况下，"坚守"何其艰难！

在20世纪八九十年代，我品尝了坚守的孤独，所以，在1995年7月下旬，我得知我班学生取得了辉煌的高考成绩后，却怀着悲壮的心情写下这样的文字——

常说"不以成败论英雄"，但这话在中国似乎从来就未真正做到过。就目前中学教育而言，"成"的标志，从理论上讲，是学生德智体的全面发展；但事实上，"成"的唯一标志只是学生们的升学分数以及学校的升学率。这使许多有志于教育改革的人，虽然胸怀教育科学与教育民主的顽强信念，却不得不在"升学教育"的铁索桥上冒着"学生考不上大学一切都是白搭"的舆论"弹雨"，艰难而又执着地前行！

这是一种很不正常的教育评价：假如某位班主任的工作富有特色（比

如班级管理尽可能交给学生，平时尽可能开展各种有益于学生全面发展的活动等等），尽管在当时就可以判断出这些做法是符合教育规律的，但周围舆论仍然会自然而然地把目光投向几年后的高考："工作倒是蛮有新意的，可万一高考滑坡怎么办？""哼！就会搞一些花花哨哨的东西，到时候高考可有好戏看了！"……几年后，假若学生高考成绩不错，人们会齐声喝彩："你看，人家的班级管理那么放手，而且又搞了那么多的班级教育活动，高考成绩仍然这么好，他确实有两下子！"相反，若高考成绩不理想或低于人们的期望值，同样的人也许会说："班级管理那么松散，还搞了那么多与高考无关的活动，高考当然会砸锅——我早就料到了！"

于是，在当代中国，几乎任何一位"优秀教师""优秀事迹"的辉煌大厦，都必须以其班级大大高于所在年级、所在地区平均水平的升学率作为支撑的主要栋梁，否则，他的一切教育思考、探索与创新都等于零！

不能简单说这种社会评价舆论完全不合理。因为在中国这个人口压力极大的国度，升学是人们今后就业竞争乃至生存竞争的最关键也最重要的途径。而且，使学生具有较高的科学文化素质，也是教育的重要目标之一。但是，这毕竟不是唯一的目标！特别是在"升学教育"压倒一切时，不但"做人第一""全面发展""发展个性"等教育要义成了点缀的口号，而且取得较高升学率所付出的代价，往往是学生个性精神的丧失！没有个性的教育必然培养出没有个性的学生——缺乏心灵自由，丧失主体人格，不会独立思考，毫无创造精神！长此下去，我们的民族是很难真正屹立于世界强盛民族之林的。

所幸的是，从那时到现在，我的教育理想（我不敢说我有自己的"教育思想"，但说"教育理想"我肯定是问心无愧的）和教育实践得到了越来越多的人理解和认同。我的周围开始有了越来越多的志同道合者，我的身后有了越来越多年轻的"追随者"——所谓"追随者"是他们的说法，我并不认可。我从来认为，大家是因共同的教育理想而集结，互相取暖，互相学习，互相激励，谈不上谁"追随"谁。总之，在这个几乎开口就要问"多少钱"的社会，我居然还能够找到"尺码相同的人"（朱永新语），很是欣慰。

最近几年，通过网络和其他途径，我结识不少年轻老师，他们有理想，有激情，有良知，有童心（这一点对教育者特别特别重要）。我们一起探索难题，交流经验，碰撞思想，分享幸福。他们自称“与李镇西同行”，我勉强接受了这个说法。因为第一，我年长，经验比他们多一些，教训也自然要多一些，跟我“同行”，可能会少走一些弯路。第二，更重要的是，不管我承认与否，由于种种原因，“李镇西”在这里已经不是指我这个具体的人，而是一个符号，这个符号代表了不灭的理想和不老的青春。因此，所谓“与李镇西同行”就是与理想同行，与青春同行。第三，“同行”表明的是一种平等关系，在这里没有上下之分，没有尊卑之别，也没有所谓“著名专家”和“普通教师”的界限，我们都是志同道合的教育者。

当然，这里的“同行者”更包括和我朝夕相处的同事，即武侯实验中学的老师们。我在这个学校做校长，但我始终以教师的同行者自勉。我不敢说学校百分之百的老师都和我是精神上的同行者，但绝大多数老师，是和我风雨同舟的。特别是在年轻的老师们中，有不少人自觉地“向我看齐”。我呢，作为年长者，也尽我所能地帮助年轻人成长。引导年轻人在纷繁复杂的教育现实面前，恪守自己的信念，面对充满诱惑的社会，坚守自己的良知。我经常和老师们一起探讨：素质教育是不是可望而不可即的空中楼阁？“新教育实验”怎样才能成为真教育？如何真正将陶行知教育思想变成今天的教育行为？当我们个人的纯真遭遇社会污浊的时候，我们该怎么办？面对权势，我们如何保持教育的气节？面对弱者，我们如何表达教育关怀？如何让教育过程充满本来就应该有的温馨的人情味？当我们个人无法改变体制的时候，我们如何通过自己的努力，让孩子少受一些伤害，多一些童年的欢乐与浪漫，而不要成为“应试教育”助纣为虐的帮凶？当教育充满虚伪和虚假的时候，我们如何给学生一双清澈而睿智的眼睛和一颗纯真而坚韧的童心？……

很高兴的是，我身边不少年轻的同行者正是在这样的思考中实践，在实践中探索，在探索中成长，在成长中坚守。我校一位年轻的小伙子，以前精神面貌和工作状态都很糟糕，无论教学还是班主任工作，都让我头疼。我多次找他谈心，他承认“我的价值观出了问题”，我严肃地批评他，更诚恳地帮助他。我说：“既然选择了教师，就要经得起诱惑！你必须变，首先是改变心态，这样你才能够获得职业幸福。只有你变了，你的学生才会

变！”我引导他进行专业阅读，为他出谋划策，还专门到他班上去和孩子们谈心……在我的引领和指导下，本学期最近几个月，他的进步突飞猛进。但他依然不满足，继续反思自己的不足。今天，就在刚才一个小时以前，在我写这篇序言的中途，他敲开了我的办公室大门，给我郑重地交上一份“请战书”，希望学校给他压担子。他这样写道：“曾经，我因为我的班级入学成绩太差而埋怨过，也因为我的班级学生太不听话而经常发牢骚，也曾经抱着无所谓的态度对待过班级，也曾经敷衍过领导，对学生不负责。今年三月份的时候，李校长找我谈话，认真地给我做思想工作，我深深地感到我错了。我真的希望学校可以给我一个机会，我经常教育学生：‘人可以被别人打，也可以被人骂，但是就是不能让别人看不起！’我觉得我现在说再多都不能换来别人对我的信任，我不怪别人，我也不找任何客观原因，所有这一切都是我自己造成的，我只想通过我的努力来挽回这一切。我想用行动证明我的决心，也想用行动证明我的实力。”

我对他说：“你的变化，让我有一种成功感。作为校长，最大的成功，就是教师获得成长，并最终获得成功！我相信你，但你要有思想准备，未来还有许多困难等着你，但只要你坚守着自己的良知，你一定会成功的！”

教育，这个特殊的职业，让我们不得不放弃许多必须放弃的，而坚守一些必须坚守的。这套丛书，展示的正是我和我的同行者们坚守的姿势。我不敢说我自己能够坚守多久，但我会坚守到我能够坚守的最后一刻。

写到这里，我想到了两年前，自己在万米高空的飞机上写下的几句话——

按某些世俗的观点，我至今书生气十足，不能算一个“成熟”的教育者。但有一点我很自豪，那就是我至今还真诚地怀揣着我心中的教育理想，而且“居然”还想一点一滴把这理想付诸现实。有人说我的理想不过是梦想，但我要说，对于教育者来说，有梦想和没梦想是不一样的，精神状态不一样，行动方式也不一样。我当然知道，我的理想（梦想）也许只能有百分之一成为现实，即使如此，我也愿意倾尽全力付出百分之百的努力！我力图通过我的探索，给人们一个真实的展示：一个真诚的教育理想主义者，在现行教育体制下，究竟能够走多远？

在这个物欲横流的时代，我愿意守住自己的灵魂。这个“灵魂”其实就是一颗朴素而真实的心。

我愿意用这几句话作为这篇序言的结束，并与我所有的同行者共勉：让我们坚守到永远。

为普通老师树碑立传[①]

2010年年底，《中国教师报》希望我在该报开辟一个专栏。说实话，对我来说，虽然这是一种荣幸，但同时也是不小的负担，因为《中国教师报》是周报，开专栏就意味着我每周都得写一篇专稿。且不说我没那么多时间，就算有时间，哪有那么多写的呢？

后来我突发灵感：可以写我校的老师啊！每天在学校工作的老师们，一人写一篇，也够我写几年的。于是，从2011年年初到现在，每期的《中国教师报》几乎都有我的专栏文章，内容就是我校老师的事迹。

我一直认为，一个学校不应该突出校长，而应该突出普通的老师和普通的学生，也包括普通的员工。因此，走进我校，你看不到我的大幅照片，或者我陪同什么什么领导参观校园的照片；相反，你可以看到许多普通老师和学生的照片。在我校教学楼上，挂着两张巨幅照片，两张照片的主角都是我校的老师和我校的孩子们。我一直有个梦想，希望有一天能够在我校校园为我校的优秀老师建造塑像，或者浮雕什么的。

我就是要为普通老师树碑立传。

正是基于这样的想法，所以我特别热衷为老师们"歌功颂德"。有人也许会说："你敢说你们学校的老师个个都优秀吗？"当然不是。人无完人，即使是优秀老师也有这样那样的不足。但是，正如我曾经在教工大会上说的那样，我写每一个老师都遵循这样的原则："抓住一点，不及其余；蜻蜓

① 本文为《每个老师都是故事》的序言。

点水，浮光掠影。”

所谓“抓住一点，不及其余”，就是说我只写老师的优点，而且限于篇幅只能写某一方面的优点，而不涉及其他。我不是为这个老师进行全面评价。我写的当然不全面，但我写的“这一点”绝对是真实的。所谓“蜻蜓点水，浮光掠影”，就是说即使是写“一点”，我也不太可能深入细致地展开，只能是点到为止，粗略勾勒。因为《中国教师报》专栏要求每一篇文章只能是1500字，我不可能长篇大论。

曾有人问我：“您这么忙，用什么时间写的呢？”我的确很忙，但是我会挤时间呀！比如，我在飞机上可以写，乘长途大巴也可以写。好多文章都是我在旅途中写成的。还有人问我：“您作为校长，主要是抓宏观，怎么会那么细致地了解到每一个普通老师的故事呢？”我不太理解，为什么校长“抓宏观”就不可以细致地了解老师呢？找老师谈心是我这个做校长的常规工作之一，每次和老师聊天，我都会从他们的口中了解到他们点点滴滴的故事，而且我还会问他们所敬佩的老师，以及为什么敬佩，这样一来，我的写作素材自然越来越多。另外，我还经常到教室里去和孩子们聊天，从他们那里听到许多老师平凡而感人的故事。除了我自己采访，我有时还发动一些老师帮我搜集素材，他们给我提供一些线索，然后我经过了解后再整理成文。比如最近的一篇写陶杨梅老师的文章，就是先请蒋长玲老师帮我搜集素材，然后我又找陶杨梅聊天，于是，一篇《陶杨梅：纯真并快乐着》便诞生了。

不求全面，但一定要绝对的真实，这是我对文章的要求。我前面说了，每篇文章都不是面面俱到，但所写的那“一点”绝对要符合实际，哪怕是合理的细节虚构也不能有。每次写的时候，我都要对所写故事进行“考证”，包括细节。记得有一次我写了一位老师后，我把稿子给她看，我说你看看有没有夸张或失实的地方，当晚她给我发来短信：“李校长，我开始以为你写我会夸张，结果写得很平实，实事求是。”我当然得真实，因为文章见报后，学校老师都能看到的，如果我夸张虚构，老师们会怎么看我？

不是说老师们就没有缺点，但我以这种方式告诉老师们，我们一定要学会互相欣赏。谁没有缺点呢？但我们看人就要多看他的优点。每次我写老师的时候，真的就被感动一次。而生活在感动中，就是一种幸福。我曾经说过，我希望若干年后，人们一想起成都武侯实验中学，首先想到的不是李镇西，而是潘玉婷、孙明槐、唐朝霞、袁伟、李勇军等一大批老师的名字。这组文章我将一篇一篇地写下去，以后汇集成册，书名我都想好了：《每个老师都是故事》。这本书就是我校普通老师的一座丰碑。

我要让我校的普通老师成为学校的名片，我愿意担任这“名片”的制作者。

做一个不讲潜规则的校长

记得我当校长之初，曾经对老师们说过：“我立志做一个不讲潜规则的校长！”

当时，我说了三点，第一，决不让老师们花版面费发表所谓“论文”；第二，决不用钱买书号给老师们出书；第三，决不通过金钱请媒体做新闻宣传。

整整六年过去了，这几点我都做到了。六年来，全校老师发表教育文章上百篇，有的老师甚至还曾在报刊开专栏，都没花一分钱，相反还得稿费；六年来，我为老师们出版了四本专著——《给新教师的建议》《把心灵献给孩子》《每个孩子都是故事》《民主教育在课堂》，同样没有花一分钱，同样还有稿费；六年来，那么多的报纸杂志和电台电视台为我校做新闻宣传，我从没给记者塞过一个红包。

我现在一般不接办公室电话，因为真正熟悉的人给我打电话都打手机，而打到办公室的电话往往是推销资料，或者要给我校有偿做这样或那样的宣传。

但是有时候，电话铃响得我心烦，我只好接起来：“喂，您好！”

“是李校长吗？”

“你好，我是李镇西。您有什么事吗？”

“啊，李校长，我们是 ××（往往是很显赫的一个机构，比如什么中共中央宣传部，或《人民日报》，或全国人大，或教育部什么部门等等），最近正在编撰一本《中国当代名校风采巡礼》（或者是《中国当代著名教育名家风采录》），我们知道您，（接下来是一大堆吹捧我的话）所以……”

我直奔主题，问：“您这是要收费的吗？”

“这……哦，是这样的，我们不收费，只是后期有一点点制作成本……”

“好，谢谢！谢谢！第一，我们学校开办还没几年，远没达到名校的程度；第二，任何收费的宣传我们都不参加。”

“呃，您听我说，李校长，你们武侯区的 ×× 中学，还有 ×× 中学都做了……”

我一下火了：“他们是他们，和我们没关系的！”

我不客气地把电话挂了。

还有类似的电话，是某电视台说要给我校拍宣传片的，当然也要收费。比如，有一次是号称（我估计是冒称）“凤凰卫视网”的一个记者，就给我打电话说要宣传我校，“不收费，只是有一点点后期的什么费用”。我故作天真无邪地问：“为什么要收费呢？新闻宣传不是你们的工作职责吗？”

对方说：“哎呀，现在都是要收费的。”

我继续装傻：“不对呀！前次中央电视台给我校做《小崔说事》的访谈节目，都没有收一分钱呀！”

对方无比惊讶：“有这样的事？不会吧！怎么可能？”

我说：“那当然了！人家前期派一个团队到我校拍了几天，后来还邀请我校师生五人去北京接受访谈，吃住行，包括来回的路费，都是中央电视台埋单呢！”说到这里，我简直有点炫耀的味道了。

对方没法和我往下说了，只好说：“那好那好，谢谢李校长！”

六年了，我都坚持不给任何前来采访的记者送红包，并以此自豪。

但最近，我有烦恼了。本学期开学，教育局要求各学校请媒体到学校宣传开学典礼。于是，我校有关干部自然请了媒体。有关干部是刚分管宣传，所以不明白我的规矩，便按“约定俗成”给了记者红包，说是“车马费”。

我知道后，特别不舒服。我给何书记说我的烦恼，他很有共鸣，和我有着同样的不爽。

我表达了这样的意思——

第一，我们做教育，是为了宣传吗？一点点事就要找媒体“宣传”，有这必要吗？再说了，开学典礼每学期都要举行的，我看不出我们的这些常规工作有什么宣传的价值。如果说教育局说必须有媒体宣传，那我有机会找领导谈谈。第二，我们不要想着“宣传”“炒作”，就朴素地做教育，踏踏实实地做教育，真有了成绩，媒体自然会找上门来的。第三，电台也好，电视台也好，报纸也好，都是党的新闻工作者，也就是说宣传是他们的职责，是他们的分内的工作，他们都领了工资的，为什么还要给他们红包呢？就像我们做教师的，我们上课已经领了工资了，难道每次上课后还要学生给我们红包吗？我相信，真正有良知的记者也不愿要这个红包的，这是对他们人格的侮辱。这么多年来，许多记者朋友为我校写了那么多的报道，还有电视台为我们做节目，都没有收我们一分钱，我非常感谢他们，并对他们充满敬意。可见，并不是所有记者都是为钱而写的。第四，有人说：“我们不这样，其他学校却要给记者红包……”其他学校是其他学校，我们是武侯实验中学！我校不是成都市唯一的综合改革试点学校吗？那么，不给记者红包，能否也成为我们的试点内容之一？

何书记和分管宣传的阎副校长非常赞同我的观点，只是面对这个社会，都感到无奈，只有叹息。

还有老师对我说，与给记者红包相类似的情况其实很多，这在我们的社会已经成潜规则了。比如，有的教研员（不是所有，只是有的）到学校指导工作，有学校往往也要给教研员有所“表示”。

我说：“我相信，这样的教研员是个别的。为什么要给呢？教研员到学校指导工作，不正是他们应该做的吗？如果不给，会怎么样呢？”

答曰：“当然，表面上也没什么，但人家在关键时候就可能不会给你这个学校说好话呀！而现在各种评估，教研员的话可很重要也很关键呀！同样的验收评估，其他学校都送了红包，而你没送，有可能就吃亏了，这损失可是学校的损失啊！”

我怒不可遏：“‘大家都是这样的’，这就是人人践行潜规则时安慰自己最好的理由！这些收红包的人，骂起当官的‘搞腐败’，肯定是咬牙切齿，可自己收红包却无比坦然。这就是我多次说过的‘全民腐败’！其实，我们给记者给教研员送红包，这种心理和家长给我们老师送礼的心理，不正是一样的吗？明明不想送，却又不得不送，或者不敢不送，送的时候，心里都在骂，但表面上却要装作心甘情愿的样子，生怕别人不收！但是，我还是那句话，我就不相信，所有记者所有教研员都是这样的！我坚信，有良知的记者和教研员还是大有人在的！”

后来我给何书记阎副校长谈了我的设想，坚持我校不给记者送红包的光荣传统。但对正直的记者，我们可以用其他方式表达我们的谢意和敬意，比如每次记者来采访，可以把我的著作和老师们的著作送他，这不是很有意义吗？学校也可以统一制作一点体现学校特点的小工艺品小纪念品，作为礼物送给前来采访的记者。另外，逢年过节我们可以主动请记者朋友们开个茶话会，增强彼此的情感与信任。

希望记者朋友看到我袒露的一颗透明的心。我相信，有良知的记者朋友是能够理解我的。

点评语文课《黑孩子罗伯特》

我在我校附属小学听了一节六年级的语文课，是肖老师上的《黑孩子罗伯特》。

本学期在小学听过数学课、科学课和语文课，但我却从不敢妄评。道理很简单，我不懂小学教学，包括语文教学。我真是抱着学习的态度，以慢慢进入和熟悉小学教育。所以，每次听了课，我都听老师们评课，我不发言。我就怕因为我是老师们眼中的“专家”，说出话来，让大家“鸭梨很大”。如果只是“鸭梨”还不算最糟，如果把我这个外行的话当作“校长指示”，那就可怕了。

但听了《黑孩子罗伯特》后，几位老师还是很诚恳地要我说。我只好首先声明：“我不懂小学语文教学，说出来你们别笑话。我只谈我对这堂课的感受，和对这篇课文的一点肤浅的理解。”于是，我说了下面的意思——

我不太懂这篇课文的教学重点是什么，是否也有教学大纲或教学参考资料对这篇课文的重点有要求。一篇课文要讲的很多很多，在特定的学段特定的时间，只能突出其中一点。这堂课，我觉得肖老师讲得条理清晰，重点突出，我感觉不错。肖老师突出了对课文中语言描写、动作描写和心理描写的分析，还叫孩子们一起思考讨论。这是很好的。

在写作上，我们要帮助孩子区别“叙述”和“描写”。所谓“叙述”，就是简单的交代，它要表达的是“发生了什么”；所谓“描写”，是形象的刻画，它要表达的是“怎么发生的”。比如，“太阳升起了”，这是叙述，是简单交代；“一轮红日从东方冉冉升起”，这是描写，是形象刻画。

“罗伯特摸了摸裤子口袋，深深地吸了一口气，三步两步冲到讲台前，把钱全部掏了出来。”本来可以说“罗伯特把钱全部交了出来”，是叙述，一样很清楚，但不形象。而课文用的是描写，动作描写，就很形象。

学生写作中容易出现的毛病是只会叙述，却不善于描写，因此语言干巴巴的。通过这篇课文，可以让孩子体会描写的好处，学会把文章通过描写来展开，不只是说清楚“发生了什么”，还要会呈现“怎么发生的”。肖老师正是在这一点上抓住了重点，很好。

当然，我还要说明的是，不是一味排斥叙述。我们经常说，写文章要“详略得当”，描写是“详”，叙述是“略”。该详时，泼墨如云，这是描写；该略时，惜墨如金，这是叙述。只是针对现在的学生作文往往是叙述而不善于描写，我们这里强调描写。

语文教学除了知识和能力，还有新课标所倡导的“情感、态度和价值观”。这篇课文讲的是黑孩子罗伯特被歧视，但依然善良地对白人女孩丽莎表现出爱心。我认为对这篇课文不能孤立地就课文讲课文。如果学生只读这篇课文，他们很可能认为这就是美国目前的种族关系现状。

顺便说一下，多年来我们的中小学语文教材中，凡是涉及西方国家生活的课文，往往都是负面的，《卖火柴的小女孩》啊，《项链》啊，《竞选州长》啊，《守财奴》啊，《我的叔叔于勒》啊，等等。无非是“水深火热”“尔

虞我诈”“赤裸裸的金钱关系”，这是不是真实的？当然是真实的，但这只是局部的真实，而不是全部的真实；只是历史某一阶段的真实，而不是当代世界的真实。

就以种族歧视而言，美国的确曾经非常严重，但现在已经有了很大的变化，或者说有了很大的进步。海湾战争期间，黑人鲍威尔能够担任美军参谋联席会议主席，后来还担任了国务卿，后来黑人女性赖斯也担任过国务卿，现在有黑人血统的非洲后裔奥巴马还担任了总统，这些在过去都是不可思议的，但却是今天的现实。这正是20世纪60年代马丁·路德·金发动并领导黑人民权运动所推动的社会进步，从某种意义上说，这不仅仅是美国社会的进步，也是人类文明的进步。美国现在依然还有种族歧视的现象，但我认为已经不占主流。

20世纪80年代，美国总统里根签署法令，规定每年一月份的第三个星期一为美国的“马丁·路德·金全国纪念日”以纪念这位伟人，并且定为法定假日。迄今为止美国只有三个以个人纪念日为法定假日的例子，另外两个是哥伦布和华盛顿。2011年，马丁·路德·金的纪念雕像在华盛顿国家广场揭幕。在此前，只有华盛顿、杰弗逊、林肯和罗斯福等几位美国历史上著名的总统在这里立有纪念塑像，马丁·路德·金是头一位生前作为社会批评家的平民政治人物被在此加以纪念，也是第一位非洲裔政治领袖的纪念人物，其意义非同一般。

这些，我们都应该告诉孩子们。

这篇文章的核心，是谈人与人之间的平等与尊重，反对歧视。说到“歧视”，在中国当然不能说有种族歧视，但有没有其他歧视呢？比如，城里人对乡下人的歧视，富人对穷人的歧视，健康人对残疾人的歧视……我们应该将课文内容同孩子们每天的生活联系在一起，用平等与尊重的价值观滋润孩子的心灵。

关于罗伯特的善良，我们完全可以联系“小悦悦事件”或类似的人与人之间的冷漠，让孩子思考，人应该如何与他人相处？我们如何通过自己的善良改变目前的社会风气？

其实，我今天第一次接触这篇课文是有疑问的，比如，丽莎为什么会歧视甚至可以说是厌恶罗伯特？课文并没有交代。而罗伯特明明知道丽莎讨厌他，他却那么喜欢丽莎，以至丽莎病危了，罗伯特还心甘情愿将本来积攒的准备买玩具战斗机的钱全掏出来给丽莎治病，这又是为什么？都说世界上没有无缘无故的爱，也没有无缘无故的恨，可这里确实是“无缘无故”的爱和恨啊！这是为什么？我估计孩子也和我一样是有疑问的，只是他们没有机会提出来，或者说不敢提出来。

丽莎对罗伯特的恨，我们可以理解为她从小生活的社会环境充满了对黑人的歧视，也就是说文化氛围感染了她，使她对罗伯特有“天然”的恨——因为是黑人，所以恨他。但罗伯特怎么明知丽莎歧视他，却依然那么真诚善良地喜欢丽莎，这就不好解释了。我可不可以这样也许是很肤浅地解释——美国是一个基督教占主流的国家，基督教讲“宽恕”，讲“爱你的仇敌”，小罗伯特当然还不一定能够理智而清醒地具备这样的思想，但作者是不是想通过这个孩子的形象表达这样的思想呢？作者可能正是想呼唤一种超越阶级、超越种族、超越贫富、超越利益的爱，这当然是一种幻想。

我说的这些，当然不是都要给六年级的小学生讲，讲多了讲深了他们也不懂，但教师一定要理解到这样的高度，或者说要站在这样的高度审视课文，审视教学。教师应该有着开阔的人文视野，要有丰富的思想资源，要有尽可能深入的思考能力，这样，语文课才会有厚度。比如，林达有一套系列著作“近距离看美国”，第一本是《历史深处的忧虑》，第二本是《总统是靠不住的》，第三本是《我也有一个梦想》。而《我也有一个梦想》写的正是美国种族关系的历史和现实。如果我们读了这本书，理解这篇课文都会不一样。因此，我一直主张教师应该有着丰富的人文阅读。

我说的纯粹是即兴的想法，也许是胡说，根本不符合小学语文教学的规律和特点，那就算我没说。

附:《黑孩子罗伯特》全文

1963 年，在华盛顿市林肯纪念堂前，马丁·路德·金发表了著名的讲演，他说:“我有一个梦，我梦到有一天黑人男孩和女孩能跟白人男孩和女孩手拉手像兄弟姐妹似的走在一起……”

二十多年后的一个春天，美国南方的一个小镇。

这个小镇的东北角上住的全是黑人。他们的失业率很高，大都靠社会

救济金过日子。小罗伯特和他的妈妈就住在这灰暗的黑人区里。

小罗伯特自从懂事后就不喜欢他破烂的家，他讨厌那满地乱跑的老鼠，他讨厌那冲鼻的霉臭……他梦见自己长大后跟妈妈搬到了别的地方，他梦见自己开着一架飞机在天空中飞翔。一提到飞机他的劲儿就来了，他简直是迷上了那架放在玩具店橱窗里的战斗机模型，每天放学后他都要转到那儿去看上一眼。店主虽然知道他家里穷没有钱买玩具，却总是让他看个够，从来不赶他走，也没骂过他“小黑鬼”。

罗伯特最不愿意听人家叫他“小黑鬼”，尤其是怕班上邻座的丽莎这样叫他，他不懂为什么老师一不在跟前丽莎就不停地叫他“小黑鬼”，弄得他像做错了什么大事似的。他一生下来就是黑面孔，这怎么能怪他呢？他真不知道黑人有什么不如白人的地方。难道他不是五年级学生中成绩最好的吗？虽然丽莎常带头奚落他和别的黑人孩子，可他并不恨丽莎，心里还有些喜欢她。他觉得丽莎既聪明又漂亮，红红的脸好像春天开的玫瑰花儿。他不止一次想跟丽莎拉拉手做朋友，但是都被她拒绝了，她说：“哼，谁跟你做朋友！我爸爸最讨厌黑人，他说你们黑人又蠢又脏。”

半年前，镇上唯一的大工厂——S纺织厂突然破产停工了。随后，街上的店铺没几个月就关闭了三分之一。罗伯特很担心玩具店也会倒闭，那样就会运走他那架心爱的战斗机。虽然他早已开始为买战斗机而存钱，但是妈妈每星期只给他五角零花钱，所以他存了好长时间才存了九块钱，而战斗机的标价是三十九元，还差三十块呢！三十块对罗伯特来说是很大的一笔钱了。他本想去送报挣点儿钱，或是挨家挨户去找点儿小工做，无奈总遭人白眼。罗伯特为攒钱买战斗机这事非常苦恼。有一天他把心中的苦恼告诉了班主任尤金太太，尤金太太立刻决定让罗伯特在那个周末去她家打扫卫生，后来又介绍他去几个朋友家做些杂事。

两个月之后，一个星期一的早晨，罗伯特把他那数过无数次的钱拿出来又数了一次，一共是四十二元，买战斗机和上税都够了！他小心翼翼地把钱全装进裤子口袋里，准备下午去玩具店买战斗机。想到心爱的战斗机终于要到手了，他非常开心地吹着口哨上学去了。走在路上，罗伯特发现玫瑰花开得好红，红得像丽莎的脸蛋一样漂亮。想到丽莎，他不知道为什么她有一个星期没有上课了。

在教室里，罗伯特一天的心思都放在那架战斗机上了，好不容易才等到该放学了。谁料尤金太太突然宣布说："丽莎得了肺炎，住院治疗需要很多钱。她爸爸自从S纺织厂倒闭后就失了业，家中生活很困难，希望大家能帮忙捐点儿钱。请同学们回家后和父母商量一下，捐多捐少都没关系。"

"肺炎严重不严重？得了肺炎会不会死？"一个女孩问。

"可能。"老师点着头答道。

丽莎可能会死？罗伯特听了禁不住打了个寒战。要是丽莎死，岂不是永远见不到她了吗？呃，天哪！丽莎，你不能死，绝不能死！罗伯特摸了摸裤子口袋，深深地吸了一口气，三步两步冲到讲台前，把钱全部掏了出来。他把钱交给尤金太太，说："给丽莎治病。"

"哦？"老师愣了一下，"最好先回去跟你妈妈商量一下。"

"我妈妈不知道我有这么多钱。这些钱……都是……都是……我存着要买战斗机用的。"罗伯特一提到战斗机就想哭。

"罗伯特，这些钱你存得很不容易，你要全捐给丽莎？"

罗伯特点了点头就赶紧转身跑出了教室。一出教室，他的泪水就大颗大颗地涌了出来。他怕老师再多问两句自己就会改变主意。他是多么喜欢那架战斗机呀！可是他也很怕丽莎因为没钱治病而死去。想到战斗机，想到丽莎，他一路伤心地哭着回了家。

丽莎还是死了。班上的黑人孩子里只有罗伯特去参加了她的葬礼。本来罗伯特也担心去白人教堂会被人撵出来，可是为了要跟丽莎说最后一次"再见"，他还是鼓足勇气跟尤金太太和十几个白人同学一块去了。他们在小教堂里刚坐下来，丽莎的爸爸和老师说了两三句话就朝罗伯特坐的地方走了过来。罗伯特紧张极了，生怕这个高大的男人把他赶出教堂。以前丽莎不是说过她爸爸最讨厌黑人吗？他的心怦怦地跳得很厉害，赶紧低下了头。

"罗伯特！"

一双大手重重地压在了罗伯特瘦小的肩上，吓得他全身发起抖来。他满怀惊恐地抬起头来应道："先生？"

"丽莎的妈妈和我想请你在仪式完毕后代表小朋友们为丽莎扶柩出殡，行吗？丽莎在家常说你好，尤金太太也告诉我你把辛苦积攒的钱全捐给我女儿看病了。谢谢你了，好孩子！谢谢你，哦，谢谢你，孩子，你——"

丽莎爸爸的喉头哽住了，他一把将罗伯特紧紧地抱在了怀里。罗伯特没想到父辈的拥抱竟是这么亲切温暖，他更没想到拥抱他的竟是丽莎的爸爸。他仿佛看见了丽莎红红的脸笑着，友好地向他伸出了双手，他禁不住低声哭了起来。

教堂外面的玫瑰花开得好红啊！

听潘玉婷老师上课

上午第一节课预备铃响了，我来到潘老师的班上听她讲《再塑生命》。下面是我的听课记录——

四个学生背诵古典诗文:《春夜喜雨》《咏蝉》《爱莲说》《沁园春雪》……

学生鼓掌鼓励。

请四个学生板书课题:“再塑生命”。

请一个同学向听课老师介绍上节课的学习环节。

学生:第一个环节，小组讨论合作;第二，上黑板展示，第三，写出问题。

教师布置学生分组学习并讨论导学稿上的预习内容，时间十分钟。

“你认为海伦·凯勒是一个怎样的女孩？”……

我看到，学生们讨论得非常热烈。讨论结束后的小组，把自己小组讨论的结果和展示方式写到小黑板上——

一小组:将自己心中最美的语段、句子与大家一起分享。

二小组:海伦·凯勒是一个倔强、勇敢自信、不屈不挠，对学习执着追求，对爱的真谛不懈追寻的女孩。

三小组:以朗诵的方式展示爱的含义。

四小组:朗诵一首诗歌。联系全文谈谈莎利文是怎样的一位老师?

五小组:形式:访谈，对莎利文老师及海伦·凯勒进行访谈。

六小组：表演形式：《开心辞典》。

七小组：先朗读，再赏析。

……

六小组学生开始展示：《开心辞典》。

一个男生自动走到讲台做主持人，请一个同学提问，其他同学回答。

一个女生问课文中某一句是什么含义，其他同学争相回答。

主持人问爱的含义，其他同学踊跃回答。

主持人：作者连用三个“光明”，想表达什么？

学生：想看到世间万物的渴望。

学生：表示了当时海伦·凯勒的心里是非常郁闷的，铺垫了下面莎利文的出场。

另一小组开始展示：主持人请大家朗读课文。学生朗读得不但整齐响亮，而且很有表情，都很投入。

主持人：大家朗读了这几段，有什么感想？可以自由说说。

学生：“世界上还有比我更幸福的孩子吗？”这句话说明海伦对莎利文非常爱！

主持人：大家是否喜欢莎利文老师？

大家说：喜欢。

主持人：喜欢莎利文老师哪些地方？

学生发言积极踊跃：“是一个伟大的老师”“是一个很了不起的老师”“莎利文老师是一个很有耐心的老师，请大家看这一段……”

四小组主持，先朗诵一首诗《老师，您辛苦了》。

六个孩子轮流朗诵，虽然有的孩子比较羞涩，但每一个孩子都很认真，很动情。

主持人：听了刚才的诗，我们感受到了老师的伟大。请大家谈谈对莎利文的认识。

学生：莎利文老师非常伟大，因为她教子有方。

老师提问：“教子有方”？可以这样说吗？

争论开始：有的认为不能，因为海伦并不是莎利文的女儿，有的人说可以，因为莎利文已经把海伦当作自己的女儿了。

大家开始讨论莎利文的形象。

另一组开始模拟采访海伦·凯勒。

一个同学扮演海伦，主持人采访："没见到莎利文之前，你的内心是怎样的？""为什么你说莎利文对你来说是重塑生命的人？"

一个男生扮演莎利文，主持人采访："你认为海伦·凯勒是怎样的人？"

学生的回答非常精彩，其他同学补充。

另一个小组上台，请大家朗读课文。

主持人问：读了这一段，同学们有什么感受呢？

同学们踊跃回答。

"这段说明海伦·凯勒把莎利文看得比自己的父母还重要。"

"这段说明海伦·凯勒对莎利文的深深依恋。"

同学们鼓掌。

听着课，我感慨万千。我想到多年前我在成都石室中学当班主任的时候，也有不少老师来我班听课，往往有老师会说，进了李老师的班，总感到一种特殊的气氛，好像进入了一种"场"。我多次听潘老师的课，无论是在阶梯教室还是她班的教室里，我也能感到一种特殊的"场"，一种特有的气氛。这种气氛，正是她今天语文课成功的条件和土壤。语文课远不止是语文技术的展示，而是综合了很多因素，包括班风。我们今天在课堂上看到的同学们之间的互相尊重，还有环境布置，包括一些细节，比如前边黑板上的"每日分享"，等等，同样黑板切分和栏目设置，是不是其他教室也这样？这些都说明了班风。

语文组评课时，我说——

潘老师这堂课无疑是成功的，成功的标志就是学生都很投入，都在参与。这堂课可圈可点的地方很多，比如，潘老师对"教子有方"的引导与点拨，我个人感觉这是整堂课最精彩的地方。当学生发言说莎利文老师"教子有方"的时候，我心里还在笑，这个学生乱用词，但仔细一想，又觉得可以这样用。正这么想，潘老师插话了，她问学生们用这个词说莎利文和海伦·凯勒的关系是否恰当，学生开始争论。这个争论不仅仅是辨析用这个词是否恰当，而且把学生对课文的理解引向了深入！像这个问题，我想潘老师肯定不会是先预设的，这是一个课堂生成的问题，但潘老师抓住了这个问题并引导讨论，就把学生的认识深化了。这体现出潘老师的教育机智、教学敏锐和平时的积淀，没有这些，潘老师是很难临场发挥的。所以，潘老师这堂课的成功，就在于她把“尊重与引领”结合得很好，不因尊重学生而放任自流，也不因引领而走向专制。

还有一次去听潘老师的课，好像是讲《紫藤萝瀑布》，中间有一个细节我至今印象很深。她让学生结合课文中的一个句子仿造新的句子。结果一个女生说：“潘老师，您不要对我们失望，我们是爱您的……”女孩说着便哽咽了，好多学生都哭了，潘老师也流泪了。我没反应过来，心想，这是怎么了？下课后，我才从潘老师口中得知，原来早读课上，潘老师因为学生们不好好早读批评了他们，学生很惭愧，觉得对不起潘老师，所以在课堂上，便情不自禁向潘老师即兴说出了那句感人的话。这个插曲似乎有些“节外生枝”，因为和语文教学没有直接关系，但我要说，从课文出发，触动了孩子的心灵，也拨动了老师的心弦，师生双方精神交融，就是最好的语文课。在这样的课上，孩子享受着潘老师，潘老师也享受着她的学生。

请学生吃“面”

我有一个愿望，就是到每一个班去上课，让武侯实验中学的每一个学生都能听我上课；同时，让每一个孩子都能聆听《一碗清汤荞麦面》这篇小说——这是我特别喜欢的一篇小说。

作者栗良平于 1987 年创作，次年就发表在中国的《外国小说选刊》上了。我当时读了之后非常感动，赶紧给我高二的学生朗读，并说：“如果这篇小说能够选入中学语文教材该多好呀！”没几年，这篇小说果真选入高中语文教材第四册。遗憾的是，前几年又被删除了。

但文中所表达的人性之美，却无法从我心中删除。我教的每一届学生，都会听到我给他们读这篇小说。

要说这篇小说的主旨，就两个字：善良。

最近一段时间，每次我走进初一的班级，给孩子们朗读并讲解这篇小说，总能够在孩子们心中掀起波澜。孩子们用非常专注的眼神看着我，我能够感受到他们眼中明澈的光芒。只要是讨论，教室里叽叽喳喳，热闹非凡，每一个孩子都是那么投入。

结合小说内容，我给他们讲“喜欢”和“爱”的区别：喜欢是“占有”，爱是“付出”。我们喜欢什么，自然会让这个东西成为自己的；而所有真诚的爱，都是不图回报的。比如，你喜欢这支钢笔，就会把它买下来，让它成为自己的；但母亲对你的爱，老师对你的爱，不是要占有你，而是不求回报。

我给他们讲爱的最高境界是不动声色，不露痕迹，不事张扬。让人们因为我的存在而感到幸福，但别人又不知道是你给他的幸福。

当然，这些道理我都不是空谈，而是通过一些生活中的例子，同时用孩子们能够理解的语言给他们说。有时候我的语言可能比较幽默，教室里常常爆发出哈哈大笑声。

那氛围，特别好。

同学们对我特别亲近，特别依恋。前来听课的作家童喜喜说：“孩子们太喜欢你了，你太有亲和力了！”昨天，在初一（17）班讲了课之后，临走时，孩子们居然叫我“帅哥”，他们一起喊：“帅哥再见！”

这是学生给我写的他们的听课感受——

李校长很幽默，是我见到的最好的校长！希望李校长下次再来给我们讲课！（欧家豪）

我想对李校长说：“我觉得这碗清汤荞麦面非常好吃！你讲课时的那份幽默深得我们全班同学的喜爱。我希望您能把这《一碗清汤荞麦面》带给所有人！”（李燕）

我想对您说，您真的太幽默了！您有一颗使人快乐的心。我也会像您一样，把快乐带给别人，让他们快乐。希望您以后还能到我们班来上课！（余艳秋）

《一碗清汤荞麦面》这篇小说告诉我们，做人要善良、仁慈，保持一颗上进心，不仅要在熟人面前表现出善良，还要在陌生人面前微笑致意。（文雯）

听完课后我觉得在人生的道路上虽然有无数坎坷，但是要用行动克服困难，还应该要有一颗善良无私的爱心，给予他人帮助。爱，是高尚，是无私的！（李英男）

李校长，您讲的故事真好听！您是一位好校长，一位了不起的校长！我要向您学习！（贺跃跃）

李老师，您好！听了您给我们上课后，我懂得了很多。李老师，发现您在给我们讲课的时候，您并不像一位校长，而是像我们一样活泼可爱的孩子！我发现李老师您真的很适合教语文，您的朗读非常好，您的字也写得很好，而且最主要的是，您上课很幽默，让我们感觉很有趣。您讲的话让我们很想知道您想要讲的下一句是什么。我真的好希望您能常常到我们班上语文哦！李老师，请问我们能有荣幸请您再给我们班上一堂课吗？希望您能够答应，谢谢！（徐茂益）

唉，李老师，我真的好想大声说出，您的大手真的好温暖！当大手包裹着小手，心里一股暖流在涌动！哦，还有，我还想多吃几碗面呢！您永远是我们的老师，我们最和蔼的老师！（李雨）

李老师，你给我们的第一印象是有一颗童心。虽然我们年龄相差很大，但你却能让我们感到你和我们同龄，有着一样的感受，一样的体会，一样的幽默……真很想让李老师给我们再上一节课！（寇鑫灵）

在这堂课中，我发现您的童真还未泯。您给我们上课，和我们没有距离，我们离您很近。这碗面我吃得很香，很饱！（李岚）

我想对李老师说："我看过你写的一本书，那是在我四年级的时候，我从我哥那儿借的，书名叫《做最好的家长》。我还鼓励我爸爸看过，因为里面讲你女儿的有些感受真的和我的感受一样。你女儿和你居然可以如此融洽，从你教你女儿写给一位贫困地区儿童的信上，我就知道你很称职！"（魏梦尧）

李老师，您真是一个学生不害怕的校长！您走到同学们身边带来的不是一副臭脸，而是欢声笑语。我从来没听过这么精彩的语文课，要是李老

师经常来给我们上课该多好！（陈黎）

……

孩子们对我的喜爱，实在让我开心！

我对孩子们说：“这篇小说你们一定要记一辈子！等你们80岁的时候，再把这个故事讲给你们的孙子听。你们就说，”我开始模拟着说：“这故事呀，是爷爷小时候听李校长讲的，当然，这位李校长已经死了很多年啦……”

话还没说完，孩子们已经笑得前仰后合，甚至开心得拍桌子捶板凳了……

无法预约的精彩

——作文评讲《感动》片段实录

今天上课是给学生评讲作文，作文要求是以“感动”为话题写一篇自己所经历感动的文章。本来，我的作文评讲课已经形成套路，或者说模式，但今天课上依然有我无法预约的精彩。

有一个环节是“佳作亮相”，就是推出一篇写得最优秀的作文，让作者朗诵。今天的佳作是《甜甜的笑，震动了心》。课前，我对这篇文章是否确定为佳作还有一个波折。

在批改作文时，我读到这样一篇作文——

甜甜的笑，震动了心

周超

在人生中每一个人都会碰上各种各样的事，每件事给自己有不同的感觉：有激动，有高兴，有伤心，有感动……无数种感觉仿佛都有魔力似的，而“感动”更是时时刻刻牵动着我每一根神经。一个动作，一个声音，一个笑脸都蕴藏了不可忽视的魔力，正如那一次：

我瘫在书城的椅子上，心中哀叹道：终于买完了。看看手中的布袋（提倡低碳生活）里装满了书。哈！满载而归。可是又看看外面，正是烈日当空，我不敢逾越“雷池”半步。心中叹道：世界上一定没有比太阳公公上班更“热情”的人了。别人是朝九晚五，它是朝七晚六。但最后我还是举了白旗，出去了。

正当我感到口干舌燥时，我听见一个甜美稚嫩的声音：“姐姐。”这声音就像是一缕春风，荡进心中，赶走了炎热，让我忍不住停下一切行动，看向她。她是一位极可爱的小妹妹，十岁左右，双手紧紧抱着一沓报纸。她见我转过身，又怯生生地问：“您要买一份报纸吗？”

起初我认为她是一个城里的孩子，出来卖报是为了锻炼。所以我笑着摇了摇头。女孩看见我摇头，那双充满渴望的大眼睛黯然失色，像是斗败的公鸡，把头垂了下来。我心想着：出来锻炼，就不一定会一帆风顺，俗话说得好“不经历风雨，怎能见彩虹”。要学会播种希望，收获失败；播种失败，收获磨炼；播种磨炼，收获最终的成功，成为最终的胜者。可当我再次打量她，发现她穿着有些发黄的白上衣，牛仔裤也洗得发白，娇瘦的身子看起来觉得营养不良。怎么看也不像城里的孩子。如此穿着打扮，和这个城市格格不入。

我恍然大悟，她应该是家里贫困吧！看着她垂着头，嘴里念念有词，我走近一听：“奶奶的病怎么办？”我只听见了这一句，可是够了，足以让我的心跳漏了半拍，足以让我鼻子泛酸，足以让我感动。可是我要怎么收回我刚才的“摇头”呢？我正想着，那甜美的声音又响起来：“咦！姐姐你还没走啊！”我又一次被感动了，刚刚还失望，现在却又燃起希望，她的坚强是多么的令人感动啊！我灵机一动，笑着说：“我不要一份，我要两份。”说完，我怕小妹妹怀疑我怎么突然改变主意，于是在后面又说：“好热的天啊！真是的，妈妈要看娱乐报，爸爸要看体育报，真是麻烦！”

看着小妹妹脸上那甜甜的笑，我真心地希望她奶奶能好起来。当她把报纸给我时，我看见她的手臂“黑白分明”，很显然暑假这几天她可没闲着……

几个月过去了，我一直记着她给我带来的感动，她对她奶奶的心，和

她甜甜的笑容。

刚读到这篇文章，我感觉不太舒服，因为我觉得写得很假。特别是“看着她垂着头，嘴里念念有词，我走近一听：‘奶奶的病怎么办？’”之类的语言，让我觉得编造痕迹很重，这么巧就被你听到了？于是，我随便在文章末尾打了一个分，就放在一边了。

这次作文中有几篇是明显的编造甚至抄袭，我打算找个别作者谈谈。

作文批改完毕，我在所有作文中，找了几篇佳作，然后又仔细研读，终于在其中确定了一篇，打算在评讲课上让作者朗读。

接下来，我开始找那几篇“虚假作文”的作者谈心了。几个作者谈下来，都很顺利。小作者们都红着脸承认了错误，表示以后用诚实的心写作文。

我把《甜甜的笑，震动了心》的作者请进了办公室。小女孩一走来，我就感到了她的单纯明澈，一双明亮的眼睛真的如清澈见底的湖水。我心里实在难以想象，这么一个单纯的女孩子会在作文中撒谎。于是，我很委婉地说：“你能把作文中的经历再给我讲一遍吗？”

小女孩根本不知道我在怀疑她，不假思索地就讲了起来，讲得很认真，包括一些细节。听着听着，自然地在心里做着辨别与判断。渐渐地，我被感动了。

讲完了，她依然天真无邪地看着我。那一双眼睛清澈得没有一点杂质！

这双眼睛告诉我：她的作文是真实的！她没有撒谎。

我当即决定：让她上台朗诵自己的作文。

但有很长一段时间，我觉得内疚，觉得对不起这个女孩子。我在想，我为什么会怀疑她呢？那是因为我“成熟”的心已经不再相信有什么纯真了！赵本山曾说过这样的话：在我们这个时代，说真话，就是幽默！他的意思是，人们说惯了假话，如果有人要说真话，大家反而觉得很搞笑，当然也不会相信。

可是，这个小女孩——她的名字叫周超，还有一颗没有被污染的童心。

今天，当她面对台下七百多位老师，用清脆稚嫩的嗓音读自己作文的时候，所有人都被感动了！

我特意牵着她的手，来到台前，我发现，许多孩子的眼睛里都噙着泪水。我回头对着周超说——我还没有开口，突然发现，周超的脸上已经挂满了晶莹的泪花！

面对这么一个善良的小姑娘，全场老师报以最热烈的掌声！

我对所有听课的老师说："坦率地说，最初我读到这篇文章，以为是假的。但后来，我一看到周超同学这双明亮的眼睛，就确信这是一颗善良的心所承受的感动！我之所以曾经不相信这篇文章的内容，是因为我以成人世故的心来看童心，是我的心蒙上了灰尘！周超被卖报的小姑娘感动了，我们却被周超感动了。我想起卞之琳的诗句：'你在桥上看风景，看风景的人在楼上看你。'周超在欣赏卖报小姑娘心灵的风景，我们在欣赏周超心灵的风景！让我们再次用掌声向周超同学表示敬意！"

掌声再次响起。

这是今天我上课开始，便掀起的一个高潮，或者说遇到的一个亮点。而这个"高潮"或"亮点"并非我事先设计，是孩子纯真自然的流露，感动了全场老师，也让我的课呈现出了所谓"精彩"。

在"片段欣赏"的环节中，方海伦同学读了他作文中对班主任老师的语言描写："一次下课，老师一句关心的话感动了我：'方海伦，你怎么还穿得那么少？快回寝室去拿衣服！'"

我说："你们看，班主任老师的一句话就能够给方海伦同学带去感动，可见让别人感动是很容易的。"说到这里，我偶然看到教计算机的老师陈淑英站在舞台边上，她随时准备着在电脑出现故障时及时进行相关修理。我灵机一动，说："你们知道吗？有时候同学们一句简单的话，也能让老师感动呢！去年11月，我校一位年轻的陈老师上计算机课时，给同学们说：'因为学校工作调整，我下周不上你们的课了，你们的课由另外的老师上。'就是这句话，让同学们很震惊，大家惊呆了，过了一会儿，一个同学站起来说：'老师，我们会想你的！'接着许多同学都纷纷说：'老师，我们会想你的！'同学们这一句句朴实的话，让陈老师非常感动。她感到了教育的幸福。晚上，她把这份幸福的感动写到了博客上，于是又感动了读到这篇博客的李老师。可见，所谓写感动，不是为写而写，而首先是在生活中被感动，抑制不住才写成文字的。同学们，现在这位被同学感动的幸福的陈

老师就在我们旁边，”我抬手一指舞台一侧，大家的目光一下聚焦于不知所措有些害羞的陈老师，“让我们用掌声向陈老师表达敬意！”不仅仅是孩子们，还有全场所有老师都热烈鼓掌。陈老师站在舞台一侧，向大家深深鞠躬。

我看到，陈老师的眼里已经含着泪水。（课后，校长助理满泽洪老师对我说：“当时，我看到陈淑英老师感动得流下了眼泪！小陈平时不声不响，默默无闻地工作，从不和谁争什么。今天，你让她很感动！”）

说实话，课堂上的精彩还有不少——今天不少老师都说他们感到了“震撼”。

快下课的时候，我讲到了最近发生在河南的“红薯爷爷”的遭遇。一边是丧尽天良的无耻，一边是感天动地的善良！我给孩子们展示一张张图片，第一张是威风凛凛的城管队伍正昂然走在大街上，我对孩子们说：“城管代表国家管理市容，是应该的，大多数城管人员也发挥了积极的作用，但的确有少数人伤害了老百姓。”

字幕上显示出这样的文字——

11月9日，河南中年76岁的老汉赶着毛驴车拉了一车红薯和萝卜，走了8个小时赶到郑州贩卖，只为给瘫痪两年的儿子赚点钱买药，却遭遇一40岁左右的城管掌掴。一时间，网上反响强烈，纷纷谴责打人者，被打的老人被网友称为“红薯爷爷”。

有人在大河网提议：我们都去买红薯爷爷的红薯吧！结果得到很多人响应，大家相约一起骑车去红薯爷爷的家买红薯……

我展示了十几张图片，都是好心的年轻人去看望“红薯爷爷”的情景，特别感人。孩子们和台下的老师都被感动了。

我说：“对政府应该感恩吗？人民政府是为人民服务的，就是要政府为百姓做事。做好了，是应该的，相反，没做好，就应该接受人民的批评，改进工作。这是起码的公民意识！因此，我们现在进行感恩教育，感恩的对象是父母，是老师，是同学，是一切给我们以帮助的人。我们应该摆正公民和政府的关系。”

我说:“我说的这些都不是我的观点，都是常识。温家宝总理也多次说过这样的话。”

我打出几段文字——

2005 年 11 月 26 日，温家宝总理在哈尔滨市民杜继亮家，告诉他们政府采取了很多措施保证居民用水。杜继亮的大女儿说:“我们的生活井井有条，社会秩序也很好。谢谢党和政府，把群众放在心里。”温家宝听后意味深长地说:“你这话要倒过来说，应该是党和政府谢谢你们，谢谢群众的理解、支持和配合。”

温总理说:“我们的政府是人民的政府，我们的权力是人民给的，我们应该对人民负责。我们做得对的、干得好的，那是我们履行职责，应该做的。我们做得不好的、不对的，应该接受人民的监督，修正错误，改进工作。”

最后我说:“作为政府首脑，温家宝总理是摆正了自己和百姓的关系的。他有一颗热爱人民的心！让我们都像温家宝总理一样，永远拥有一颗热爱劳动人民的心！”

春天，我们在郊外